公共关系学基础

主　编：李艳秋　鲍玮
编　者：韦娜　方胜　熊云惠　武迪
　　　　吴晓蓓　王东明
主　审：崔景茂　倪东辉

西北工业大学出版社
西安

【内容简介】 本书按照公共关系学内容的发展逻辑,将全书内容概括为:公共关系概述、公共关系的组织机构、公共关系的客体、公共传播、公共关系的工作程序、CIS战略、公共关系专题活动、网络公共关系、危机传播管理及公共关系礼仪十部分。本书逻辑结构清晰简明,语言表达通俗易懂。内容上体现科学性和时代性的统一,满足课堂教学的实际需要。编写本书目的是为适应社会需要,培养更多的应用型、复合型、掌握一定专业技能的高级人才从而为实现高等职业教育的目标服务。

本书可作为高职高专公共关系学专业教材,也可供从事公共传播、危机公关管理等方面工作的人员阅读参考。

图书在版编目(CIP)数据

公共关系学基础/李艳秋,鲍玮主编. —西安:西北工业大学出版社,2019.2(2021.8重印)
ISBN 978-7-5612-6256-6

Ⅰ. ①公… Ⅱ. ①李… Ⅲ. ①公共关系学 Ⅳ. ①C912.31

中国版本图书馆 CIP 数据核字(2018)第 205737 号

GONGGONG GUANXIXUE JICHU
公共关系学基础

策划编辑: 李　萌
责任编辑: 张　潼

出版发行:	西北工业大学出版社
通信地址:	西安市友谊西路 127 号　　邮编:710072
电　　话:	(029) 88493844　88491757
网　　址:	www.nwpup.com
印 刷 者:	陕西宝石兰印务有限责任公司
开　　本:	787 mm×1 092 mm　　1/16
印　　张:	13
字　　数:	325 千字
版　　次:	2019 年 2 月第 1 版　　2021 年 8 月第 3 次印刷
定　　价:	38.00 元

前　言

　　公共关系学是近年来社会经济发展中的一个热门学科，它集社会学、心理学、管理学、传播学、谈判学、营销学等学科精华于一体，是一门强调应用和实践的学科。现代公共关系学的发展已经超越了单纯为组织服务的范畴，对个人形象塑造、人际交往等也发挥着巨大的作用。可以说公共关系学是一门研究蕴含事物生存发展哲理的一门学科。

　　本书针对高职高专课程教学特点，在吸收当今国内外最新的公共关系科研成果及成熟理论的基础上，结合多位作者多年的研究和教学经验编写而成，并适当把握理论的深度和广度，突出实用性、高层次性、职业性和可衔接性以及学科的应用性。本书强化公共关系实际工作研究，对实践中应用广泛的公共关系调查、公共关系策划、公共关系礼仪、CIS战略作详细的介绍。每章精心选择了案例分析和思考讨论，力求具有明确的目标性、鲜明的真实感、深刻的启发性、较强的综合性特点，希望学生通过本书的学习，能够真正了解和掌握公共关系学的精髓。

　　在本书的编写过程中，笔者参考了大量相关论著和资料，并有所引用，且编写工作得到诸多高校老师的支持和指导，在此一并向他们致以诚挚的谢意。

　　公共关系学是一个不断涌现新理论和实践创新的热门学科，由于笔者理论水平和实践经验不足，本书难免存在不完善之处，恳请读者批评指正。

编　者
2018 年 12 月

目 录

第一章 公共关系概述
- 第一节 公共关系的基本内涵 ………………………………………………… (2)
- 第二节 公共关系与相关概念的辨析 ………………………………………… (7)
- 第三节 公共关系的产生与发展 ……………………………………………… (12)
- 思考讨论 ………………………………………………………………………… (19)
- 实训设计 ………………………………………………………………………… (19)

第二章 公共关系的组织机构
- 第一节 公共关系部 ……………………………………………………………… (21)
- 第二节 公共关系公司 …………………………………………………………… (24)
- 第三节 公共关系社团 …………………………………………………………… (27)
- 思考讨论 ………………………………………………………………………… (29)
- 实训设计 ………………………………………………………………………… (30)

第三章 公共关系的客体
- 第一节 公众概述 ………………………………………………………………… (31)
- 第二节 公众的分类 ……………………………………………………………… (33)
- 第三节 公众的心理 ……………………………………………………………… (37)
- 第四节 组织常见的目标公众 …………………………………………………… (42)
- 实训设计 ………………………………………………………………………… (55)

第四章 公共传播
- 第一节 公关传播概述 …………………………………………………………… (57)
- 第二节 公关传播媒介 …………………………………………………………… (62)
- 第三节 公关传播的媒介选择与传播技巧 ……………………………………… (67)
- 第四节 整合传播 ………………………………………………………………… (71)
- 实训设计 ………………………………………………………………………… (74)

第五章 公共关系的工作程序
- 第一节 公共关系调查 …………………………………………………………… (80)
- 第二节 公共关系策划 …………………………………………………………… (86)
- 第三节 公共关系实施 …………………………………………………………… (90)
- 第四节 公共关系评估 …………………………………………………………… (92)
- 实训设计 ………………………………………………………………………… (100)

第六章 CIS 战略

第一节 CIS 战略及其意义 ……………………………………………… (101)

第二节 CIS 战略的构成与设计 ………………………………………… (107)

第三节 CS 战略 ………………………………………………………… (114)

思考讨论 ………………………………………………………………… (118)

实训设计 ………………………………………………………………… (118)

第七章 公共关系专题活动

第一节 公关赞助 ………………………………………………………… (119)

第二节 新闻发布会 ……………………………………………………… (123)

第三节 庆典仪式 ………………………………………………………… (128)

第四节 举办展览 ………………………………………………………… (130)

第五节 开放参观活动 …………………………………………………… (135)

思考讨论 ………………………………………………………………… (139)

实训设计 ………………………………………………………………… (139)

第八章 网络公共关系

第一节 网络公关概述 …………………………………………………… (141)

第二节 自媒体公关 ……………………………………………………… (143)

第三节 网络公关其他常见形式 ………………………………………… (149)

第四节 网络活动公关 …………………………………………………… (151)

第五节 网络公关与舆情监督 …………………………………………… (152)

实训设计 ………………………………………………………………… (157)

第九章 危机传播管理

第一节 组织危机与危机传播管理 ……………………………………… (158)

第二节 危机传播管理的组织落实 ……………………………………… (165)

第三节 危机传播管理的基本程序 ……………………………………… (169)

第四节 危机传播管理的原则 …………………………………………… (172)

思考讨论 ………………………………………………………………… (177)

实训设计 ………………………………………………………………… (178)

第十章 公共关系礼仪

第一节 公共关系礼仪概述 ……………………………………………… (180)

第二节 公关工作的基本礼仪 …………………………………………… (184)

第三节 公共关系语言交谈礼仪 ………………………………………… (189)

第四节 大学生求职礼仪 ………………………………………………… (193)

实训设计 ………………………………………………………………… (200)

参考文献 ……………………………………………………………………… (201)

第一章　公共关系概述

> **学习目标**
> 1. 掌握公共关系的含义。
> 2. 了解公共关系的特征。
> 3. 理解不同学科角度对公共关系的诠释。
> 4. 解析公共关系与人际关系、庸俗关系、宣传、广告、市场营销等的联系与区别。
> 5. 了解公共关系的产生与发展的演变过程。
>
> **课前思考**
> 1. 在未学公共关系学以前,你是怎样理解公共关系的?你为什么学习公共关系学?你希望从本课程中学到什么内容?
> 2. 公共关系在中国内地的发展划分为哪几个阶段?

对于一个企业来说,仅仅拥有技术、资金和管理三因素还是不够的,还必须拥有良好的公共关系。

——[美] 约翰·比尔

【引例】

一消费者在食用当地一家颇有影响的食品企业所生产的食品时,发现食品中有异物,于是,他与该企业进行了交涉。企业接待人员同意研究后给予答复,但此后便没了下文。无奈之下,此消费者把有异物的食品拿到当地一家颇有影响的报社反映情况,该报社遂派记者到企业进行现场采访。记者在该企业拍摄到了许多违反国家食品生产规定的画面。企业负责人发现后强行索要记者所拍资料,未果后,将记者扣留。记者报案后,在公安人员解救下得以安全返回。事后,该报以系列报道的形式将消费者反映的问题以及记者在企业中所拍摄的材料、经历公之于众,企业经营一时陷入困境。

(案例来源:公共关系学·企业形象与企业公关 [M].上海:复旦大学出版社,2008.)

【思考】

1. 该企业经营陷入困境的原因是什么?
2. 如果你是该企业的负责人,你将如何处理此事?

公共关系学经过几十年的发展,已经成为一门相对独立的学科。和其他学科一样,构成这个学科的基础也是一些基本概念。因此,要学习公共关系,就要从了解这些概念的定义、内涵、特征开始。

第一节　公共关系的基本内涵

一、公共关系概念的引出

"公共关系"简称"公关",这一词语最早出现于 1807 年美国《韦氏新九版大学辞典》中,英文是 Public Relations,缩写为 PR。public 意为"公共的""公开的""公众的",relations 即"关系"之谓,两词合起来用中文表述便是"公共关系"。有人认为该词应译为"公众关系",其实,它与"公共关系"在译法上无本质区别,但译为"公共关系"更容易被国人准确理解,理由有三:一是公共关系的"公共"不仅由人群构成,还包括政府、社区、媒介等机构。政府、社区、媒介等机构在中国人的心中是公共事业单位,因此译为"公共关系",理解上更为准确。二是全世界华人著述多是这种译法,此已成为主流译法。三是全国的公关协会的称谓表明被法律认可的也是"公共关系"的协会。

公共关系在 1903 年发展成为专门职业,1923 年成为一门学科。随着历史的推移,英文 Public Affairs,Public Communication 也被译为"公共关系"。"公共关系"这一概念逐步发展,并被赋予了越来越多的内容。

可以说自从"公共关系"这一概念诞生以来,人们给其下一个准确定义的努力就没有停止过。由于每个人的认识角度不同,对公共关系内涵的理解也各异,于是就形成了许许多多的公共关系定义。20 世纪 70 年代中期,美国著名的公共关系学者莱克斯·哈洛博士就搜集到 47 个公共关系的定义。还有人说,公共关系的定义已有上千条之多。于是有人不无幽默地说,有多少公共关系学者,便有多少种公共关系的定义。

知识链接

公共关系多层含义

(1) 长城饭店的公共关系不错(指静态评价)。

(2) 张三是干公关的(指职业)。

(3) 李四是学公关的(指学科)。

(4) 王五很有公关头脑(指观念意识)。

(5) A 公司赞助希望小学是在搞公关(指活动、专项活动)。

(6) 尼克松下台是公共关系的失败(指形象和舆论环境)。

(7) 刘老师写了本《公共关系》(指公关理论)。

(8) 有人说,张骞通西域、郑和下西洋就是中国的公关(指古代不自觉的"公关萌芽")。

根据多年的研究成果,公共关系这个概念至少可以归纳为如下五层含义。

(1) 公共关系是一种状态。有人说:世界上有了两个人就有了人际关系,有了两个集团、组织,就有了"公共关系"。这是说公共关系是一种客观存在,是自古就有的,不管承认与否,它都会影响组织的生存与发展。

(2) 公共关系是一种活动。当人们逐步认识到外界关系的重要性,并主动去调整这种关系时,就产生了一些类似于现代公共关系的活动。这些活动可视为公关实务的前奏。

但是，尽管它们自古就存在，却都不是自觉的公关活动，而只是一种谋求发展的本能与努力。只有现代科学的公共关系产生之后的自觉的公关活动才被统称为公关实务。

（3）公共关系是一种职业。1903年，艾维·李创立宣传事务所，以收费的形式为企业进行公关策划，公关职业由此正式诞生，艾维·李也被誉为"公关之父"。

（4）公共关系是一门学科。1923年，著名公关教育家、实践家爱德华·伯纳斯出版了世界上第一本公关专著《舆论明鉴》，并在纽约大学开设了公共关系课。这是对公关实践的总结与提炼，是公共关系的飞跃性发展与突破。

（5）公共关系是一种意识、观念与思想。公共关系状态的客观存在、公关实践的发展与理论日渐深入人心，使公共关系的观念影响和制约着组织的政策和行为的经营观念及管理哲学。这种公关意识不仅指导着公共关系实务工作的健康发展，而且渗透到管理者日常行为的各个方面，成为引导、规范着组织行为的一种价值观念和行为准则。

二、不同学科角度对公共关系的理解和认识

如何从这些纷繁多样的公共关系定义中把握公共关系的真正内涵呢？通常把众多的公共关系定义归纳成如下几种类型。

1. 管理职能说

这类定义把公共关系看作和计划、财务一样的管理职能，其中美国人莱克斯·哈洛博士的定义便是典型代表。他认为：公共关系是一种特殊的管理职能，它帮助一个组织建立并保持与公众之间的交流、理解、认可与合作；它参与处理各种问题与事件；它帮助管理部门了解民意，并对其做出反应；它确定并强调企业为公众利益服务的责任；它作为社会趋势的监视者，帮助企业保持与社会同步；它使用有效的传播技能和研究方法作为基本工具。

国际公共关系协会同样认为公共关系是一种管理职能，其定义是：公共关系是一种管理功能，它具有连续性和计划性。

通过公共关系，公立的和私人的组织机构试图赢得与它们有关的人们的理解、同情和支持——借助对舆论的估价，以尽可能协调它们自己的政策和做法，依靠有计划的、广泛的信息传播，赢得更有效的合作，更好地实现它们的共同利益。

美国著名公共关系学者斯科特·卡特利普（Scott M. Cutlip）和阿伦·森特（Allen Centre）认为：公共关系是这样一种管理功能，它能建立和维护组织与公众之间的互利互惠关系，而一个组织的成功或失败取决于公众。

2. 传播说

这一类定义强调公共关系是组织一种特定的传播管理行为和职能，认为公共关系离不开传播沟通，我国公共关系学者廖为建就持此种观点。其定义是：公共关系是一个组织与其相关公众之间的传播管理。

在国外，持这种观点的学者不在少数。在美国的大学中，公共关系专业往往设在新闻传播学院内。

英国人弗兰克·杰夫金斯（Frank Jerkins）也认为：公共关系是由为达到相互理解有关特定目标而进行的各种有计划的沟通联络所组成的，这种沟通联络处于组织与公众之间，既是内向的，也是外向的。

国外一些大型的百科全书或综合词典也从传播或沟通的角度来定义公共关系。《美利

坚百科全书》中的定义是：公共关系是关于建立一个组织同其既定公众之间相互了解的活动。

3. 特定关系说

持这种观点的人认为，"关系"体现公共关系的本质属性，公共关系是一种特定的社会关系，正确认识公众关系、处理公众关系是开展公共关系的出发点和归宿。

美国普林斯顿大学的资深公共关系教授希尔兹（H. L. Chils）认为：公共关系就是我们所从事的各种活动所发生的各种关系的通称，这些活动与关系是公众性的，并且都有社会意义。

英国公共关系学会的定义是：公共关系是在组织和它的公众之间建立和维持相互了解的、有目的、有计划的持续过程。

4. 特征综合说

有的公关学者认为，前面几类定义都只反映了公共关系某一方面的含义或特征，未免失之偏颇，因此他们试图通过一个定义把公共关系的所有内涵和特征都包括进去。

美国《公共关系季刊》曾详细罗列了公共关系的十四个特征。1982年11月，美国公共关系学会（PRSA）在其一流成员组成的专家小组的努力下，正式采用了一个"关于公共关系的官方陈述"。这一定义除了概念方面的内容外，还将各种活动、结果和对公共关系实践的知识要求包括在内。

5. 经营艺术说

持这种观点的人认为，公共关系还只是一门不精确的学科，许多公共关系问题不存在唯一正确的答案，公共关系在实际运作中要讲究创造性，讲求形象思维，需要从整体上来把握公共关系及其工作。因此，公共关系是一种艺术。

如1978年8月，在墨西哥城召开的世界公共关系协会大会上，代表们经过商讨，提出了这样一个公共关系的定义：公共关系是一门艺术和社会科学，公共关系的实施是分析趋势，预测后果，向机构领导人提供意见，施行一连串有计划的行动，以服务于本机构和公众利益。

三、公共关系的定义

关于公共关系的定义，国内外公关学者没有一个公认的统一的标准。仁者见仁，智者见智，众说纷纭。现在列举国内外流行的几种公共关系的定义，透过不同定义所强调的侧面，可以看到公共关系的多维实质。

1. 各国公共关系协会、学会下的定义

美国公共关系学会下的四种定义：

（1）公共关系是企业管理机构经过自我检讨与改进后，将其态度公诸社会，借以获得顾客、员工及社会的好感和了解的这样一种经常不断的工作。

（2）首先，公共关系是一个人或一个组织为获取大众的信任与好感，借以迎合大众的兴趣而调整其政策与服务方针的一种经常不断的工作。其次，公共关系是将此种已调整的政策与服务方针加以说明，以获得大众了解与欢迎的一种工作。

（3）公共关系是一种技术，此种技术在于激发大众对于任何一个人或一个组织的了解而对之发生信任。

（4）公共关系是工商管理机构用以测验大众态度，检查本企业的政策与服务方针是否得到大众的了解与欢迎的一种职能。

英国公关协会下的定义：公共关系是实施一种积极的、有计划的以及持久的努力，以建立及维护一个机构与其公众之间的相互了解。

国际公关协会下的定义：公共关系是分析趋势，预测结果，为组织领导提供决策咨询，执行既有利于组织又有利于公众的行动计划的艺术和科学。

2. 大型辞书上的定义

《大英百科全书》中是这样定义的：公共关系是旨在传递有关个人、公司、政府机构或其他组织的信息，并改善公众对其态度的种种政策或行动。

《韦伯斯特新国际词典》认为：公共关系是通过传播大量有说服力的材料，发展邻里的相互交往和估价公众的反应，从而促进个人、公司或机构同他人、各种公众以及社区之间的亲善友好关系。

3. 一些著名学者所下的定义

斯科特·卡特利普和阿伦·森特在其合著的《实用公共关系学》中下的定义：公共关系是一种通过优良的品格和负责的行为来影响公众舆论的有计划的努力，它建立在双方满意的双向交流的基础上。

莱克斯·哈罗博士在分析了472个公共关系定义后提出：公共关系是一种特殊的管理功能。它在一个组织及其公众之间建立并保持双向的传播、谅解、接受与合作；它参与处理各种问题与矛盾；它帮助管理部门及时了解舆论并做出反应；它明确和强调管理部门为公众利益服务的责任；它帮助管理部门随时掌握并有效地利用变化的形势，帮助预测发展趋势，以作早期警报；它运用研究方法和健全的、正当的传播技术为主要工具。

弗兰克·杰夫金斯在他撰写的《公共关系学》一书中提出：公共关系是一个组织为了达到与它的公众之间互相了解的确定目标，而有计划地采用一切向内向外的传播方式的总和。

4. 中国学者下的定义

王乐夫等人所著《公共关系学》中的定义：公共关系是一种内求团结、外求发展的经营管理艺术。它运用合理的原则和方法，通过有计划而持久的努力，协调和改善组织的对内对外关系，使本组织机构的各项政策和活动符合于广大公众的需求，在公众中树立起良好形象，以谋求公众对本组织机构的了解、信任、好感和合作，并获得共同利益。

居延安所著《公共关系学导论》中的定义：公共关系是一个社会组织用传播手段使自己与公众相互了解和相互适应的一种活动或职能。

毛经权主编的《公共关系》中的定义：公共关系是一个组织运用各种传播手段，在组织与社会公众之间建立相互了解和依赖的关系，并通过双向的信息交流，在社会公众中树立良好的形象和声誉，以取得理解、支持和合作，从而有利于促进组织本身目标的实现。

方宏进所著的《公共关系原理》认为，没有必要在众多的公共关系定义之外再重编一个定义。但提出了定义式的对公共关系的四个方面的理解：目的，争取公众的理解与支持；作用，发挥管理的职能；工作方式，有计划的主动行动；具体工作，对话与交流等双向沟通。

课堂讨论 公共关系的定义有很多种，从以上所列定义中，选出你认为最满意的一个，并说明理由。

上述公共关系定义没有哪两条是完全重合的，它们各有侧重。归纳起来，我们基本上可以从中看出公共关系的本质、任务、职能、目标和基本精神，从而得出一个完整的公共关系的概念。

第一，公共关系在本质上是一个组织借助传播媒介开展的一种管理活动。公共关系媒介是指使社会组织与公众发生联系的人或事物。人通过语言、行动表达思想和情感，传递信息，使社会组织与公众建立和发展关系。事物包括为建立和协调公共关系所开展的活动，使社会组织与公众发生联系的物品、符号、标志、图画、图像等。在现代社会，报刊、电视、广播、电脑网络等已成为非常重要的公共关系媒介。

第二，公共关系的任务是协调一个组织和它的各类公众之间的关系。公共关系协调既可反映社会组织与其公众之间的关系处于和谐状态，又可表明社会组织为争取公众的支持与合作而开展的各种协调关系的工作。和谐的公共关系环境，是实现社会组织的目标与可持续发展的必要条件；而搞好公共关系的协调，是建立和谐的公共关系环境的根本保证。公共关系协调虽然有利益协调、态度协调、行为协调等诸多内容，但最基本、最关键的还是利益协调。社会组织在协调组织内部员工关系、股东关系和协调组织外部顾客关系、社区关系、政府关系、新闻媒介关系的过程中，必须认清各自的利益需求，把握相互利益的结合点，调整利益目标，促进互惠互利。所以，利益协调是赢得和谐公共关系状态的基本途径，也是公共关系工作的基本方法。

第三，公共关系的职能是在收集信息的基础上，评估一个组织实施的政策和行为在公众中产生的影响，进而提出公共关系活动的具体目标和计划，通过传播沟通的实践活动将其目标和计划付诸实施，最后通过收集反馈信息，对下一步新的行动进行设计。

第四，公共关系的目标是为组织树立良好形象，获得内外公众的信任与支持，创造最佳的社会环境。具体来说，公共关系工作有认知度、美誉度、和谐度三大目标。①认知度是一个社会组织被社会公众所认识、知晓的程度。它包含被认识的深度和被知晓的广度两个方面。例如，一个企业的名称、法人代表、历史沿革、行业归属、主要产品、产品商标、产品特征、经营状况等诸多具体信息在多大范围内被公众所知晓，在多深的程度上被公众所认识，合起来则为这个企业的认知度。②美誉度是指一个社会组织获得公众赞美、称誉的程度，是组织形象受公众给予美丑、好坏评价的舆论倾向性指标，是一种对组织的道德价值评判。③和谐度是一个社会组织在发展运行过程中，获得目标公众态度认可、情感亲和、言语宣传、行为合作的程度。和谐度与美誉度一样，也属于对组织道德价值评判的范畴。

第五，公共关系的基本精神是诚实、开放、互惠互利。根据上述认识，可以这样给公共关系下定义：公共关系是组织在经营管理中运用信息传播沟通媒介，促进组织与相关公众之间的双向了解、理解、信任与合作，为组织机构树立良好的公众形象的管理活动。这个定义反映了公共关系的三个本质特征：公共关系是一种"公众"关系；公共关系是一种传播活动；公共关系是一种管理职能。

第二节　公共关系与相关概念的辨析

一、公共关系的基本特征

特征是用来界定范畴，区别于其他类似事物的。特征对加深理解有着非常重要的意义。公共关系的基本特征包括公开性、可塑性、系统性、长期性、互利性五个方面。掌握公共关系的基本特征，有助于理解公共关系的本质，更有助于对公共关系活动的把握。

1. 公开性

公开性是"public"的本质含义，这是公共关系的首要特征。公共关系是处理与公众关系的学问。公众是一个群体，而且广泛分布于全国各地，甚至是世界各地，比如企业的顾客分布。公众不是单个的个体人或聚集的一群人，无法通过私人关系来处理。如同上市公司的公告一样，必须面向社会公开发布。公共关系在处理与公众关系的活动时必须公开，让相关公众都知晓和了解。从这个角度来说，公共关系的真理"说真话""公众需要被告知"是公共关系的内在要求。公共关系从业者只有做到公众知情才可能做好公共关系活动。事实上，不仅需要公开，在现代媒体环境下也无法隐瞒。

2. 可塑性

公共关系的可塑性特征体现了公共关系的最终目标：组织形象的可塑性。如果组织形象是无法变更的，那么就没有公共关系存在的必要了。组织形象的可塑性也带来了公共关系的一个重要内容：公共关系策划，即如何通过策划公共关系活动来改变组织形象，并朝着利己的方向发展。

公共关系可塑性不仅是最终目标的可塑造，公共关系具体的活动、组织员工的公共关系意识等均属于可塑造的内容。公共关系可塑性的特征，要求组织形象活动不是一蹴而就或一动定终身的事情，而是平时的日积月累。这就给了公共关系机构和公共关系人员广泛的发挥空间。可塑性还要求组织在公共关系上主动出击而非被动应付。

3. 系统性

组织公共关系是一个系统工程，不仅是公共关系所处的位置，公共关系包括的内容也是一个系统。对于组织而言，以企业为例，公共关系属于企业这个大系统内的一个组成部分。我们在处理公共关系的时候，不能忽视这一点。企业的生产管理跟不上去，产品质量无法保证，公共关系是无法搞好的；企业的售后服务部门跟不上去，让顾客抱怨，公共关系不能替代售后服务的职能。企业的高层管理人员，更应该系统大局地来看待和开展本企业的公共关系活动。

公共关系包括的内容本身也是一个系统。组织的公众是一个庞大的系统，以企业为例，内部有员工，外部有顾客，这些都是至关重要的公众。"员工是上帝"和"顾客是上帝"，这两句话都是正确的，从两个角度说明了对企业而言最重要的内容。除员工、顾客之外，还有政府、供应商、销售商、中介组织、社区等公众类型。组织与公众沟通方式也是一个系统，除了大众传媒之外，新兴的网络媒体、各种类型的自媒体、个人沟通方式等均可为组织与公众进行沟通时借鉴并组合使用。

4. 长期性

组织公共关系是一个长期性的工程，之所以说是个长期工程，是因为组织形象的树立不是一夜之间形成的，是日积月累的结果，像我国的老字号商标历经了几十年甚至上百年的积累；如今的中国驰名商标也历经了市场经济几十年的大浪淘沙；国际品牌，如可口可乐这样的好形象，更是长期积累的结果。这就意味着公共关系活动需要站在战略高度进行规划。

不仅组织形象的树立是长期的，而且组织形象的影响也是长期的，即公共关系的影响在短期一般缺乏立竿见影的效果，好的组织形象需要历经考验，关键时刻方能起到作用。在企业界存在的一种广泛现象：企业家更乐意在产品广告上投巨资，在管理形象方面却缺乏足够的重视。

5. 互利性

传统的观点认为，一个活动总是非此即彼的零和博弈。现今的管理实践已经证明，双赢是广泛存在的，也是可以达到的。

与一般人际关系不同，公共关系不以血缘、地缘等为基础，而是以利益为基础。组织的公众对象是与该组织的目标和发展具有一定利益关系，或有影响、有制约力的个人、群体和组织。以利益为纽带的双方必然强调利益一致，利益一致才能赢得支持并求得共同发展。组织必须站在公众的角度考虑公众的利益，这个任务就由公共关系部门来承担。维护与增进公众利益，就成为公共关系活动的前提，也是公共关系活动成功的保证，更是公共关系活动的最高伦理。当然，组织全心全意地为其公众考虑，是为了求得公众的理解和支持，最终给组织带来的是赞扬和支持。

课堂讨论 有人说公共关系是真善美的事业，请谈谈你的看法。

二、公共关系与相关活动的联系与区别

对同一概念之下的子概念进行比较研究，历来是揭示事物（子概念所代表的）之间的本质特征、界定一事物所常用的研究方法。在"关系"概念下分析公共关系与人际关系，在传播沟通概念下比较公共关系与宣传、广告活动的关系，在经营管理概念下研究公共关系和市场营销等相关活动的联系与区别，澄清人们在公共关系与这些相关活动方面的模糊认识，不但可以在理论上加深我们对公共关系活动特征的认识，而且对公共关系实践活动也具有现实的指导意义。

（一）公共关系与人际关系

人际关系指的是人们在社会实践中所形成的个人与个人之间的心理关系。

1. 公共关系与人际关系的联系

（1）人际交往是自古就有的最基本的社会行为。

（2）公共关系不仅要借助于人际交往的形式去实现自身的任务，而且其本身就具有人际交往的特点，本质上还是处理人与人之间相互关系的社会活动。

（3）公共关系是从广义的人际关系演化而来的，需要借助人际关系的相关理论进行研究。

2. 公共关系与人际关系的区别

（1）公共关系的主体是组织，人际关系的主体是个人与人群。

（2）公共关系的客体是公众，人际关系的客体是个人与人群。

（3）公共关系的交往手段需要大规模地借助现代传播媒体和现代传播技术，策划各种专门活动才能产生效果；人际关系的基本手段是人际间的直接语言传播。

（4）公共关系的产生基础主要是业绩，人际关系的产生基础是血缘、地缘、业缘、趣缘。

（5）公共关系是有了社会组织之后才会产生，而人类从形成伊始就有了人际关系。

（6）公共关系运作内容广，包括沟通信息、联络感情、转变态度、引起行为、协调关系、塑造形象、管理危机、传播公关意识、设计 CIS 等；人际关系运作内容主要是自身发展的物质交换和交友的精神需求、感情交流。

（7）公共关系研究社会组织与公众间关系的发展规律，公共关系职能、技巧、组织、发展的规律；人际关系研究人与人之间关系的发展规律。

（8）公共关系历史短、普及快、专业化程度高，人际关系历史长、普及面广、专业化程度低。

（二）公共关系与宣传的关系

"宣传"一词是由罗马教皇葛利高里十三世（1572—1585 年）首次使用的。当时为了正统宗教的宣传与普及，他设立了一个"传播委员会"，在各国主持宗教座谈会来宣传教义。宣传一词的创造最初就带有传播普及一种思想的含义。到了后来，这一词语更是被滥用了，特别是第二次世界大战期间被纳粹滥用之后，就使得这一词语常带有贬义色彩，成为谎言和一面之词的同义语而为人们所反感。在西方，从事公关工作是不使用它的。但在社会主义中国，宣传一词意味着一种学说、一种思想观念的传播和普及，它是政治活动和经济活动的组成部分，从政治运动、思想工作到产品推销等所进行的传播活动都称为宣传。

1. 公共关系与宣传的联系

（1）公共关系行为的开展要借助宣传活动，两者都是以运用大众传播工具的方式向公众传播信息的活动。

（2）宣传工作要提高传播效果，必须不断吸收公共关系的成果。

2. 公共关系与宣传的区别

公共关系和宣传还是有根本的性质区别的，其区别主要表现为以下几个方面。

（1）公共关系和宣传在其工作、服务对象上不同。宣传服务于政治运动和政治思想工作；而公共关系服务于管理，包括行政管理和经营管理，当然其中也包括人的思想工作问题。

（2）工作内容不同。公共关系的内容要比宣传广很多，例如，它要监察环境、提供预测、协助决策、评估组织机构的形象、开展各种公关活动，进行包括政治、经济、科技、文化等内容的传播活动。

（3）使用的技术手段不同。宣传主要注重的是写作技巧、编辑技巧等；而公共关系虽也重视传达艺术，但它更注重调查、预测、反馈、定量分析等技术手段的运用。公共关系的技术手段比宣传更为科学化。

（4）对事物的传播报道不同。宣传的事实是服从于政治的需要，它更多的是做单方面的报道；而公共关系的宣传报道是建立在事实的基础之上，既报喜又报忧，既不文过饰非也不可无中生有，敢于正视自身的过失并主动向公众做出解释和说明，它的报道必须是双面的。

（5）传播方式和传播关系不同。宣传的传播方式是自我宣传，以传播者为中心，以强调传播主体对传播客体的影响为特征，带有单向灌输的性质。而公共关系强调的是双向交流、相互理解，是一种平等的信息交流关系。

（三）公共关系与广告的联系

广告，就是广而告之。广告有广义和狭义之分，广义的广告是泛指一切告知公众某种事物的信息传播活动。狭义的广告通常由特定的广告主以付费的方式通过各种传播媒体对产品、劳务或观念等信息的非人员介绍及推广。这里讲的广告是指狭义的广告。

1. 公共关系与广告的联系

（1）公共关系常常要借助广告的形式去实现其传播信息、建立组织形象的职能。特别是那种以宣传企业为中心，旨在推销企业、塑造形象的公共关系广告，其本身就是公共关系传播的一种特殊形式。

（2）公共关系工作能对广告起到指导作用，它可以确定广告的宣传主题、宣传对象、传播方式和传播周期，广告也可以借助公共关系去增强它的说服力，因为公共关系往往可以为广告做铺垫，通过形成有利的环境气氛，使广告更快地得到公众的认同。

（3）两者都源于传播学，都以传播为主要工作手段，都要借助传播媒体来传递信息才能实现自身的功能。公共关系中涉及广告的知识，而广告也分很多类别，其中，公共关系广告只是一种特定的广告宣传模式。

2. 公共关系与广告的区别

（1）目标不同。一般来说，广告是以直接推销产品或劳务为其目标的，而公共关系活动则是以构建组织良好的生存发展环境来树立形象，以增进好感为目标的。当广告被设计为影响特定公众对广告主的态度和行为时，它便具有公关的性质，就不再是一种纯属于市场交换关系的活动。

（2）传播手法的不同。广告可在很短的时间内引人注目，引起受众购买的兴趣，促使购买行为的发生，它允许采用各种奇特想象、各种艺术夸张的手法来达到其目的。公开自我宣扬是这种传播显而易见的特点；而公共关系的传播原则是以事实为依据、用事实来说话，在传播艺术手法上尽量诚挚朴素，不自我标榜，更多地采用让第三者说话或让记者代言的形式来达到其传播目的。公共关系的传播手法通常是隐蔽的，使人难以直接觉察其公关目的，力求达到的是一种"润物细无声"的效果。

（3）媒体关系的不同。广告是客户付费的传播活动，它是传播媒体主要的经济来源之一。大部分媒体是以广告作为其维持生存的条件。大众传播媒体有赖于广告，只要不违反法规，广告的传播决定权在客户；公关活动则不同，除了小部分公关广告之外，大部分的传播，如新闻稿、企业有关的经济及技术介绍材料，是否能被传播和怎样被传播，最终决定权掌握在媒体手中。公关工作有求于媒体的支持，必须主动地、全力以赴地维持好与媒体的关系。

由于媒体关系的不同，广告基本上是属于组织自身可控制的传播工具或手段；公共关系则用于组织自身不可控制的工具或手段。

（4）传播效果不同。广告的效果一般侧重于告知，特别是在短期内创造较高的知名度；公共关系的效果一般侧重于建立偏好、提升荣誉度，为人们接受一个组织、品牌提供理由，创造价值，建立联系。

广告更长于对简单信息的传达，公共关系优于对复杂信息的传播；广告长于图像，公共关系善用文字；广告偏向品牌外在形象的包装，公共关系注重品牌内涵的构建。因此，它们在品牌建立的不同阶段所起的作用、对品牌价值创造的重要性方面有很大的差异。

相对来说，广告的效果一般较直接可见且具体单一，主要起到局部、短期的效果，公共关系一般是较间接、一时不易觉察、不易计算的，起着较稳定、复杂、整体、长期的效果。

（5）在组织机构中所处的地位不同。广告在企事业单位属于劳务或商品营销推广的范畴，更多的是为具体产品、劳务服务的，它是实现企事业单位战略目标的一种工具，它的成败不会直接构成对整个企业的决定性的威胁；而公共关系则不同，它是属于决策层的职能，是战略性的工作，它的成败会直接影响整个企业的全局，对整个企业的生存、发展起着决定性作用。

由于公共关系和广告是属于同一机构不同层面的传播活动，因此，在同一机构里，公共关系一般可以从全局出发，从战略的角度来指导、确定广告业务，运用公共关系的基本观念、原理和技术来参与广告决策的整个过程，如帮助确定广告的主题、对象、传播方式和方法等。有公共关系指导的广告，将更具生命的活力和长期全面的效力。公共关系活动需要运用广告这一工具，广告又常常被用做公关活动中沟通战略的组成部分。但公共关系并不等于广告，从某种意义上可以说它高于广告。

（四）公共关系与市场营销

市场营销是企业以市场为导向，以满足顾客需求、实现与企业交换为目的，而分析市场、进入市场和占领市场的一系列战略与策略活动，是企业围绕满足消费者需求展开的一系列活动，包括市场调查、市场预测、营销环境分析、消费者行为研究、新产品开发、价格制定、分销渠道选择、销售促进、售后服务等。

1. 公共关系与市场营销的联系

（1）公共关系与市场营销都是市场经济发展的产物。市场经济是一种以社会分工为基础，以交换为目的，以市场为导向，以消费为结果的社会经济形态。企业只生产产品还不够，还必须实现它们的价值，因为这种生产是以交换为目的，只有生产的产品全都卖出去了，才能最终实现这种生产的连续更替，这就催生了市场营销。为了把产品卖出去，为了在同类竞争中获胜，企业必须得到社会的广泛认同，获得公众的信任和支持。因此，企业必须通过发展各种良好的公众关系，才能更有效地维持市场发展也就直接促进了公共关系的兴起。

（2）公共关系与市场营销的活动方式和手段往往是交织在一起的。在市场营销理论中是将公共关系作为促销手段之一，借助公共关系与消费者进行感情沟通，使得传统的"硬性推销"向现代的"软性推销"转变，同时，公共关系的一些活动形式也要与市场营销的活动结合在一起，如市场营销中营业推广也包含公共关系活动，组织形象的宣传往往与组织生产经营的商品和服务的宣传联系在一起，组织与公众的良好关系往往要通过组织向公众提供的优质的商品和服务才能得以实现。当代世界市场营销学权威菲利普·科特勒提出的"大市场营销观念",在4P(产品、价格、分销渠道、促销)基础上又加上2P(公共关系和政治权利),这说明公共关系与市场营销联系更紧密、交织更深入。

2. 公共关系与市场营销的区别

(1) 工作范围不同。市场营销仅限于组织生产流通领域,主要围绕着产品和服务的设计、研发、定价、销售、管理等环节展开,而公共关系所涉及的是任何一种社会组织与公众的关系。此外,公共关系还涉及政府、学校、医院等各种社会组织,远远超过了经济领域。除促销推广外,公共关系还包括危机管理、议题管理、声誉管理和关系管理等,更具有战略性和宏观性。这需要公共关系比市场营销有更广泛的社会性和更广阔的学科应用范围。

(2) 工作目的不同。市场营销的直接目的是销售产品,它比较关注市场的供需变化,通过提高产品的市场需求,从而进一步扩大赢利,产生组织效益;而公共关系的目的是树立社会组织形象,它比较关注社会舆论和公众态度的变化,与可能影响组织目标实现的各类公众建立关系,并树立良好的公众信誉,从而使社会组织获得长足的发展。

(3) 工作手段不同。市场营销所采用的手段是价格、推销、广告、包装、商标、产品设计、分销等,这些手段都是紧紧围绕着销售产品的目的而展开的;而公共关系所采用的手段是偏重于新闻以及各种专题活动,如记者招待会、社会赞助、典礼仪式、危机处理等活动。

课堂讨论 试比较公共关系与庸俗关系的区别,并说明理由。

第三节 公共关系的产生和发展

公共关系是人类社会发展的产物,随着民主政治、市场经济和传播技术的发展,公共关系已成为现代社会的一种普遍现象。与世界上的任何事物一样,公共关系也有一个从萌芽到成熟,从低级到高级的发展演变过程。

一、现代公共关系的产生

虽然人类社会早期实际上就存在着公共关系的某些观念和类似的活动,但这些观念和活动仅是零星的,始终没有出现过自觉地研究、推行公共关系活动的需要,更谈不上形成系统的公共关系理论。公共关系理论的产生是现代经济社会发展的产物。

1. 巴纳姆的"公众要被愚弄"论

具有现代意义的公共关系活动的出现可追溯到北美殖民地人民反对君主专制,争取独立的斗争时期。当时的领袖们都是很好的公共关系宣传家,他们利用报纸、小册子、传单、制造事件、集会、辩论等呼吁独立的主张。比如,萨缪尔·亚当斯为了攻击英国,塑造美国形象,于1750年至1783年间印刷了1500多种小册子广为散发,利用这些"现代传播手段"反对英国的殖民统治,为美国革命制造舆论。

具有现代意义的公共关系活动的另一源头,是19世纪中叶在美国风行一时的报刊宣传活动。19世纪30年代以前,美国出版的报纸价格昂贵,发行量小,主要读者群是美国的上层社会；19世纪30年代中期，由于印刷技术的进步，大大降低了成本，报纸变得很廉价，每份报只卖1个便士，这推动了报纸的普及，再加上报纸内容很符合大众的口味，因而，报纸的发行量猛增，使原本为上层社会阅读的报纸成了大众化的通俗读物。便士报运动的开展，给那些急于宣传自己、为自己制造舆论的公司和组织以可乘之机。由于便士报价格低廉，一般的劳动大众都买得起，因此，随着发行量的增加，广告费也迅速上升。有些企业为了省下这笔巨额的广告费，便雇佣专门的人员从事制造煽动性新闻，创造关于自己的"神话"，以此扩大影响；报纸则为了迎合大众的口味，也乐意接受发表此类文章。

当时各种商业组织雇佣专门人员通过编造一些离奇的故事，以引起公众的好奇和对自己组织的注意，当时最有代表性的报刊宣传员就是菲尔斯·巴纳姆。巴纳姆因制造舆论宣传、推动马戏演出而闻名于世。他是个马戏团的老板，利用报纸为自己的马戏团制造过不少神话。他曾制造过这样一个"神话"：当时有个名叫海斯的黑人女奴，她100年前曾经养育过美国的第一任总统华盛顿。报纸发表了这一"消息"后，立刻引起了轰动。巴纳姆顺势又以不同的笔名向报纸寄去"读者来信"，人为地引起一场讨论。有的信说，巴纳姆的故事是个骗局，有的信写道，巴纳姆发现了海斯是立了一大功劳。巴纳姆本人认为，只要报纸没有把他的名字拼错，随便怎么说都无妨，他的信条是"凡宣传皆好事"。在海斯死后，医生对她的尸体进行了解剖，解剖的结果表明，海斯只不过80岁左右，并非巴纳姆所说的160多岁。对此，巴纳姆故作惊讶，且厚颜无耻地说"深感震惊"，说自己上当受骗了。当然，巴纳姆本人并未受骗，而是使他人受骗，他正是这场骗局的策划者，更是这些骗局的受益者，达到了自己的真正目的——每周可以从那些欲一睹海斯芳容的纽约人那里获得1500美元的门票收入。

巴纳姆为了达到赚钱的目的，通过无中生有，制造奇闻怪事来吸引公众的注意，以此手段来扩大他的马戏团生意，经常在社会上散布神奇古怪的消息。很多报业界老板为了扩大报纸的发行量，也顺水推舟，跟着巴纳姆一起起哄。巴纳姆的目的十分简单，无论别人是恨他也好，爱他也好，只要越来越多的人知道他的名字，就是好事。巴纳姆给他的一些马戏明星起了不少简洁、响亮的名字，目的是选择易于上报的新闻标题。他遵循的信条是"公众要被愚弄"。当这种骗局被揭穿以后，报刊宣传活动就受到了人们的批评。

宣传活动在促进公共关系发展成为一种有组织的活动方面具有积极意义。此时的公共关系活动已带有一定的组织性和较为明确的目的性，公共关系也不再局限于政治活动和思想宣传活动，而是逐渐与利益紧密结合起来。这一时期是现代公共关系的孕育期。但从总体上看，这一时期的报刊宣传活动却具有以下致命的弱点：一是这种宣传对公众的利益全然不顾；二是几乎所有的报刊宣传员都以获得免费的报纸版面为满足，并为此不择手段地为自己制造神话，欺骗公众，这在根本上与公共关系的宗旨背道而驰。因此，这就使整个巴纳姆时期在公共关系的历史上成为一个很不光彩的时期，有人称之为"公众受愚弄的时期""悖公共关系时期"。但这一时期却被公认为是现代公共关系的产生时期。

2. 艾维·李的"说真话"论

19世纪下半叶，美国开始从自由竞争走向垄断集中，到20世纪初，美国约有60%的重要经济命脉为数百个少数巨头所掌握，一些铁路、石油、钢铁、银行等行业出现了高度垄断与集中的情况。这一时期成为资本主义巨商和垄断资本家横行的时代。由于经济危机频繁爆发，不仅广大劳动人民的生活极度艰难，一大批中小企业和资本家也在垄断财团的疯狂兼并活动中惶惶不可终日。当时的资本家，总是想方设法把自己封闭起来，对于企业内部所发生的一切丑闻不是胡编乱造就是守口如瓶，拒绝新闻媒介的过问，形成了封闭的企业象牙塔。于是，整个社会的阶级矛盾日益激化，各个阶层和集团之间的利益冲突也日益尖锐，整个社会都充满了对工商寡头的敌意。在这种情况下，终于爆发了以揭露工商企业的丑闻和阴暗面为主题的新闻揭丑运动，史称"扒粪运动"。当时，新闻界的一些作家和记者愤然以笔代枪，掀起了"揭丑运动"的高潮。社会舆论的威力日益强大，那些工商寡头们也开始考虑如何在报纸上为自己树立一个良好的声誉。一切实验后，得出真正能够影响公众的方法，只能是真实和诚恳的结论。

美国杜邦公司是靠炸药起家的化学公司，每当公司发生爆炸事件，他们均不让记者采访报道。但大道不传小道传，通过其他非新闻媒介渠道的传播，最后在社会上形成了一个很可怕的印象：杜邦＝杀人，把杜邦公司与杀人联系在一起。一位在报界工作的朋友向杜邦公司开了一贴"门户开放"的良药，建议遇事干脆把事实真相告诉记者，由记者通过各种媒介告诉公众，才有效地制止了各种谣传。而且杜邦还设计了一个宣传口号叫做"化学工业能使生活更美好"，就是为了设法矫正过去各种爆炸事件而形成的那些坏印象。

"扒粪运动"的冲击使工商企业开始意识到取悦舆论的重要性，逐渐地有一些企业也像杜邦公司一样，开始聘请懂行的人专门从事新闻宣传，在新闻媒介之间进行游说，经常与报界联系，邀请记者到企业参观访问或为公司的政策作解释和辩护。这样，企业和外界的隔绝逐渐消除了。于是，形成了向公众提供真实信息的公共关系潮流，其代表人物就是艾维·李。

艾维·李毕业于普林斯顿大学并在哈佛大学法学院学习过一段时间，他曾在《纽约时报》《纽约世界报》当过记者。1903年在美国开办了一家正式的公共关系事务所。该事务所的成立，标志着现代公共关系的问世。从此，公共关系进入了一个前所未有的现代发展时期。艾维·李针对巴纳姆式宣传活动的局限性，提出了"说真话"的宣传思想。他认为，一个企业、一个组织要获得良好的声誉，不是依靠向公众封锁消息或者以欺骗来愚弄公众，而是必须把真实情况披露于世，把与公众利益相关的所有情况都告诉公众，以此来争取公众对组织的信任。一旦披露真情确实对组织不利的话，那就应该调整公司或组织的行为，而不是极力去遮盖真相。通常情况下，一个企业与员工或其他社会组织处于紧张的摩擦状态，这往往是由于这个企业的管理者不注重与公众的沟通所造成的。因此，要想建立良好的公共关系，创造最佳的生存发展环境，其最根本的信条是：说真话！1906年，他向新闻界发表了阐述其公共关系活动宗旨的《原则宣言》。他认为："我们的责任，是代表企业单位及公众组织，就公众关心并与公众利益相关的问题，向新闻界和公众提供迅速而真实的消息。"他认为，企业管理阶层对企业的政策、制度、发展、做法采取保守、封闭、不开放的态度，正是造成企业劳资关系、企业与社会关系紧张的关键。一定要疏通相互间的渠道，达到相互了解。另外，他认为企业陈旧、落后、保守的政策和做法必须加以改革，企业管理者与员工、企业与公众之间的隔阂一定要消除，态度要改善。企业要想得到公众的信任与支持，必须迎合公众和新闻媒介的要求。他还认为公众对企业应拥有知晓权。艾维·李在洛克菲勒财团面临公共关系极端恶化而声名狼藉时，为其提供了成功的公共关系咨询，建议洛克菲勒财团邀请劳工领袖协商解决劳资纠纷，广泛进行慈善捐赠，改变自己在公众心目中的不良形象；他在处理宾夕法尼亚州铁路公司发生的人员伤亡事故时，果断采取公布事故真相、向死难者家属提供赔偿、为受伤者支付治疗费、向社会各方诚恳道歉等措施，取得了良好效果。从此他成为很有威望的公共关系专家。

艾维·李和他的公共关系事务所对扭转企业的命运、重振企业、稳定社会做出了巨大贡献。他的公共关系思想和公共关系实践为世人瞩目。他在公共关系思想发展史上立下了第一块里程碑，因此被誉为"现代公共关系之父"。但由于他的公共关系咨询工作的局限性，对公众舆论往往凭直觉、经验来操作，对此，有人认为他的工作只有艺术，而科学性不强。

上述具有现代意义的公共关系活动比古代社会的那种零星的公共关系观念和技巧有了较大的进步，它为现代公共关系事业的诞生奠定了深厚的理论与实践基础。

二、现代公共关系的发展

艾维·李是现代公共关系的创始人，他有着丰富的公共关系实践，却没有提出系统而科学的公共关系理论。真正为公共关系奠定理论基础，使现代公共关系科学化的，是现代公共关系的先驱，美国著名的公共关系顾问爱德华·伯内斯。

1. 爱德华·伯内斯的"投公众所好"论

1913年，22岁的爱德华·伯内斯受雇于美国的福特汽车公司，任公共关系经理，为塑造福特公司在公众心目中的良好企业形象，促进福特公司迅速发展做出了贡献。第一次世界大战期间，他曾在威尔逊总统成立的官方公共关系机构"克里尔委员会"担任委员，负责向国外新闻机构提供美国参战的有关情况和背景资料。第一次世界大战结束后，他和夫人在纽约开办了一家公共关系公司，并开始致力于公共关系的理论研究。1923年，出版了他的第一部公共关系学专著《公众舆论之凝结》。爱德华·伯内斯在这本书中首次提出"公共关系咨询"的概念，指出公共关系咨询有两种作用，一是向工商业组织推荐他们应采纳的政策，这种政策的实施可以保证工商业组织的行为符合社会利益；二是把工商业组织执行的合理政策、采取的有益社会行为向社会广为宣传，帮助工商企业组织赢得公众的好感、信任和支持。1925年，他出版了教科书《公共关系学》，1928年出版《舆论》，从而使公共关系的基本理论和方法形成一个较为完整的体系。

爱德华·伯内斯公共关系思想的核心是"投公众所好"。他认为以公众为中心，了解公众的喜好，掌握公众对组织的期待与要求的态度，确定公众的价值观念应该是公共关系的基础工作，然后按照公众的意愿进行宣传工作，才能做好公共关系工作。爱德华·伯内斯初步建立了现代公共关系的理论体系；强调了舆论以及通过投其所好的方法和通过宣传引导公众舆论的重要；"投公众所好"是公共关系思想的核心和立足点；使公共关系观念有了科学的含义；主张获得公众的谅解与合作应当成为公共关系的基本信条。爱德华·伯内斯的理论探讨和实践活动为公共关系的职业化、科学化为公共关系教育的发展做出了重要贡献，使他享有公共关系先驱者之一的美誉。

2. 斯科特·卡特利普的"双向对称"论

20世纪50年代，公共关系得到了飞速发展。第二次世界大战后，国际上的政治、经济、文化来往日趋频繁，技术和劳务合作日益密切，但由于不同民族和国家之间在交往过程中存在着文化、制度和风俗习惯等方面的障碍，为达到相互了解，相互信任，相互支持，实现有效的沟通与协调，客观上要求必须有一批公共关系的专业人员从中斡旋，这客观上促进了公共关系的进一步发展。其中最有代表性的人物有斯科特·卡特利普、弗兰克·杰夫金斯等公关专家和大师。

斯科特·卡特利普和阿伦·森特、格伦·布鲁姆在《有效公共关系》中指出，公共关系是一个开放模型，从根本上改变了普遍存在的认为公共关系是一项具体工作的看法。公共关系首先是作为一种职能出现的，它要求以"开放系统"的思想方法去分析公共关系，以"双向对称"的理论模式去规划公共关系，即组织与其公众关系的维持与改变是建立在"产出—反馈—调整"各环节相互作用的基础上的。在这种模式中，公共关系具有潜在的、能够发挥参谋或顾问作用的能力，可以对决策过程施加影响。这种潜在能力能够在危急时期产生控制局势的作用，而且作为对外环境的感应系统，公共关系还可以阻止潜在危机的发生。这一模式被称为开放系统的"双向对称"的模型。

这一模式的基本思想包括两个方面：一方面要把组织的想法和信息向公众进行传播和解释；另一方面又要把公众的想法和信息向组织进行传播和解释，目的是使组织与公众结成一种双向沟通和对称的和谐关系。运用"双向对称"公共关系模式，首要的是对环境进行有目的性的感应，以便发现和预测对组织与公众关系有影响的环境变化。根据"双向对称"模式，公共关系必须有选择地注意那些对组织有影响的公众或者组织政策所涉及的公众。它不仅需要确定目标公众，而且还要运用研究技术，在协调组织本身的同时协调公众。开放系统的"双向对称"公共关系模式具有在组织内部促进正确行为产生的能力和指导进行影响公众结构、观点与行为的工作能力。

在这种模式中，对于公众的知识结构、观点与行为所施加的影响，是为了实现和维持组织目标，这一目标却是组织与公众双方的共同利益。当今世界，科技革命、知识革命和产业革命不仅使每一个国家的政治、经济乃至整个社会发生了划时代的变化，而且也使整个世界的经济格局、政治格局和人们的思想观念都发生了重大变化，其社会发展的总体趋势表现为一方面社会日益走向多元化与多极化，另一方面各种社会矛盾和对立又日趋融通、缓和。这就使得任何一个社会组织只有增强与其他社会组织和公众的相互沟通、协调与合作，才能得以生存和发展。因此，社会组织与其相关团体和公众的自觉的、积极的、有目的的、有计划的相互沟通与联系就变得更加迫切和必要。开放系统的"双向对称"公共关系模式正是这一社会客观环境的必然产物。

课堂讨论 现代公共关系产生和发展的原因是什么？

三、公共关系在中国

现代公共关系思想和公共关系实践是伴随着改革开放被引入中国的。20世纪80年代初，它首先作为一种新的经营管理方法和技术传入中国，并逐渐得到全面发展。当代中国公共关系的发展，大致经历了三个阶段。

1. 起步时期

20世纪80年代初至中期，随着改革开放的发展，在深圳、广州等地的一些中外合资企业和外商独资企业按照海外的管理模式，最早设立了公共关系部。在这些公共关系部中，多数是在海外受过公共关系训练的人担任经理。

1980年中港合资的深圳蛇口华森建筑设计顾问公司率先成立，这是我国第一家公共关系性质的专业公司，它主要是适应特区建设的需要，提供经验与技术。

1982年深圳竹园宾馆成立公共关系部，开展以招徕顾客为目标的扩大影响的服务性公共关系活动。

1983年中外合资的北京长城饭店成立公共关系部。

1984年广州中国大酒店等宾馆、酒家和服务部门设立公共关系部。

1984年9月，我国国有企业第一家公共关系部——广州白云山制药厂公共关系部正式成立。

1984年11月《经济日报》发表长篇通讯《如虎添翼——记广州白云山制药厂的公共关系工作》，并配发重要社论《认真研究社会主义公共关系》，对公共关系的引进和发展阐述了原则性的看法和指导性的意见。这标志着现代公共关系在中国已得到确立。

起步时期的公共关系主要是把国外的公共关系运作模式、运作程序、管理经验及具体做法引入中国。由于当初人们对公共关系缺乏认识和了解，公共关系的运用多采取简单照搬或模仿外国公共关系的做法。但这一时期的公共关系活动使人们对公共关系的功能和作用有了初步的认识。

2. 迅速发展时期

从20世纪80年代中后期起，中国呈现第一个"公关潮"。其标志是专业公共关系公司、公共关系协会、公共关系教育培训以及公共关系理论研究迅速发展起来。

1985年，两家世界上最有影响的公共关系公司——伟达公司和博雅公司先后进入我国。其中，博雅公司与中国新闻发展公司达成协议，成立中国第一家公共关系公司——中国环球公共关系公司。

1986年12月，上海成立全国第一家省级公共关系协会。

1987年5月，全国权威性的公共关系社团组织——中国公共关系协会在北京正式成立。此后，全国各省、直辖市、自治区以及若干大中城市相继成立地方性公共关系协会或学会。许多企业内部的公共关系部开始运作，并取得了较大的实践成果。"健力宝"等企业的公共关系活动在全国范围内产生轰动效应。

1985年1月，深圳市总工会举办全国第一个公共关系培训班。在此前后，深圳大学、中山大学、北京大学研究生院、首都师范大学、复旦大学、清华大学、中国人民大学等相继讲授公共关系课或开办公共关系专业。

1986年11月，中国社科院编著的《塑造形象的艺术——公共关系学概论》正式出版。同年12月，王乐夫、廖为建等人的公共关系专著问世。从1988年起，全国公共关系组织联席会议相继在杭州、西安、广州等地召开。

1989年，全国高校第一届公共关系教学研讨会召开。弗兰克·杰弗金斯著《公共关系学》，斯科特·卡特利普等著《有效公共关系》等国外公共关系著作在中国大陆翻译出版。

1988年1月，中国第一家公共关系专业报纸——《公共关系报》在杭州创刊，向全国发行。

1989年1月，中国第一份国内外公开发行的公共关系杂志——《公共关系》在西安创刊。公共关系的理论研究十分活跃，理论成果十分丰富。据不完全统计，在发展时期公共关系专著、译著、教材公开出版发行近100部。

在公共关系迅速发展时期，由于中国公共关系理论体系尚未完全建立起来，不能有效地指导实践，公共关系活动出现机械模仿、层次较低、良莠不齐、鱼龙混杂等情况，给公共关系的顺利发展带来不利影响。但理论上和实践的"百家争鸣，百花齐放"的局面却为下一时期的公共关系发展打下了较好的基础。

3．稳定发展时期

从20世纪90年代至今，公共关系进入到一个稳定发展时期。

（1）公共关系理论研究有了长足发展。中国的公共关系得到党和国家领导人的关注。1991年5月，中国公共关系协会在北京召开全国公共关系工作会议，对公共关系事业的发展进行总结，交流经验。党和国家领导人在给会议的贺词中充分肯定了中国公共关系事业取得的成绩，明确指出了公共关系事业的发展方向和根本任务。这在全国产生了重要影响。

中国公共关系协会连续召开第一届至第六届全国公共关系理论研究会，推动了公共关系的理论研究在全国范围的开展。1994年4月，中国国际公共关系协会成立，促进了中国公共关系理论研究与社会实践的国际化，推动了公共关系事业的进一步发展。截至2004年，由中国国际公共关系协会主办的"中国最佳公共关系案例大赛"共举办了六届。这一将理论与实践紧密结合，兼有社会性和学术性的活动，对于推进中国公共关系的理论研究和实践运作起到了重要的作用。

（2）公共关系教育日趋成熟。1994年，中山大学被教育部批准开办部属院校第一个公共关系本科专业，随后在一些名牌学府开始尝试招收公共关系方向的硕士生、博士生。至今，所有的本科院校全部开设了公共关系学，约有20多所各类学校开设了公共关系大专专业。全国公开出版的公共关系专著、教材、译著、工具书等已超过1000种。1990年，中国公共关系协会学术委员会在河北高碑店召开全国第一届公共关系理论研讨会。之后在上海、福州、杭州、石家庄、大连等地召开第二届至第六届全国公共关系理论研讨会，极大地推进了中国公共关系的理论研究进程。在这一时期，学术研究较为活跃。一些学术流派开始产生，比如形象学派、协调学派、传播学派、管理学派等，细化和深化了对公共关系的研究。

（3）公共关系的实践活动卓有成效。我国公共关系实践活动已经扩展延伸到企业、政府机构、事业组织、宗教组织等各类组织。公共关系活动从自发走向自为、从盲目走向自觉、从照搬走向自主创造，全国有一大批公共关系专家、学者分别主持策划操作企业公共关系、企业CIS、政府公共关系或城市CIS和城市形象建设等。出现一大批公共关系活动的成功案例。

（4）公共关系走向职业化。1998年，经国家劳动和社会保障部批准公共关系职业载入"国家职业分类大典"。公共关系职业纳入国家正式职业行列。1999年国家职业资格工作委员会专门设立公共关系专业委员会。这标志着我国公共关系职业化迈出关键一步。首届公关员考试已于2000年末进行，这标志着国家已正式承认公共关系行业，公关员由此成为正式职业。

本章小结

从静态的角度来说,公共关系是指一种状态。从动态的角度来讲,公共关系是一种活动,是具体的公共关系实务工作。

公共关系的核心思想就是:一个组织采用传播手段,通过与公众双向沟通,来树立自身美好形象,以获得公众的好感和支持,为自身发展创造良好的社会环境。

公共关系学的研究对象就是"组织与公众之间的传播沟通"这种公共关系的现象和活动。19世纪末20世纪初,在美国现代公共关系作为一种全新的思想,作为一种科学而系统的理论和一种新型职业的兴起;到20世纪末21世纪初,公共关系在中国等发展中国家得到迅猛发展。

【思考讨论】

在一家麦当劳餐厅门前,一个四五岁的小男孩嗷嗷叫着冲进餐厅。试想一下,他冲进去是吃东西吗?是玩吗?有没有一家中式餐厅有如此的吸引力?

基于自身的经历,请说说麦当劳或肯德基餐厅的产品、价格、渠道、促销等因素,哪些具有吸引力?其中最主要的又落在哪里呢?

【实训设计】

了解公共关系工作内容

一、实训目的

通过了解老师一天的工作,进一步把握公共关系的内涵。

二、实训要求

观察所在学校的领导或老师一天的工作,分析他(她)们哪些工作属于公共关系工作内容。

三、实训组织

(1)将全班同学分成若干各小组,每组5~6人,并选出小组长,与组员一起做好分工讨论。

(2)以小组为单位讨论,并在全班交流。

(3)老师对各组进行指导。

第二章　公共关系组织机构

学习目标
1. 掌握公共关系部的组建原则和设置模式。
2. 掌握公共关系公司的类型及主要业务。
3. 掌握公共关系社团的特点及组织类型。

课前思考
1. 假如你是一家公司的公关部部长，你将如何组建一个公关部？选拔公关部成员的标准是什么？
2. 公共关系部可以归属到组织的哪些部门？

公共关系工作在组织中的作用，应该像水一样，流动着，润滑，简单，包容，自然发生，并且渗透到每一个环节。
——微软亚太研发集团传播及公共事务总监商容

【引例】

河南中原肉联加工厂是具有40年历史、技术设备先进且资金雄厚的企业。但由于企业引进的法国香肠生产线生产的"佳英"牌火腿肠产量大、价格高，加上市场的变化，难以在本地销售，企业经营面临危机。于是厂长请教诚达公关公司人员，他们通过可行性分析，认为企业销路不畅的症结在于公关不力，建议厂长招聘公关人员，成立公关部，实施由他们协助制订的公关方案。然而厂长有所顾虑，企业本身效益不好，还要高薪聘请、扩大二线人员，花20多万元刊登广告，厂里从未有过先例。厂里部分职工也有不同看法："工人工资的发放都成问题，居然还耗费那样多的资金搞宣传，厂长简直是头脑发昏，为个人扬名。"经过权衡，厂长还是决定实施这一公关方案。于是，厂长吩咐新成立的公关部的主任，让其抱着试一试的态度，在中央电视台上投播一段广告。但是，广告播放后一个星期不见客户增加。厂长坐不住了，想着几十万元算是白扔了。又过了一个星期，只有部分外地客户来电联系询问，很不乐观。谁知后来奇迹出现了，来中原肉联加工厂的客户络绎不绝，有些甚至从千里之外的西北而来。来人开车带着现金进货，拉不上货就住下不走。面对这种情况，厂长、职工都很受感动。通过此次公关策划，中原肉联加工厂起死回生，一跃成为"明星企业"，企业的知名度、美誉度逐日提高。为此，经厂长办公会议一致通过，将企业公关部由厂长办公室下面的一个小组提升为企业中层部门。

（案例来源：实用公共关系 [M]．北京：北京邮电大学出版社，2016.）

【思考】
1. 该企业经营起死回生的原因是什么？
2. 如果你是该企业的负责人，你将如何设立公关部？

第一节　公共关系部

一、公共关系部的职能

公共关系部是社会组织内部自行设立的专门负责处理公共关系事务的部门或机构。它的名称还有公共事务部、公共信息部、公关广告部、沟通联络部、团体关系部等。公共关系部在组织中扮演"中介"角色。在组织内部管理中，它处在管理部门与其他部门之间，在组织外部经营中，它又处在组织与外部环境之间，对外代表组织，对内代表公众，通过传播活动保持组织与公众、环境之间的双向沟通。

从工作性质上看，公共关系部的职能是传播和沟通。即统筹管理组织中有关传播沟通的业务，使组织传播沟通的目标和手段更加专业化；使组织的传播沟通工作具有更高的效率和更好的效益；使组织传播资源的投入更加合理，产出更加理想。因此，公共关系部的职能目标和业务内容完全不同于其他的职能部门。

1. 搜集信息

公共关系的重要职能之一是搜集信息。任何与组织有关的信息都是公共关系部搜集的对象，公共关系部通过对组织内外部环境的密切关注和监测，搜集、储存、甄别和处理各类和组织有利益关系的信息。

2. 咨询建议

公共关系部在组织中扮演一种"边缘""中介"的角色，处于决策部门与其他专业职能部门之间，担负着建立联系、沟通信息、咨询建议、策划组织、协调行动、辅助服务等责任。它是组织决策的"智囊团"和"参谋部"，因为公共关系部在搜集、分析信息的过程中能够较全面地了解到组织当时所处的外部环境，以及组织已实施的各种措施所引起的反响。公共关系部除了要及时将各种信息分门别类地迅速反馈给组织的领导层和各职能部门外，还可以根据对信息情报的分析和预测，向组织提供对决策有益的参考意见和方案，协助决策部门进行最后决策。

3. 传播沟通

组织的传播沟通活动职能化是现代信息社会的一个特点，信息传播沟通日益成为组织经营管理的专业手段。公共关系部不仅负责将外部环境中与组织相关的信息搜集、反馈到组织，同时还承担了把组织需要公布的信息传播给目标公众的任务。因此，公共关系部也是组织的宣传部。公共关系部负责向公众宣传、解释组织的政策和行为，通过组织举办的各类展览、联谊会、信息发布会、记者招待会、交流会以及各种专题活动，进行新闻宣传、信息传播，为组织建立良好的舆论环境，使组织的政策和行为能够得到公众理解和支持。

4. 形象代表

公共关系部还担负着代表组织协调各种关系和进行社会交往的职责，是组织的"形象代表"。在组织内部，公共关系部要负责协助领导层沟通协调各部门之间、各员工之间的关系，解决工作分歧和各种利益冲突。在组织以外，公共关系部要通过多种途径妥善处理好组织和各外部公众的关系，如主动组织或参加一些社交活动，广泛接触社会各界，为组织广结善缘；又如，在组织与外部公众产生矛盾或误解时，运用各种公共关系手段加以补救，努力消除外部公众对组织的不满情绪。在这些工作中，公共关系部既是组织原有形象的代表,又是为组织塑造更美好形象的使者,担负着双重职能,其根本目的就是要为组织创造良好的内部环境和外部环境。

5. 教育引导

组织的形象和声誉是组织的无形资产,比资金、设备等有形资产更为珍贵、更为难得。良好的形象能使一个组织所拥有的有形资产增值,而不良的形象会使一个组织的有形资产贬值。公共关系部的教育和引导职能,就是教育组织成员重视公共关系工作,使他们懂得公共关系与组织的生存发展密切相关,它足以影响组织的形象和声誉,从而培养组织成员的公众意识和公共关系意识,并引导他们在各自的工作岗位上自觉地配合组织实现公共关系目标。同时,组织也应提供各种形式的培训,提高组织成员的公共关系技能,开展公共关系方面的评比和奖励。凡是为组织赢得了声誉的言论和行为都应给予较高的评价和奖赏,凡是损害组织形象的言论和行为都应视为形象事故来认真处理。

二、公共关系部的组建原则

公共关系部是组织内部的一个专门从事公共关系工作的部门,它的组建必须遵循一定的原则。

1. 精简原则

精简原则是组建一个机构的基本原则,在组建公共关系部时首先要考虑的也是这一原则。这意味着公关部下属的二级机构要精简,不要臃肿,公关部的人员岗位和编制要精简,不要因人设岗而导致人浮于事。在确定公共关系部的规模时,一般要考虑组织本身规模、组织内部各职能部门的职能分配、组织对公共关系部的要求、组织的公众特点等情况。一般来说,公关部的规模与组织规模呈现一种正相关态势。

2. 效能原则

在设立公共关系部时,要考虑让公共关系部能够充分发挥其效能,行使其职能。这就要求,一方面要界定公共关系部的职责和权力,使公共关系部拥有其职责范围内相应的人、财、物的决策权,以保证其工作的主动性和积极性;另一方面要合理设置公关部内部的二级机构,使公共关系部能有效地整合起来,形成整体效应,发挥最大威力。

3. 灵活机动原则

公共关系部的工作既包括日常性的信息收集和整理分析、公众来访接待、常规公关宣传等工作,也包括一些临时性大型专题活动的组织和临时性突发事件的处理。这就要求组织在设立公关部时,充分考虑这两种不同性质工作的特点,使公共关系部能适应客观环境变化和组织工作的调整,保持高度的灵活性和应变能力。

4. 专业化原则

专业化原则体现在两方面:一方面是工作内容专业化,公共关系部在开展公关工作、实现组织目标的过程中,每项工作都关系到组织本身的形象,因此必须保证其工作内容的正规性、专业化;另一方面是队伍的专业化,即公关人员应具备强烈的公关意识,经受过专门的训练,具有一定的专业水准和能力,具有开拓精神等。

三、公共关系部的机构设置

按公共关系部的隶属关系来划分,其的机构设置模式可分为部门隶属型、部门并列型、高层领导直属型三种类型。

1. 部门隶属型

此类型的公共关系部所处层次较低,并受某一职能部门的管辖,但该部门的负责人可经常与组织最高决策层保持密切的联系,并能列席参加组织机构某些高层决策活动,常见的是隶属于办公室、经营部门、销售部门或宣传部门等。这种类型中,公共关系部隶属于哪一个职能部门,公共关系就侧重哪一方面的职能,不能全面发挥公共关系部的作用,比较适合中小型组织和企业。如公共关系部隶属于销售部门,就侧重公共关系的促销功能;公共关系部隶属于宣传部门,则侧重公共关系的传播功能。如图2-1所示。

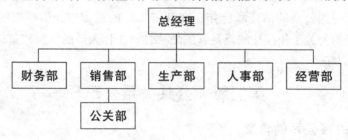

图2-1 部门隶属型

2. 部门并列型

此类型的公共关系部与组织的其他职能部门并列,共处于二级职能部门的位置,直接对组织的最高领导层负责。公共关系部的负责人作为组织中层管理者的一员,对内外都有一定的决策权和指挥权,可独立开展各项公共关系活动。如图2-2所示。

图2-2 部门并列型

部门并列型的公共关系部,可以较为全面地开展公共关系活动,但由于和其他职能部门平行设置,因而在开展大型公共关系活动中难以凭自身力量做好协调工作,只有通过设立由主要领导参加的临时机构来负责组织协调。

3. 高层领导直属型

此类型公共关系部的负责人由组织的最高领导人直接担任,公共关系部成为介于最高领导层和二级机构中间的相对独立性机构。如图2-3所示。

图2-3 高层领导直属型

此种类型的公共关系部充分体现了其在组织中的重要作用,是最为理想的模式。它使公共关系部能够较为全面地体现其自身的职能,可以充分参与组织的决策,有效协调各部门之间的关系,统筹安排组织的各项公共关系活动。

四、公共关系部的优势与劣势

公共关系部组织的公关工作有一定的优势，也存在一定的劣势。

公共关系部的公关工作优势主要体现在：熟悉组织内外部情况，容易抓住本组织现有的公关问题的症结所在，提出有效的改进方案；能够及时为组织提供服务，有利于组织内部公众的沟通与协调，从而确保组织公关工作的连续性和稳定性。

公共关系部的公关工作劣势主要体现在：受组织内部人际关系等因素的影响，对情况的反映和处理不尽客观和公正，在协调本组织和外部公众的利益冲突时，由于其自身的角色及立场，很难得到公众的信任和合作；在开展工作的过程中，很难摆脱习惯势力的影响，对组织本身的公关工作往往缺乏足够的敏感性；工作人员的经验较贫乏，公关工作很难有大的创新和突破。

第二节　公共关系公司

一、公共关系公司的含义

公共关系公司，也称公共关系顾问公司或公共关系咨询公司，是指由职业公共关系专家和各类公共关系专业人员组成，专门为组织提供公共关系咨询或受理委托为客户开展公共关系活动的信息型、智力型、传播型的服务性机构。与组织内部的公共关系部不同，公共关系公司是一个独立的营利性机构，它依靠为客户提供服务所收取的费用而生存。由于公共关系公司大都由专业人士组成，具有较高的专业水平、广泛的社会影响和显著的工作效果，因而公共关系公司在20世纪得到了迅速发展。目前，世界上较成功的公关公司有奥美、罗德、万博宣伟、帕格索斯等。这些公关公司都是世界公关公司联盟的成员，通过这一平台共享客户资源和业务经验。

知识链接

公共关系公司发展之最

（1）1903年，现代公共关系之父艾维·李创立的公共关系事务所是最早的具有公关性质的公共关系公司。

（2）1913年，伯尼斯夫妇创办了第一家真正意义上的公共关系公司。

（3）总部设在纽约的爱德曼公共关系公司是目前全球最大的公共关系公司。

（4）1985年1月，美国伟达公共关系公司在北京设立办事处，我国才逐渐出现职业公共关系公司。

（5）1985年8月，美国博雅公共关系公司与中国新闻发展公司签约成立中国环球公共关系公司，这是我国第一家专业公共关系公司。

二、公共关系公司的类型与收费方式

（一）公共关系公司的类型

公共关系公司没有固定的结构模式，依据不同的划分方式，公共关系公司有多种类型。从国际上看，公共关系公司大致有以下几种类型。

1. 综合服务咨询公司

这类公共关系公司以分类公共关系专家（如媒介关系专家、消费者关系专家、社区关系专家、员工关系专家等）和公共关系技术专家（如演说专家、出版物专家、民意测验专家、宣传资料专家等）为主体组成。这类公司经济实力较为雄厚，业务范围广泛，能为客户提供多方面的综合性的服务。

2. 特定行业服务公司

这类公共关系公司是为特定行业提供公共关系服务的公司，如帮助工商企业推广业务、促进经营、维护合法权益和树立良好形象的公共关系公司。

3. 专项业务服务公司

这类公共关系公司以各种专业人才、技术和设备为客户专门提供各种公共关系技术服务，如为客户专门提供广告设计服务或专为客户提供形象调查服务等。

（二）公共关系公司的收费方式

公共关系公司受客户的委托开展公共关系工作，提供的是有偿服务。公共关系公司收费的方式主要有以下三种。

1. 委托费

委托费是指对公共关系公司贡献出来的策略和经验的支付，这是公关活动的基本开支。其主要包括项目活动费、项目管理费、咨询服务费、项目所需要的实际开支等。

2. 计时收费

计时收费是按工作时间收费。不同水平的工作人员的所得报酬不同。

3. 效益提成收费

效益提成收费是公共关系公司为客户提供公共关系服务后，如果效益显著，收费标准就高，或按比例提成；效益一般，收费标准也就一般；没有效益则不收任何费用。

三、公共关系公司的工作模式及主要业务

1. 公共关系公司的工作模式

公共关系公司的工作模式主要表现在以下三个方面。

（1）提供公关业务咨询。具体工作模式为：就客户提出的公关问题提供建议和咨询，提供某方面的信息等，供客户决策层参考。

（2）策划实施公关活动。具体工作模式为：受客户委托，全权负责某项专题公关活动，如市场调查、公众调查，大型活动方案的制订和执行，充当客户的引见人和调解人等。

（3）代理客户的公关工作。具体工作模式为受客户的长期聘请，包揽客户的全部公关工作或指派公关专家做客户的长期公关顾问。

2. 公共关系公司的工作内容

公共关系公司的业务可分为咨询业务和代理业务，具体工作内容有以下几个方面。

（1）确立公共关系目标，即通过协助客户开展调查研究，分析原因，提出解决问题的办法，进而确立公共关系目标。

（2）制订实施计划，即根据已确定的公共关系目标和客户存在的实际问题帮助客户制订出有效的公共关系计划，并协助客户实施公共关系计划。

（3）培训人员，即接受客户委托培训公共关系人员，以提高他们的业务水平和工作能力。

（4）帮助客户编制公共关系预算。

（5）协助客户开展内部公共关系工作。

（6）协助客户处理社会性事件，消除不良影响。

（7）帮助客户进行公共关系计划实施效果的评估。

（8）为社会组织提供一般公共关系咨询，如企业中的公共关系机构如何设置、公共关系人员如何培训、某个公共关系难题如何处理等。

（9）为客户提供公共关系一般业务服务，如帮助客户联系新闻媒介、策划专题活动、组织大型会议、撰写稿件等。

四、公共关系公司的优势与劣势

公共关系公司的优势主要表现在以下几个方面。

1. 旁观者身份使其观察和分析问题更客观

中国有句古话叫"当局者迷，旁观者清"，公共关系公司对其委托客户来说正是一个旁观者。他们在观察和分析问题时，一般不会受到组织特有文化和价值观的影响，也没有那种因长期处在一个企业中而形成的思维惯性或定势，再加上他们和组织之间没有直接的利益冲突，因此，他们的观察和分析更客观，能更敏锐地发现组织的问题所在，而且也敢于尖锐地提出问题而不必瞻前顾后。

2. 外来者身份使其建议和方案更权威

尽管领导们都会强调要发挥员工的积极性和创造精神，尊重员工的合理化建议，但组织以外的专家意见更被领导看重也是一个不争的事实。所谓"外来的和尚会念经"就是这个道理。当然，公共关系公司提供的建议和方案也确实更有说服力，因为这些公司都是由学有专长的专家组成，他们具有明显的专业优势和经验优势，这对经验依赖性很强的公共关系实务活动相当重要。

3. 一次性付费使组织公共关系活动价效比更优

公共关系公司是一种营利性组织，特别是名牌公共关系公司收费还相当高，但如果综合起来考虑，选择公共关系公司还是比较经济的。一方面，组织维持一个公关部门的运转，同样需要支付日常费用、人员工资、办公经费等，碰到大型专题活动开支也会增加；另一方面，公共关系公司提供的方案往往更合理，更权威，效果更佳，其创造的收益、企业从中获得的直接和间接效益也更大。

4. 知名公共关系公司的形象具有扩散效应

对于那些想尽快提高知名度和美誉度的组织来说，聘请知名公共关系公司开展一次或一系列成功的公共关系活动是较好的选择。其实，知名公共关系公司本身就具有宣传效应。正如一家默默无闻的地方小企业只要在中央电视台露一次脸就可以一举成名一样，知名公共关系公司也会在无形中提高其客户形象。一旦成为那些国际知名公共关系公司的客户，组织就能充分地共享该公共关系公司的形象资源，借机扩大知名度，提高美誉度。

公共关系公司的劣势主要表现在以下几个方面。

1. 不太熟悉客户情况

由于公共关系公司是组织外的机构,因而对客户的情况了解不深,而客户有时也不便或不愿意把一些内部的有关情报透露给公司,这就增加了公共关系公司的人员了解情况的困难,特别是最初阶段,无法介入或参与最高决策,难免要影响工作进度和工作质量。

2. 工作缺乏连续性、持久性差

对于组织来说,只聘用公共关系公司的专家,难以使组织内部的公共关系工作持续化、稳定化。因为组织往往只有遇到公共关系问题时,才临时求助于公共关系公司,所以公共关系公司为某一组织提供服务的时间一般不会太长,很难为客户制订和执行长期的公共关系计划。

3. 远离客户

由于大多数公共关系公司设在大城市,因而对于地处中小城市的客户来说,聘请公关公司的专家很不方便。特别是遇到紧急情况时,由于公共关系公司与客户距离较远难于及时开展公共关系工作。

课堂讨论 为什么说与组织内设公共关系部相比,公共关系公司具有一定的不可取代的优势?

第三节 公共关系社团

一、公共关系社团的概念及特征

公共关系社团是指社会上自发组织起来的、从事公共关系理论研究和实务活动的非营利性群众组织或群众团体。其宗旨是团结公关界同仁,研究公关理论,交流公关信息,开展公关咨询服务和公关培训,促进公关事业发展。公共关系社团主要包括公共关系协会、学会、研究会、俱乐部、联谊会等。这些社团通过自己的出版物、会议、实践活动等,起着推广和普及公关意识、公关观念及提高人们公关技能的重要作用。

公共关系社团的特征主要表现在以下几个方面。

1. 经费的自筹性

作为民间的自发团体,公关社团的活动经费主要靠自筹,包括团体会员和个人会员的会费;为社会开展咨询策划活动、公关培训工作所取得的服务费、学费;所属经济实体的营业收入和企业赞助等。

2. 人员的广泛性

公关社团的会员由热心公共关系事业的各行各业人士组成,既包括其所在地区的企业、新闻、科技、文教、法律、党政机关等单位的人士,又包括社团所属行业中有代表性的单位,具有行业的广泛性、人员构成的多层次性、职业的差异性等特点。通过这种组织,会员可以形成四通八达的信息联络网,广采信息,广交朋友,广辟渠道,广泛合作。

3. 工作的服务性

公共关系社团聚集了一批懂理论、重实践的专家学者和实际工作者,利用这一优势,可以为社会提供信息咨询服务。服务是公共关系社团的宗旨,一切活动都应以服务为准则,服务的质量是其生命力所在。通过提供及时、实用、优质、高效的服务,既可满足社会对公共关系的需求,又可提高社团的知名度、信誉度和权威度。

4. 组织的松散性

公共关系社团没有统一的组织活动，组织内部结构根据组织自身需要而灵活设置，其成员都是因对公共关系有共同兴趣而聚在一起。

二、公共关系社团的组织类型

公共关系社团的类型多种多样，根据我国的现状，可主要分为学术型社团、综合型社团、行业型社团、媒体型社团和联谊型社团等5类。

1. 学术型社团

学术型社团主要是指公共关系学会和研究会等学术性强的公共关系社团。其工作中心是总结、研究公共关系理论问题，把握公共关系发展的趋势和方向，及时为公共关系人员提供理论信息，进行理论指导，其开展工作的形式多为召开学术研讨会和交流会等。

2. 综合型社团

这类社团所从事的工作带有综合性特点，而且多为跨地域范围的团体，以公共关系协会为代表。综合型社团多为"民办官（政府）助"型，主要职能是服务、指导、协调、监督成员的公共关系活动，如1987年5月，经国家体改委批准，中国公共关系协会在人民大会堂宣告成立，该协会是由我国新闻、经济、教育、科技等各界人士发起的，以研究公共关系理论为基础，联络、协调、引导、组织各地公共关系事务的全国性群众团体。

3. 行业型社团

这类社团是一种行业公共关系组织。由于各行各业开展公共关系活动有自己不同的特点，因此，有必要成立联合组织，共同探讨本行业公共关系工作的方法和前途，以促进该行业公共关系活动的发展。目前，公共关系活动和组织的行业化在国际上已成为一种发展趋势，它保证了公共关系事业的深入发展，是一种很有潜力、大有前途的公共关系社团组织形式。

4. 媒体型社团

这类社团主要通过报纸、杂志等传播媒体进行联络，并以此为依托建立公共关系社团。其工作主要是直接利用媒体来探讨公共关系理论，普及公共关系知识，交流公共关系活动经验等，如浙江省公共关系协会依托《公共关系报》开展活动，西安的《公共关系》杂志等。

5. 联谊型

这类社团形式松散，没有固定的活动方式和严密的组织机构，也没有严格的会员条例，主要从事沟通信息、联络感情、建立良好人际关系的工作，如公共关系俱乐部、公共关系沙龙、公共关系联谊会等。

三、公共关系社团的主要工作内容

公共关系社团是一种特殊的公共关系组织，它既是广大公共关系专家、学者及公共关系爱好者组成的民间团体，同时又是公关界与政府、工商企业及其他组织相互联系的纽带与桥梁。其宗旨是宣传公共关系思想，普及公共关系知识，协调公共关系活动，其主要工作内容体现在以下几个方面。

1. 发展和联络会员

每一个社团都有自己的会员，社团与他们建立经常性的联系，在把社团办成"会员之家"的同时,与其他公共关系组织建立起横向联系,形成网络系统,建立合作关系。

2. 宣传普及公共关系知识

公共关系社团有义务向公众宣传和介绍公共关系的基本知识,并且为会员和公众提供公共关系技巧和管理方面深造的机会。

3. 组织公共关系专业人员的培训工作

公共关系社团将专业培训作为一项经常性的工作,有的公共关系社团本身就是一所培训学校。

4. 制定公共关系职业道德规范

制定、宣传公共关系从业人员职业道德行为准则,并检查执行情况,这是社团的一项基础性工作,也是衡量公共关系社团正规化的重要标准。世界各国的公共关系社团都十分重视会员的道德行为。美国、英国等国家的公共关系协会都制定了明确的公共关系人员职业道德准则。

5. 编辑、出版刊物

编辑出版公共关系方面的书籍、报刊,是宣传公共关系知识的重要手段。在美国,这方面的主要出版物有《国际公共关系评论》《公共关系新闻》《公共关系季刊》《公共关系杂志》等;在英国,这方面的主要出版物有《公共关系》《公共关系简报》《公共关系年鉴》等。

本章小结

根据公共关系实践的历史和现状,可以将公共关系组织机构分为三类:组织内部的公共关系部、社会上的公共关系公司和各类公共关系社团。公共关系部是社会组织内部自行设立的专门负责处理公共关系事务的部门或机构。其具有搜集信息、咨询建议、传播沟通、形象代表、教育引导等功能。按公共关系部的隶属关系来分类,公共关系部的机构设置模式可分为部门隶属型、部门并列型、高层领导直属型三种类型。与组织内部的公共关系部不同,公共关系公司是一个独立的营利性机构,它依靠为客户提供服务所收取的费用而生存。公共关系公司大致有三种类型,即综合服务咨询公司、特定行业服务公司与专项业务服务公司。公共关系社团是指社会上自发组织起来的、从事公共关系理论研究和实务活动的非营利性群众组织或群众团体。其特征主要表现在经费的自筹性、人员的广泛性、工作的服务性与组织的松散性。

【思考讨论】

海底捞被媒体强势曝光卫生问题,北京海底捞:老鼠爬进食品柜,火锅漏勺掏下水道。在群众强势围观下的海底捞,及时发布声明,对"出现老鼠等卫生问题"道歉,表示愿意承担经济责任和法律责任,并对所有门店进行整改。组织在被曝出的危机有证据的时候,究竟该是逃避还是承认,为什么?

【实训设计】

讨论公共关系组织机构设置原则

一、实训目的

通过总结某企业近三年来公共关系工作的开展情况，进一步把握公共关系组织机构的类型及职能。

二、实训要求

通过互联网、报纸、杂志等形式收集目标企业公共关系组织机构设置情况。

三、实训组织

（1）将全班同学分成若干小组，每组5~6人，并选出小组长，与组员一起做好分工工作。

（2）以小组为单位收集资料，并在全班交流。

（3）老师对各组进行指导。

第三章　公共关系的客体

> 【学习目标】
> 1. 掌握公众的含义。
> 2. 了解公众的特征。
> 3. 理解公众的类型，学会对组织的公众进行划分。
> 4. 学会分析公众心理。
> 5. 掌握组织目标公众协调的原理和方法。

【引例】

美国长岛铁路公司沿线的车站显得有些陈旧了，公司决定对所有车站进行一次重新油漆。为了使长岛公司更富有人情味，创造与乘客融洽、和谐的气氛，他们决定，车站油漆什么颜色，由公众来决定。于是，公司登出广告与启示，要求常坐长岛铁路公司列车的乘客与铁路沿线的居民来投票，选择车站理想的颜色。有关公众纷纷踊跃响应，来电来函，对车站的颜色发表自己的意见。

长岛铁路公司的这一举措，很快引起了新闻界的注意，各新闻媒介纷纷前来采访并进行报道。至此，长岛铁路公司认为时机成熟，便在其中心车站举行了一个隆重而热烈的"开漆大典"，当众宣布公众投票选择的结果，并正式开漆。

是日，中心车站万众聚集，政府要员、社区主管、商会理事及工商人士等应邀到场。鼓乐声中，最后选定颜色的木板上的帷幕在一片欢呼声中被揭开。接着，一桶这种颜色的油漆被抬出来，当地政府要员第一个拿起漆刷，在中心车站的墙上刷下第一笔，这意味着长岛铁路公司车站正式开漆。

如此隆重而富有新意的"开漆大典"，理所当然地引来了一大批记者，随着他们的报道，长岛铁路公司的名声不胫而走，知名度很快得到了提高。长岛铁路公司还曾为此荣获《公共关系新闻》杂志颁发的"年度成就奖"。

（案例来源：淘豆网 https://www.taodocs.com/p-88177917-2.html）

【思考】
1. 长岛铁路公司所面临的公众有哪些？
2. 如何判断与组织相关的公众群体？

第一节　公众概述

"公众"（The Public）是公共关系的对象。对"公众"的研究是公共关系学的重要内容。一个组织只有正确地认识和分析自己的公众对象，把握公众的心理，才能有的放矢地制定公共关系的目标，采取相应的公共关系策略和方法，使组织的公共关系工作建立在科学的基础上，取得良好的公共关系效应。

一、公众的含义

公众是公共关系的客体，与组织的发展密切相关。了解、研究公众是公共关系工作的基本内容，也是公共关系活动策划与实施的前提。

从公共关系的一般意义上说，公众是与公共关系主体利益相关并相互影响和相互作用的个人、群体或组织。"公众"这个概念涵盖了公共关系工作的所有对象，凡是公共关系传播沟通的对象都可称之为公众。因此，公众是公共关系对象的总称。在组织与公众相互作用的过程中，组织是处于主体地位的，公众是组织公共关系工作的对象，也称为组织公众，它是相对于特定的社会组织而言的，与日常生活中所说的"人民""群众""大众""人群"是不同的概念。换句话说，"公众"有着特定的范畴，特指因相同的利益、问题等而联结起来的并与特定的社会组织发生联系或相互作用的那些个人、群体或组织的总和。

组织开展公共关系工作，实质上就是要处理组织与其面对的各类社会公众之间的关系，使组织与各类社会公众之间应有的相互理解、相互信任、相互合作、相互依存的关系得到发展和稳固，创造一个有利于组织生存和发展的、和谐的人际环境和舆论环境。

二、公众的基本特征

1. 整体性

公众不是单一的群体，而是与某一组织运行有关的整体环境。任何组织的生存和发展都离不开一定的公众环境。公众环境与自然环境、地理环境不同，是指组织运动过程中必须面对的社会关系和社会舆论的总和。例如，医院既要面对医生公众，又要面对患者公众、供应商、社区、政府部门、新闻界等涉及医院内外部方方面面的相关团体、组织和个人。任何公关工作都不能只重视某一类公众，而忽略其他公众。对任何一种公众的疏忽，都可能导致整个公众环境的恶化。因此，首先应将组织面对的公众视为一个完整的环境，从全面、系统的角度来分析组织的公众。

2. 同质性

公众是具有内在共同性的群体，体现在相同的利益、共同的需求、相同的问题及背景。这样一些共同点，使得一群人或一些团体具有相同或类似的态度和行为，构成组织所面临的一类公众。例如，表面上看互相之间没有联系的一群人都购买了一家公司的产品，即使他们处于不同的城市地区，却因为购买了相同的产品而面临着共同的利益和共同的需求，他们就成了这家公司的公众。界定公众首先要界定公众所面临的共同点。因此，了解和分析组织的公众，必须通过相应的共同点去了解和分析其内在联系，进而确定组织的公关目标和行动方案。

3. 多样性

公众的存在不是单一的，而是复杂多样的。"公众"仅仅是个统称，具体的公众形式可以是个人、群体、团体或组织。日常的公共关系对象，包括员工关系、股东关系、消费者关系、中间商关系、政府关系、媒介关系等等。即使是同一类的公众，也可以有不同的存在形式。比如消费者公众，可以是松散的消费者个体，可以是特殊的利益表达团体（消费者委员会），也可以是严密的组织（使用产品的其他公司或政府部门）。公众形式的多样性，决定了沟通方式和传播媒介的多样性。不同形式的公众，要选择不同的沟通渠道和不同形式的沟通手段。

公众的多样性还体现在不同的公众具有不同需求和目的。虽然作为特定组织的公众，他们面临着共同的问题，但在解决这一问题的过程中，他们所表现出来的利益追求和价值取向存在一定的差异。例如，一家化工厂由于排放带有刺激气味的废水造成了环境污染，致使附近的农作物减产，由此形成不同的公众，有当地的环保局、企业股东、受损失的农民等。在解决这一问题上，这些公众所表现出的利益追求是不同的：环保部门要求化工厂采取治理措施，净化废水并达到国家废水排放标准，保护环境；化工厂的股东要求在解决问题时尽量节省投资；受损失的农民则要求化工厂赔偿损失，赔偿款越多越好。

4. 变化性

公众不是封闭僵化、一成不变的对象，而是一个开放的系统，处于不断变化发展的过程中。任何组织所面临的公众，其性质、形式、数量、范围等均会随着主体条件、客观环境的变化而变化。例如，相关公众可能会变成无关公众，潜在公众会变成行动公众，次要公众会变成主要公众，消费者增多或减少，职工的吸纳与解雇等。

5. 相关性

相关性，是指组织公众与本组织在利益上存在着相互影响、相互制约的关系。个人、群体或组织能够成为某一组织的公众，是因为他们与该组织存在一定的相关性。即他们的意见、态度、观点和行为对该组织的目标和发展具有实际或潜在的影响力、制约力，甚至决定组织的成败；同样该组织的决策和行为也对这些公众具有实际或潜在的影响力、作用力，制约着他们利益的实现、需求的满足、问题的解决等。这种相关性是组织与公众形成公共关系的关键。例如，一家超市和它的顾客之间，顾客对超市环境的评价、对超市产品的评价等都会对超市的经营状况产生影响；而超市采取的一些措施，如产品的平价、支付方式的多样化、自助化又会对公众的行为产生影响。超市希望产品的销售量大，利润高，而公众则希望超市产品物美价廉，购物环境舒适。因此，围绕双方利益的相互满足，超市要获得公众的接受和认可，开展公共关系活动就变得很有必要。

第二节 公众的分类

公共关系是影响和吸引公众的艺术，如果离开它所指向的客体——公众，那么所有的公关活动都将成为"无源之水""无本之木"。在组织发展过程中，因其所面对的公众数量众多，且分属于不同的区域、单位和群体，而且对组织产生的影响也不尽相同，因此，组织要做好自己的公关工作，首先就是要明确自己的公众对象，对公众进行分类。

一、按组织公关活动的内外对象分类

根据组织公关活动的内外对象划分，可以分为内部公众和外部公众。

1. 内部公众

内部公众是指组织内部的成员群体，一般与组织有归属关系，是组织的构成部分，包括组织的职工、员工、股东等。这类公众与组织有着密切的关系，他们的意见、态度、情感等对组织的生存与发展会产生直接的影响，同时组织的境况也直接决定着他们的利益。协调好内部公众的关系，是组织内求团结的保障。

2. 外部公众

外部公众是指组织范围外部的人员。对于一般组织来讲，常见的外部公众包括顾客、政府、竞争者、中间商、新闻媒介、社区居民等。

公共关系的策略需要内外有别。公共关系传播的信息是经过选择整理的、有序的信息资料。公共关系的内部传播和外部传播在形式、尺度、时间等方面都有区别。组织内部的情况不能毫无节制、毫无调节地宣扬出去，必要的保密也是一种重要的传播策略。在对外传播之前，内部传播必须统一口径，否则就会造成整体形象的混乱。

二、按关系的重要程度分类

不同的公众对组织的生存发展的影响力不同。根据公众对组织重要程度的不同，可以把公众划分为首要公众、次要公众和边缘公众。

1. 首要公众

首要公众是与组织关系密切，对一个组织的生存发展具有重要影响力和决定性作用，同时还影响和制约着其他公众的公众。一般而言，所有组织的员工和股东、企业的顾客、工厂的用户都是首要公众。首要公众是组织生存发展的"生命线"，是公共关系对象中最关键的公众，因此，企业的公关部门应该投入最多的人力、物力和财力来维持和改善同这类公众的关系。

2. 次要公众

次要公众是对一个组织的生存发展有一定的影响，但这种影响尚不具有决定作用的公众，如与组织建立往来的金融、财政、税收部门等政府公众、新闻公众等。由于组织的人力、物力和财力资源总是有限的，因此开展对此类公众的公共关系工作应放在次要地位，以突出公共关系工作的重点，提高效益。但应该注意的是，次要公众虽然不是组织公共关系的重点对象，但如果完全忽视了他们的存在，仍然会造成组织公共关系的恶化。而且，在一定条件下，次要公众也可能转化为首要公众。

3. 边缘公众

边缘公众是与组织有一定的联系，但不影响组织生存发展的公众，甚至对组织的生产经营活动不产生任何的影响，如学校、宗教团体、非同类企业等。边缘公众具有不稳定性，可以向其他公众转化，也有可能成为好几家组织的边缘公众。

首要公众、次要公众和边缘公众的区分具有较大的相对性，它们在不同的时期可以互相转化，今天的首要公众可以变成明天的次要公众或边缘公众，今天的次要公众或边缘公众也可以变成明天的首要公众。这种变化主要由组织目标决定，同时也取决于组织的环境条件。

课堂讨论 分析安徽合肥百货大楼的首要公众、次要公众和边缘公众。

三、按公众对组织的态度分类

一个组织面临的公众，由于他们所处的地位、环境、扮演的社会角色、主观认识水平以及利益追求等条件不同，从而形成对组织不同的态度。在公共关系中，根据公众对组织的不同态度，可以将公众分为顺意公众、逆意公众和中间公众。

1. 顺意公众

顺意公众与组织关系良好，对组织奉行的政策、采取的行为持赞赏、支持、合作的态度，在较大程度上与组织保持一致，是组织生存和发展的积极社会环境因素。

组织应当加强与顺意公众的联系与沟通，稳定和强化顺意公众的积极因素，保持和扩大顺意公众的规模，防止顺意公众的流失。

2. 逆意公众

逆意公众对组织的产品、政策和行为持反感、反对、不合作的态度。逆意公众对组织持不友好态度,他们的态度或行为直接影响到组织的生产经营活动,有时甚至造成严重的后果。

逆意公众的形成通常有两种原因:一是组织的政策、行为不当损害了公众利益,或者组织与公众之间价值取向有差异导致组织和公众利益上存在冲突;二是由于沟通不畅使公众对组织的政策行为产生了误解。组织应当加强与逆意公众的沟通,找到公众对组织产生恶感的原因,争取到逆意公众的理解或谅解,有针对性地进行公关活动,努力将逆意公众变成中间公众或顺意公众。

3. 中间公众

中间公众是指对组织的政策和行为持中立态度,或尚未表明观点、意向不明朗的公众。中间公众的态度具有极强的可塑性,组织应当尽力与其沟通交流,尽可能赢得他们对组织的了解和好感,即使不能把中间公众改变成顺意公众,至少可以防止他们向反对方面转化。

组织在开展公共关系工作时,要通过多种沟通方式和手段维护顺意公众,转化逆意公众,争取中间公众。

四、按公众发展过程中的不同阶段分类

根据公众与组织关系的紧密程度和发展程度,可以将公众分为非公众、潜在公众、知晓公众和行动公众。

1. 非公众

非公众是公共关系学中的特色概念,是指处在某组织的影响范围之中,但与该组织无关,其观点、态度和行为不受该组织的影响,也不对该组织产生作用的公众对象。明确组织的非公众,有利于减少公共关系工作的盲目性,增强针对性,避免不必要的浪费。譬如在一般情况下,服装店可以看作是钢铁厂的非公众,蛋糕烘焙店是水泥厂的非公众。组织只有正确找出非公众,将其排除在公共关系的工作范围之外,才能减少公关工作的盲目性,减少人力、物力和财力的浪费。

2. 潜在公众

潜在公众即由于潜在公共关系问题而形成的潜伏公众、隐患公众或未来公众。潜在公众是已经同组织发生了某种直接联系,由此引起了某种问题,但公众自身还没有意识到这一问题的存在。潜在公众在一定时间内,至少在意识到他们面临的问题之前不会采取行动,他们对组织的影响是潜在的,但一旦他们意识到问题的存在,就会发展为知晓公众,他们的言行就有可能对组织产生影响。

潜在公众阶段是公共关系工作中比较主动的阶段,组织对于潜在公众应该未雨绸缪,加强预测,密切监测事态的发展,分析各种可能的后果,制订多种应付的方案,积极引导事情向好的方向发展。

3. 知晓公众

知晓公众由潜在公众发展而来,是指明确意识到自己的权益与特定的组织有关,并已考虑与该组织联系,但暂时还未付诸行动的公众对象。知晓公众一旦形成,他们会急切想了解问题的真相、原因和解决的办法。公关工作的重要任务之一,就是面对事实,必须向知晓公众讲真话,必须毫不隐讳地向公众讲清一切,以争取知晓公众的理解、谅解、合作,防止事态的激化,使知晓公众的态度和行为向有利于问题解决的方向转化。

4. 行动公众

行动公众由知晓公众发展而来,他是指采取实际行动与组织相互作用,对组织构成现实的行为压力的公众群体。他们的形成对组织的生存发展构成直接威胁。对于行动公众必须采取相应的行动,将压力转变为动力,转变为对组织有力的合力。

【案例】

戴尔电脑"芯片门"事件

2006年6月22日,一名用户对网上订购的戴尔笔记本产品进行检测后发现,此笔记本CPU为英特尔T2300E,而不是订单上的酷睿T2300。根据英特尔公司官方网站说明,酷睿T2300带虚拟技术,酷睿T2300E不带虚拟技术,两者的价格差为30美元。该用户认为,买卖双方对笔记本的主要配置有明确约定,但戴尔提供的产品与宣传配置不符,这一行为已经构成了商业欺诈,戴尔应该对此负责。此后戴尔一直拒绝对该用户给予差价补偿。

就在此事逐渐被淡忘时,2006年8月9日,北京、上海、深圳等地的19名戴尔用户在厦门对戴尔提起集体诉讼,以商业欺诈为由将戴尔告上了法庭。这些用户称,他们购买的戴尔电脑芯片型号与广告不符,戴尔出售的英特尔芯片比广告中的芯片功能要少,戴尔为防止事态的进一步扩大,不得不做出让步。

(案例来源:互动百科 http://www.baike.com)

分析以上案例中何为非公众,何为潜在公众、知晓公众和行动公众。

五、按关系的稳定程度分类

受客观环境、外在条件发展变化的影响,公众的稳定性和组织性在程度上也有很大的差异。依据这一标准,可将公众划分为临时公众、周期公众和稳定公众3类。

1. 临时公众

临时公众是因为某一临时的因素、偶发事件或特别活动而形成的公众对象,比如展览会上的顾客、因飞机航班误点而滞留机场的旅客等。对这类公众,处理好关系,可以建立周期性、稳定性联系,使之成为顺意公众;处理不好,就可能使其成为逆意公众,成为公关工作中的不利因素。

2. 周期公众

周期公众是指按一定规律和周期出现的公众对象,如逢节假日出现的旅客高峰、逢招生考试时出现的考生及其家长等、定期到某学校上课的函授班学员等。周期公众的出现具有规律性,可以预测,有利于组织做好必要的准备,有计划地开展公共关系活动。

3. 稳定公众

稳定公众是具有稳定结构和稳定关系的公众对象。这类公众受兴趣、爱好、习惯的影响,比较集中地与某些组织发生稳定的联系,是组织的基本公众,甚至对组织而言具有"准自家人"的性质。经常光顾某饭店的顾客,只使用某品牌护肤品的消费者,老主顾、常客、社区居民等均属此类。

划分临时公众、周期公众和稳定公众,是制定公共关系临时对策、周期性政策和稳定策略的依据。每个组织都难以事先完全预测到某些突发事件的产生,往往会面对一些临时公众构成的额外压力,需要公共关系部门进行应急处理,因此需要有应变对策。周期公众的出现则是有规律的、可以预测的,能够事先制订公关计划,作好必要的准备工作,按照一定的程序来处理。而稳定的公众对象作为组织的基本公众,需要采取特殊的措施和政策，以示关系的密切性。

六、按组织对公众的态度分类

组织根据自己的需要，对不同公众也会形成不同的态度。按照组织对公众的好恶程度来分类，可以把公众划分为组织欢迎的公众、组织追求的公众和不受欢迎的公众。

1. 组织欢迎的公众

组织欢迎的公众是指完全迎合组织需要，主动对组织表示兴趣和沟通意向的公众，如自愿的投资者、慕名前来的顾客等。组织和这类公众之间存在两相情愿的合作关系。公共关系的任务就是维持和加强这种相互重视、联系密切的合作关系。

2. 组织追求的公众

组织追求的公众是指符合组织的利益和需要，但对组织却不感兴趣、缺乏交往意愿的公众。如新闻媒介、社会名流等。这就要求在公关工作中设法建立沟通渠道，努力使他们对本组织发生兴趣并采取一些对本组织有利的行动。

3. 不受欢迎的公众

不受欢迎的公众是指违背组织的利益和意愿，对组织构成潜在的或额外的压力和负担的群体等。如反复纠缠索要赞助费的团体或个人，向组织提出过分要求的团体或个人。

七、按公众的组织结构分类

根据公众的组织构成，可以将公众分为个体公众和组织公众。

1. 个体公众

个体公众是形式上分散，以个人作为意见、态度和行为的表达者，以个体形式与公关主体发生联系的公众对象。如酒店或商场中的散客等。

2. 组织公众

组织公众是以一定的组织或团体形式出现，以组织团体作为意见、态度或行为的表达者，并与公众主体相互交往的公众对象集团。如企业面对的集团消费者，竞选过程中的各种助选团体等。

课堂讨论 对公众进行科学的分类，对于开展公共关系活动有哪些帮助？

公众分类的方法还有很多，包括从传播学角度还可以把公众分为"积极公众"和"消极公众"等。公众分类的研究成果可为公关人员认识和分析自己的公众提供理论指导。从上述分类的标准可以看出，公众的分类是多角度或多维的，每一类公众都可以按各种分类标准细分为相应种类型。但实际上，任何现实生活中的具体公众都不纯粹属于某种类型。某一个体公众既是外部公众，同时也可能是首要公众、顺意公众、行动公众、积极公众等。

第三节 公众的心理

公关是社会组织以现代传播沟通为手段，以建立互利合作的公众关系为重点，以塑造良好的组织形象为目标的管理科学与经营艺术。从其定义可看出，它以公众为客体对象，要建立良好的公众关系，必须了解公众的需要，掌握公众的心理。所以说，对公众了解程度，对公众心理规律的掌握程度都直接关系到公关活动的成败，公关界无数实例也无不证明，公关战即心理战。

一、公众个性心理特征

人们在长期复杂的社会生活中形成了一系列心理活动和心理现象。这些心理现象在以脑的活动过程表现出来时，就是感知、记忆、思维、情感、意志等心理过程，它们体现着心理活动的一般规律性。但是，人的现实的心理活动又总是在一定的个体身上发生的，个体的心理活动既体现着一般规律，又具有个别特点。个体心理活动的特点，当以某种机能系统或结构的形式在个体身上固定下来时，就使其带有经常、稳定的性质。这种在个体身上经常、稳定地表现出来的心理特点就是个性心理特征。

因此，个性心理特征是个人的比较稳定的心理特点的总和，是一个人区别于他人的整体特性。具体来讲，它包括人的气质、性格和能力等方面。

1. 气质

气质是指人的典型的、稳定的心理特征。它是影响人的心理活动和行为的一个动力特征，是人们各种个性品质的构成基础。表现为情绪体验的强弱、意志力的大小、注意集中时间的长短、知觉或思维的快慢等。使个体的全部心理活动呈现独特的色彩。

课堂讨论 心理学中的"气质"与日常生活中的"气质"是一回事吗？

心理学家根据人的心理活动在动力方面表现出的特点（感受性、耐受性、反应灵敏性、情绪兴奋性、内向或外向性、可塑性等）的不同程度的结合，把人的气质分为胆汁质、多血质、黏液质和抑郁质4种类型。具体表现如下：

多血质：活泼，好动，灵活，反应迅速，兴趣广泛，喜欢与人交往，适应性强，但注意力容易转移、兴趣容易变换，做事不专注。可以用一个"灵"来概括其特征。

胆汁质：直率热情，精力旺盛，干练果断，反应迅速，但易怒，急躁，情绪容易冲动，缺乏耐心。可以用一个"直"来概括其特征。

黏液质：沉着冷静，做事踏实，安静稳重，少言寡语，善于忍耐，情绪不易外露，但不灵活，反应慢。可以用一个"稳"来概括其特征。

抑郁质：敏感细腻，善于观察，脆弱多疑，孤僻寡欢，体验深刻、善于觉察别人不易觉察到的细小事物。可以用一个"敏"来概括其特征。

【案例】

西游记人物个性

《西游记》是我国四大古典文学名著之一，其中的四位主要人物也表现出上述四种气质类型。

唐僧：任何时候他都没有说过放弃，不管遇到什么艰难险阻，也不管遇到什么诱惑。他是一个非常自律的人，对自己要求十分严格，自我控制和自我约束能力极强。他的这种执着、自律，从气质类型上看，就属于抑郁质。

孙悟空：没有孙悟空的话，很多事情都没法干成。但是，孙悟空是个比较任性的人，容易情绪化，如果没有头上的紧箍咒，孙悟空是肯定跟不到最后的。他能量大，敢作敢为，富有创造力、闯劲、冲劲、任性。从气质类型上看，属于胆汁质。

猪八戒：人很丑，但脾气好，天生的乐观派。他总是给团队带来乐趣、幽默。八戒还是一个处理人际关系的高手，例如，孙悟空闯祸了，唐僧一气之下把孙悟空撵走了，但真正遇到苦难时，又想到孙悟空。此时八戒出现了，他善解人意，知道唐僧需要他来周旋。八戒还善于与外界打交道，不少外部力量的支持还是八戒争取来的。他的活力、幽默、善于处理人际关系的特征,从气质类型上看,属于多血质。

沙僧:他是一个老黄牛式的人物,本事不是很大,却勤勤恳恳、任劳任怨、勤奋、忠诚、可靠。从气质类型上看,属于黏液质。

(案例来源:谢忠辉. 消费心理学与实务 [M]. 北京:机械工业出版社,2010.)

巴甫洛夫的高级神经活动类型说

苏联心理学家巴甫洛夫通过对高等动物的解剖实验,发现大脑两半球皮层和皮层下部位的高级神经活动在心理的生理机制中占有重要地位。大脑皮层的细胞活动有两个基本过程:即兴奋和抑制。这两种神经过程具有三大基本特性,即强度、平衡性和灵活性。他根据上述三种特性的相互结合,提出了高级神经活动类型的概念,并据此划分出高级神经活动的四种类型,即兴奋型、活泼型、安静型和抑制型。

由于巴甫洛夫的结论是在解剖实验的基础上得出的,并得到后人的研究证实。同时,由于各种神经活动类型的表现形式与体液说有对应关系。因此,人们通常把这两者结合起来,见表3-1,以体液说作为气质类型的基本形式,以巴甫洛夫的高级神经活动类型说作为气质类型的生理学依据。

表3-1 高级神经活动与气质的对应关系

	神经系统的特征	神经系统的类型	质类型
强	不平衡(兴奋占优势)	兴奋型	胆汁质
	平衡灵活	活泼型	多血质
	平衡不灵活	安静型	黏液质
弱	不平衡(抑制占优势)	抑制型	抑郁质

(资料来源:谢忠辉. 消费心理学与实务 [M]. 北京:机械工业出版社,2010.)

课堂讨论 气质有没有好坏之分?

2. 性格

性格是一个人长期以来比较稳定的对现实的态度和习惯化的行为方式。性格是最重要的个体心理特征,是个人区别于他人的集中表现。

人的性格是十分复杂的心理构成物,它有着多个侧面,包含着多种多样的性格特征。这些特征在每一个个体身上都以一定的独特方式结合为有机的整体。总的来说,性格的特征主要包括以下几个方面。

(1)性格的态度特征。是指个人对社会、对现实的态度倾向性。人对现实的态度主要表现在三个方面:一是对社会、集体和他人的态度,如大公无私或自私自利、热情或冷漠、诚实或虚伪等;二是对事业、工作、劳动和生活的态度,如勤奋或懒惰、认真负责或粗心大意,节俭朴素或奢侈浮华等;三是对自己的态度,如自信或自卑,严于律己或放任自流等。

(2)性格的意志特征。是指个体在对自己行为的自觉调节方式和水平方面的性格特征。自觉性、坚定性、果断性、自制力等是主要的意志特征。

(3) 性格的理智特征。是指个体在客观事物认知方面的表现出来的心理特征，如感知、记忆、想象、思维等方面。

(4) 性格的情绪特征。是指个人受情绪影响的程度和情绪活动的程度和状态，包括情绪活动的强度、稳定性、持久性和主导心境。

性格从倾向性的角度来划分，可以分为内倾型和外倾型。内倾型，又称内向型，一般表现为感情深沉，处事谨慎，喜欢思考，少言寡语，动作缓慢，交际能力较弱，适应环境不够灵活。外倾型，又称外向型，一般表现为热情活泼，能言善辩，自信，善于交际，适应环境能力强，但不够沉稳。

3. 能力

能力，是指顺利完成某种活动所必须具备的，并且直接影响活动效率的个性心理特征。能力是与某项具体的活动联系在一起的，只有通过活动才能发现能力，了解能力，能力也在活动中得到增强和完善，而且直接影响到活动的效率。

在实践活动中，要想成功地完成一项活动，仅仅依靠某一方面的能力是远远不够的，还必须具有多种综合能力才能获得成功。例如，为了完成一项学习任务，不能仅仅依靠记忆力，或仅仅依靠对文章的分析、理解，而必须同时具有观察力、记忆力、概括力、分析力、理解力等，才能出色地完成学习任务。

课堂讨论 你是否赞同"良好的性格可以弥补某些能力上的缺陷"？

二、公众心理倾向

1. 公众的需要

公众需要是指公众生理和心理上的匮乏状态，即感到缺少些什么，从而想获得它们的状态。美国人本主义心理学家马斯洛将人类的需要按由低级到高级的顺序分成5个层次或5种基本类型：生理需要、安全需要、归属和爱的需要、自尊的需要、自我实现的需要。

2. 公众的动机

动机，原意是引起动作，心理学认为动机是人们一切行为的内在动力，是人们从事某种活动的直接原因。所以，动机被定义为引起和维持个体的活动，并使活动朝向某一目标进行的心理过程或内在动力。

人们从事任何活动都由一定动机所引起。引起动机有内外两类条件，内在条件是需要，外在条件是诱因。需要经唤醒会产生驱动力，驱动有机体去追求需要的满足。例如，血液中水分的缺乏会使人（或动物）产生对水的需要，从而使驱动力处于唤醒状态，促使有机体从事喝水这一行为以获得满足。由此可见，需要可以直接引起动机，从而导致人朝特定目标行动。

动机既可能源于内在的需要，也可以源于外在的刺激，或源于需要与刺激的共同作用。

3. 公众的兴趣倾向

兴趣是个体以特定的事物、活动及人为对象，所产生的积极的和带有倾向性、选择性的态度和情绪。每个人都会对他感兴趣的事物给予优先注意和积极地探索，并表现出心驰神往。例如，对美术感兴趣的人，对各种油画、美展、摄影都会认真观赏、评点，对好的作品进行收藏、模仿；对钱币感兴趣的人，会想尽办法对古今中外的各种钱币进行收集、珍藏、研究。

兴趣是以需要为前提和基础。人们需要什么也就会对什么产生兴趣。由于人们的需要包括生理需要和社会需要或物质需要和精神需要，因此人的兴趣也同样表现在这两个方面。人的生理需要或物质需要一般来说是暂时的，容易满足。例如，人对某一种食物、衣服感兴趣，吃饱了、穿上了也就满足了；而人的社会需要或精神需要却是持久的、稳定的、不断增长的，例如，人际交往、对文学和艺术的兴趣、对社会生活的参与，则是长期的、终生的，并且不断追求的。兴趣是在需要的基础上产生的，也在需要的基础上发展的。

兴趣的特征

（1）兴趣的广阔性：这是指兴趣范围的大小。每个人的兴趣范围是不同的，有些人对新鲜事物十分敏感，对什么事都发生兴趣；有些人则把自己局限在一个小天地里，兴趣的范围极为狭窄。兴趣广泛的消费者与兴趣狭窄的消费者在对市场信息的注意程度、购买内容及购买方式上都存在着差异。

（2）兴趣的倾向性：这是指个体对什么感兴趣，是兴趣所指向的客观事物的具体内容和对象。对于个人而言，由于每个人的年龄、环境、阶级属性不一样，因此个体的兴趣的指向也就不同。就中学生来说，有人喜欢将来学文科，有的人喜欢将来学理科，他们的兴趣倾向就不一样。

（3）兴趣的稳定性：这是指兴趣稳定的程度。有的人兴趣多种多样，但变化无常，有时他们会对某种事物产生强烈的兴趣，但兴趣不稳定，不能持久，这时候一种兴趣就可能迅速地被另一种兴趣所代替。有的人却以一个兴趣为中心，兴趣稳定而持久。兴趣的稳定性，对一个人的学习、工作很重要，只有稳定的兴趣，才能促使人系统地学习某一门知识，把某一项工作坚持到底，并取得成就。

（4）兴趣的效能性：这是指兴趣对个体的活动能够产生效果的大小。有的人的兴趣只停留在期望和等待的状态中，不能促使人去积极主动地努力满足这种兴趣。这种兴趣缺乏推动的力量，不能产生实际的效果。有的人的兴趣则不然，它能推动一个人去积极活动，产生实际的效果。

（资料来源：谢忠辉．消费心理学与实务［M］．北京：机械工业出版社，2010.）

在公关活动中，公众的兴趣发挥着重要的作用。只有充分地重视、利用和引导公众的兴趣，才能使公关活动取得实际的成效。具体表现在如下几个方面。

（1）公众的兴趣对公关目标发挥导向作用。公关的目标是公关主体的目标，它是由公关主体制定的。但是在公关目标的制订过程中，公众的兴趣通过自发地对公关主体的影响，间接地对公关目标的制订产生影响，从而发挥事实上的导向作用。任何公关的具体目标只有在迎合公众兴趣的前提下才具有实际的价值，否则只能是一纸空文。

（2）公众的兴趣对公关过程发挥能动作用。公关过程是主客体双向交流的过程，主体发挥主动作用，客体发挥能动作用。客体的能动作用中包括公众兴趣的作用。主体发出的信息和提出的要求，要在公众的兴趣面前受检验。符合公众兴趣的信息和要求能够推动公关的发展，而不符合公众兴趣的信息和要求不能推动公关的发展。

（3）公众的兴趣对公关主体发挥启迪和诱导作用。公众的兴趣是最有用的信息之一，对公关主体发挥启迪作用；公众的兴趣为开展公关活动提供机会和条件，对公关主体发挥诱导作用。对公关主体来说，有关公众兴趣的信息是一种重要的资源，只有积极地利用这种资源，才能使公关活动取得实际效果。

三、公众心理定势

心理定势是人的认知和思维的惯性、倾向性，即按照这种固定了的倾向去认识事物、判断事物、思考问题，表现出心理活动的趋向性和专注性。它既有积极的定向作用、推动作用、稳定作用，也有消极的妨碍作用、惰性作用、误导作用。心理定势是一种固定化的心理状态，公关活动必须顺应公众心理定势的指向并因势利导，才能便于公关活动顺利开展，并收到良好效果。

1. 首因效应

首因效应即第一印象的强烈影响。事物给人最先留下的印象往往有强烈的作用，左右着人们对事物的整体判断，影响着人们对事物以后发展的长期看法。第一印象一旦形成就比较难以消除。因此，在公共关系工作中要十分注意传播中的首因效应。无论是人、产品、环境还是组织行为，都要尽可能给公众留下良好的第一印象，避免因为不良的第一印象而造成知觉的片面性。

2. 近因效应

近因效应即最近或最后印象的强烈影响。事物给人留下的最后印象往往非常深刻，难以消失。对一件事物或对一个人接触的时间延长以后，该事物或人的新信息、最近的信息就会对认识和看法产生新的影响，甚至会改变原来的第一印象。公关传播工作亦要注意这种近因效应，注意用新信息去巩固、刷新公众心目中原有的良好印象，或尽力改变原来的不良印象。

3. 晕轮效应

晕轮效应即一种片面的知觉。人们在认识事物或人的时候，往往会从对象的某些突出的特征或品质扩展为对对象的整体印象和看法，从而掩盖了对象的其他特征或品质，形成某种幻化的知觉。这种幻化的知觉会产生美化或者丑化对象的作用。公共关系活动可以适当利用这种晕轮效应来扩大组织或产品的影响，美化组织或产品的形象；同时也要避免因为滥用这种晕轮效应，使公众反感甚至讨厌；更要反对利用晕轮效应来蒙骗公众。

4. 定型作用

定型作用即固定的僵化印象对人的知觉的影响，也称"刻板印象"。人们往往自觉或不自觉地凭借自己以往形成的固有经验和固定的看法去判断评价某类人或事物的特征，并对该类人或事物中的个体加以类推。这种看法一旦在人的头脑中定了型，造成"先入为主"的成见，就容易在新的认知中产生偏差，妨碍人与人之间的正常交往或对事物的正常判断。公共关系工作一方面要研究和顺应公众的某些刻板印象，使自己的形象与公众的经验相吻合；另一方面也要努力传播新观点、新知识、新经验，以改变公众某些狭隘的成见和偏见，以及由此形成的误解。

课堂讨论 通过公众心理有关内容的学习，分析企业用明星代言有何好处？

第四节　组织常见的目标公众

每个组织都有自己特定的目标公众对象。组织的性质、类型不同，具体的目标公众对象也不完全相同。比如，学校的目标公众对象，政府的目标公众对象，企业的目标公众对象,相互之间会有很大的差异。以下列举一般组织较为常见的、带有一定共性的目标公众,简要分析其内容、传播意义和处理方法。

一、员工关系

员工关系是社会组织与其内部员工之间的关系,是组织在管理过程中形成的人事关系,包括组织机构中的上下级关系,各职能部门之间的关系以及内部员工之间的关系。

(一) 建立良好员工关系的意义

1. 组织需要通过自身成员的认可和支持来增强凝聚力

每一个成员都是组织的细胞,他们对组织有机体的认同和信赖,是这个有机体得以存在的基础。因此,良好的员工关系是公共关系的起点。组织内部的公关工作首先要增强凝聚力,将全体成员组合成一个有机整体。要达到这一目的,就需要将本组织的成员视作传播沟通的首要对象,尊重组织成员分享信息的权利,争取他们的了解与支持,形成信任与和谐的内部气氛。

2. 组织需要通过全员公共关系来增强外张力

一个组织的对外影响力有赖于全体成员的努力和配合。因为每一个组织成员都是组织与外部公众接触的触角,都处在对外公共关系的第一线;组织的整体形象必须通过他们在各自工作岗位上的良好行为具体体现出来。在对外交往中,每一位组织成员都是非常重要的公共关系行为主体。这种主体性的发挥则有赖于他们对组织的认同感和归属感。

【案例】

企业应重视搞好内部员工关系

日前在报上读到一篇"工人读书可获加薪"的报道:宝钢集团一钢公司出台了《关于鼓励员工学习文化技术和钻研业务的若干规定》,规定中指出:职工通过非全日制普通学校学习并取得证书,岗位专业对口的,根据学历高低,每月将获得100元至500元不等的岗位津贴。据报道,该公司此规定出台后,原来企业的教育经费大大突破,公司已决定将这笔开支列入工资总成本,并成为企业的一项长效措施。宝钢公司的领导表示:资金再紧张,职工的教育经费一定要确保。

无独有偶。另据报道,从2001年6月底开始,江苏阳光集团100多个销售员全部学习MBA工商硕士课程,由复旦大学教授授课。同时,集团举办的文化升级培训、机电一体化培训全面展开,计算机软件设计班也在筹办之中。"三年之内,操作工要达到大专以上水平,管理人员要达到本科以上水平",这是阳光集团的近期培训目标。

(资料来源:道客巴巴 https://m.doc88.com/p-1327545294652.html?from=singlemessage&isappinstalled=0)

(二) 处理员工关系的方法

1. 保护员工的物质利益

满足员工的物质利益,是员工维持生存、继续工作的基本保障。

社会组织一方面要在保证员工现有工资的前提下,不断提高其工资水平,另一方面努力提高福利待遇,如食宿、医疗、养老、工作环境等,以此培养员工对组织的归属心和忠诚心,并使之转化为持久的工作热情。

【案例】

京东的福利

京东的福利一直被人津津乐道。京东食堂有6层,总面积有2万多平方米,包括了咖啡厅、茶餐厅、面包房、果蔬房等。食物包括了北方风味、西北风味、粤菜、川菜、淮扬菜、岭南风味、境外美食等多种口味。整个食堂每餐的饭菜种类多达400多个。据说，刘强东准备建食堂时只有一个要求："一定要让我的员工吃饭的时候，看到窗外的风景。"为解决员工子女上学问题，京东总部开办了一家幼儿园，凡是京东员工的子女都可以入学，不仅学费全免，生活费和用品费也都不要钱。从此员工可以"带孩子上班"。

2018年初，京东亚洲一号青岛物流园正式启用，员工宿舍总面积达10724平方米，共200间房间，每间住2人。每间房都是精装修，达到了快捷酒店的标准，里面空调、洗衣机、冰箱等生活所需电器一应俱全。此外，宿舍旁配有1332平方米的餐厅，还配有舞蹈室、桌球、羽毛球室以及健身房和KTV，据说楼顶还可烧烤。同时，还有专业物业团队，负责24小时打扫卫生。

（资料来源：今日头条 https：//m. toutiao. com/i6497875450591707662？utm_ source = &utm_ medium = &uid = &did = &web_ id = ）

2. 满足员工的精神需求

组织除了以物质鼓励的方法改善与职工的关系外，同时也不能忽视精神鼓励。据国外的一些研究资料表明，依靠物质利益的严格管理制度，只能发挥出职工工作能力的60%，而剩下的40%是潜在的工作能力，只能依靠精神鼓励的方法才能充分激发出来。

（1）尊重和承认员工的个人价值。管理心理学家贝克发现，每个人的人性中都有两种矛盾欲望，既希望自己成为优势团体中的一员，又希望有自我表现的机会。事实上，只有员工的个人价值受到肯定和尊重，使他觉得自己在团体中受到重视，他才可能自觉地将自己的利益与社会组织的利益融为一体，才能自觉地与社会组织同呼吸共患难。美国IBM公司用员工庆功会的方式对有突出业绩的员工进行表彰，并邀请他们的家属和来宾为他们祝贺，这种激励员工积极性的方式至今仍被很多企业界人士效仿。

（2）让员工分享信息，参与决策。这是对员工价值的一种肯定。在信息分享过程中，员工会自然而然地参与到组织的各类活动中来，对组织的工作发表意见，他们会因此与组织同喜同忧。如有一家公司因原材料涨价致使资金发生困难，当时该公司将财务情况如实地向全体员工进行了通报，员工在了解情况后，不但谅解了公司领导的难处，而且积极地提出合理化建议，自觉节约材料消耗，帮助公司渡过了难关。

1927年3月间，通用汽车公司的LORD - STOWN工厂员工进行了为期三周的罢工。这一罢工事件，使得通用汽车公司的LORD - STOWN工厂完全关闭。虽然罢工事件没给公司造成多大的损失，但是却给公司以重要启示，他们开始意识到之所以出现罢工事件，是由于长期缺乏内部沟通，以致高层领导与下层员工之间存在严重隔阂。

（3）重视职工培训，给员工晋升的机会。组织的成功靠人才，只有提高组织职工的整体素质，才能从根本上增强组织的竞争力。因此，必须重视职工培训工作。

从人的心理和欲望角度看，员工都有着政治上、业务上的上进心理。满足员工上进心的最主要方法是制定出员工喜欢的、完善的晋升政策。这样，可以使员工有努力上进的方向，使员工有安全感，消除员工的不平，增进员工的合作与团结。

（4）创造"大家庭"氛围。组织的成功固然有赖于管理水平的高低，同时也有赖于"情感维系"作用的强弱。现代组织非常重视建立"家庭情感"，将浓厚的人情味注入企业管理之中，让员工犹如在家里一样，有一种安全感、归属感和幸福感。

组织应该对员工以诚相待，以情动人，多方面关心、爱护员工，在上下级之间、员工之间形成真诚的友谊和感情，不断维护和巩固这种"情感维系"，努力创造和谐的"大家庭"氛围，增强组织的内聚力。

【案例】

为普通工人树碑立传

广州羊城药厂1991年建立了一座碑廊，碑廊内耸立着5块2米多高的大理石碑。上面篆刻的不是什么英雄、高级领导人的题词，而是本厂195位普通工人的名字。原来，他们都是立功受奖的人员，厂里为他们"树碑立传"了。

羊城药厂曾有一段时间境况不佳。为了扭转这种状况，该厂领导号召全厂职工振奋精神，积极献计出力，打好翻身仗。上述195位普通职工努力工作，为药厂的振兴做出了突出的贡献，立下了汗马功劳。1990年，羊城药厂举行评奖活动，这195位普通工人分别荣获金羊奖、银羊奖和铜羊奖。

羊城药厂的领导认为，广大工人是企业的主人。这195位有功人员虽不是什么英雄，但是他们发挥了主人翁的精神，对药厂的振兴繁荣做出了突出的贡献，因此，他们的名字应该载入本厂的史册，让后人永志不忘。于是，该厂就为这195位普通工人树起了纪功碑。

这些纪功碑树立起来后，在羊城药厂引起了很大的反响。碑上有名者感到自豪，受到了鼓舞。老工人曹球抚摸着碑上自己的名字自语道，从没有想过自己竟有被"树碑立传"的一天！他决心为药厂的发展做出更大的贡献。而碑上无名者也感到学有榜样、干有方向，纷纷表示自己也要干出成绩来，争取自己的名字也被刻上纪功碑。因为他们看到，那5块纪功碑中的最后一块是空白的，它将留给后来人。一位小伙子说，他相信，通过努力，自己的名字终有一天也会被刻在碑上。

（资料来源：张金成. 公共关系原理与实务［M］. 北京：人民邮电出版社，2012.）

问题：
1. 树立和宣传先进典型对凝聚员工有什么作用？
2. 你所在组织在树立和宣传先进典型方面做了哪些工作？还能做哪些改进？

二、股东关系

股东是股份制企业的投资者。股东关系既是企业与这些投资者的关系，也是企业重要的内部公众关系。维护企业与股东的良好关系，对企业的经营成败具有较大的影响。

（一）股东的重要性

首先，与股东的关系好坏直接影响到企业的"财源"，进而影响到企业的"权源"，这对于企业的生存和发展是至关重要的。一个公司能否依靠股票的发行顺利地筹集资金，完全取决于是否有人愿意认购该公司的股票，认购后又是否愿意持有股票。当他们对企业有信心时就购进股票；反之，对企业缺乏信心时就抛出股票。而且股东的更换也会导致董事会的改组和经理的重新聘任。股东还可以通过股东大会和企业董事会来干预企业的重要决策，影响企业的行为。

其次，股东又是企业最知己、最强大的顾客群。股东和企业的利益是联系在一起的。企业越发展，盈利越多，相应的股东的利益也就越有保证。公司可以利用股东广泛的社会关系，扩大产品的销售网络。美国通用食品公司，每逢圣诞节便送给每位股东一套本公司的罐头样品，股东们得到礼品后十分高兴，还把这些产品推荐给自己的亲朋好友。他们一般在圣诞节前就准备好一份亲朋好友名单寄给公司，由公司按名单把罐头寄出作为圣诞礼物。因此，每到圣诞节前，通用食品公司都要额外收到一大批订单，股东们享受到了优惠价格，公司方面也赚到了一大笔钱。可见，良好的股东关系，不仅可以稳定公司的财源，而且可以向外扩大新的市场。

（二）处理股东关系的方法

1. 要尊重股东的特权意识

股东是买了股票，以投资的方式进入企业的，他们自然而然产生一种"主人意识"，认为自己有权知晓企业的发展方向和经营状况，对企业各方面的信息也特别关注。因此，在处理股东关系时，就必须充分尊重股东的这种特权意识，国外的很多公司在印发向股东报告公司新消息的文件上，总是客气地写道："首先我要把这令人兴奋的消息，告诉各位老板们。"股东们收到这样的文件后，会为自己是主人而感到满足与骄傲，并积极向别人夸耀公司的成就，劝别人购买该公司的股票和产品。在与股东联系的全过程，始终要保持谦恭的态度。如称谓上要满足"主人"的需要；在给股东的信函和会议上，都要十分注意用种对老板的语气说话；接待礼遇也要满足"主人"的需要；对于大股东和小股东，都要一视同仁地予以尊重。

2. 随时做好与股东的信息沟通工作

首先，要提供股东感兴趣的公司信息，以便于赢取和建立公司的信誉。对公司情况最了解的股东往往是最愿意保存股票并追加投资的股东，要及时、准确、全面地向股东汇报有关企业的各种信息，如企业的目标、方针、政策和计划，资金的流动状况，公司的业务拓展情况，公司产品或服务项目，分红政策，赢利预测，重大人事变动，重大成果等。做到企业有什么最新消息首先应该让股东知道，企业有什么新产品，如果可能也应让股东最先使用。另外需要注意的是，企业与股东的信息交流应该自始至终，国外有些公司的做法值得借鉴：股东购入第一张股票时，立即发出总经理签名的"欢迎信"；逢年过节，发出"感谢信"；而当股东抛出最后一张股票时，则发出"遗憾信"。

其次，要及时收集来自股东方面的各种信息，报告给有关领导和部门。股东生活在社会的各个层面，消息灵通，各有所长，因此公关部门要经常与他们保持联络，从他们那儿了解各种相关信息，从而使工作更有针对性，更容易取得好的效果。

三、顾客关系

组织的经济效益需要通过市场实现，而顾客就是市场，有了顾客才有市场。良好的顾客关系有利于组织的市场销售关系，能够给组织带来直接的利益。因此，顾客公众是组织公共关系对象中利益关系最直接、明显的外部公众，也是组织最重要的外部公众。

【案例】

诚招天下客　情满美食家

一双筷子上写着这样两行字："假如我的菜好吃，请告诉您的朋友；假如我的菜不好吃，请告诉我。"这两句富有浓厚情感的公关语言同"美食家"的名字一起传遍了整个杭州。这家普通的餐厅所处的地理位置并不十分理想，既不是车站、码头，又不是风景区、闹市区。7年前，在餐厅刚刚开业时，这里生意清淡，门庭冷落。没有顾客的惠顾，就谈不上餐厅的生存，更谈不上餐厅的盈利。要使顾客青睐，餐厅就要有自身的吸引力。这个吸引力在哪里呢？"美食家"餐厅深深懂得：只有在顾客心目中树立起"美食家"的良好形象，才能招徕顾客的光顾。"美食家"的吸引力应放在一个令人亲切的"情"字上，依靠情感的传导来沟通顾客关系。只有把情感输入顾客心里，才能塑造"美食家"的形象。只有把诚心贴在顾客心里，才能建立"美食家"的信誉，从而产生一种"情感效应"，使企业获得良好的经济效益。

（资料来源：刘丹. 公共关系实务［M］. 北京：清华大学出版社，2016.）

（一）顾客关系的意义

1. 良好的顾客关系能够为组织带来直接的利益

顾客是组织公共关系对象中利益关系最为直接的外部公众。在市场经济条件下，顾客就是市场，有了市场才可能实现组织的经济利益。所以，顾客是组织经营的生命线。组织与顾客公众的关系还包括信息交流关系、情感沟通关系等，没有交流和沟通，组织与顾客公众之间难以建立起巩固、稳定而持久的关系。

2. 良好的顾客关系体现企业组织正确的经营观念和行为

顾客公共关系要求组织将顾客的利益和需求摆在首位，通过满足顾客的需求和权利来换取组织的利益。公共关系的经营思想认为，利润不应该是企业贪婪的追求，而应该是顾客接受、赞赏和欢迎企业的产品及服务所投的信任票。只有获得顾客信任与好感的企业，才可能较好地赢得自己的利润。因此，企业的经营观念和行为都必须以顾客的利益和需求为导向，而这种经营观念和行为必然表现为企业良好的顾客公共关系，即企业在市场公众心目中具有良好的声誉和形象。

《华尔街日报》的一篇文章中有这样几句话：没有人比妈妈更了解你，可是，妈妈知道你有多少条短裤吗？乔基公司知道。妈妈知道你往每杯水中放多少块冰吗？可口可乐公司知道。妈妈知道你在吃椒盐饼干时是先吃口袋中的碎块儿呢，还是先吃整块儿呢？弗里托·莱公司知道。从这几句话中我们可以看出，在市场竞争日趋激烈的今天，谁最了解顾客，谁才能赢得顾客，谁才能更好地生存。

（二）处理顾客关系的方法

1. 树立正确的顾客观

组织应该树立起顾客满意的理念，从组织政策的制定、实施和评价等方面处处体现顾客至上的观念。在组织与顾客发生矛盾和纠纷时，要认真听取顾客的意见，多从组织本身找原因。

2. 为顾客提供满意的产品和服务

对顾客而言，优质的产品和服务是其最关心的内容。组织需要提供满意的产品和服务，提高顾客对组织产品的满意度和对组织品牌的忠诚度。

【案例】

美国凯皮特公司（北美机械制造公司）在它的广告里说："凡是买了我们产品的顾客，不管在世界哪个地方，若需要更换零配件，我们保证在48小时内送到，如果耽误，我们就将产品白送给你们。"他们说到做到，有时候为了一个价值只有几十美元的零件，甚至不惜动用直升机，费用高达数千美元。正是由于这种卓著的经营信誉，该公司能经营50余年并日渐兴盛。

（资料来源：刘丹，等. 公共关系实务［M］. 北京：清华大学出版社，2016.）

3. 加强与顾客的沟通与交流

组织要建立与顾客的良好关系，就必须与顾客进行广泛的信息交流，一方面收集顾客信息、了解顾客需求，另一方面向顾客及时传递组织的信息，提高顾客对组织的认知度。

4. 妥善处理顾客的投诉及抱怨

过去，经营者会认为顾客的投诉及抱怨是在找麻烦，这实际上只是认识到了投诉抱怨给经营者带来的负面影响，从某种角度上看，顾客的投诉抱怨给了企业改进工作、提高顾客满意度的机会。建立顾客的忠诚度是现代社会维持顾客关系的重要手段，对于顾客的投诉与抱怨，应采取积极的态度来处理。

【案例】

2017年8月8日，川航3U8328无锡——九寨沟航班在无锡机场登机时，大部分旅客已经自行通过网络获知九寨沟地震消息。其中114名旅客自愿放弃了行程，只有9名旅客登机。登机完毕后，还是有8名旅客最终放弃了行程。只有一名女士表示愿意继续行程。航班于23：05分从无锡起飞，飞往九寨沟。

机上仅有的这名头等舱乘客石女士，因在九寨沟有酒店生意需要照顾，不得不连夜飞回九寨沟。她上机时因情绪紧张双手发抖，于是头等舱乘务员马洋璨蹲下来与她交流，安抚其情绪；起飞后，通过与乘务长孙天交流，石女士得知她在九寨沟景区的酒店因这次地震生意损失惨重，而且酒店内部已经没有供电了，但对于这次川航能够在震后坚持飞往九寨沟，以及机上乘务员贴心的照顾与安抚，她表示非常满意和感谢。抵达九寨沟后，石女士主动给乘务长、头等舱乘务员留下自己的姓名、微信号与自家酒店地址，希望以后能有机会以招待大家入住她的酒店。

（资料来源：http：//news. carnoc. com/list/414/414. html 民航资源网）

这个案例给我们的启示是什么？

四、新闻媒介关系

媒介关系是组织与新闻传播机构及其工作人员的相互关系。媒介公众是公共关系工作对象中最敏感、最重要的一部分。一方面新闻媒介是组织与广大公众沟通的重要中介；另一方面新闻界人士又是需要特别争取的公众对象。媒介与公众对象的合一，决定了新闻媒介关系是一种传播性质最强，公共关系影响意义最大的关系。

（一）良好的新闻媒介关系的意义

1. 良好的媒介关系有利于形成良好的公众舆论

新闻传播机构及人士是社会信息流通过程中的"把关人"，他们决定着各种社会信息的取舍、流量和流向，确定着公众舆论的中心议题，能够赋予被传播者特殊的、重要的社会地位。某个组织、任务、产品或事件如果成为新闻界报道的热点，便会成为具有公众影响力的舆论话题，获得较高的社会知名度；而且信息通过新闻界做出客观报道，也容易获得公众的信任，有利于美誉度的提高。公共关系的一项重要任务就是为组织创造良好的公众舆论，争取舆论的理解和支持。因此，与"把关人"建立良好的关系，有助于争取媒介报道的机会，使组织的有关信息可以顺利地通过传播过程中的层层关口，有效地发布出去，形成良好的公众舆论环境。

2. 良好的媒介关系是运用大众传播手段的前提

组织要实现大范围、远距离的沟通必须借助于各种现代大众传播媒介。大众传播借助于现代印刷、电子等传播技术，大量高速地复制信息，以实现大范围、远距离的传播。这是现代公共关系的主要手段之一。但是，大众传播媒介一般不是由组织内的公共关系人员直接掌握和控制的。有关的信息能否被大众媒介所报道，以及报道的时机、频率、角度等,要取决于专业的传播机构和人士。因此,与新闻界人士建立广泛、良好的关系,是运用大众媒介、争取媒介宣传机会的必要前提。

(二) 处理新闻媒介关系的方法

1. 熟悉媒介公众

了解和熟悉各种媒体的性质、特点和特殊需要,了解他们的编辑方针、发行周期、版面安排、行销范围以及受众特点。当组织需要做这方面的公关工作时,就能够抓住报道时机,找到恰当的媒体,使组织的公关宣传报道更有针对性,更容易达到预期的目标。

2. 尊重新闻媒介

为了和新闻界处理好关系,尊重媒介公众是一个基本的前提。组织应当尊重新闻工作者的职业特点,向其提供真实可靠的信息,并且对待新闻媒介机构和记者应该热情友好,对待各类新闻界公众一视同仁,不可因新闻界单位名气大小和级别高低而区别对待。一旦出现问题,组织应该与新闻界公众积极合作,查明真相,勇于承担责任。

3. 加强与新闻媒介的沟通交流

组织应该主动与新闻媒介接触,积极向新闻媒介提供组织相关的信息。比如,联系新闻媒体召开新产品发布会,公司举办的庆典、公益活动等重大活动也通知新闻记者前来参加。

【案例】

联合利华"奥妙"品牌媒介关系案例

一、项目背景

"奥妙"是联合利华旗下的知名洗涤产品品牌,1993年进入中国,到1999年"奥妙"已经成为中国高档洗衣粉市场最有影响力的品牌之一。

1999年,联合利华在华资产重组顺利完成,所有机构的采购、运输、分销系统都被统一起来,实现了资源共享。"奥妙"洗衣粉的生产间接成本大大降低。同时,经过周密的市场调查,联合利华决定针对中国实际的洗涤条件和中国消费者的洗衣习惯,研制开发更具市场竞争力的新产品。1999年,联合利华推出两款新"奥妙"洗衣粉,同时对原有产品价格进行大幅度下调,下调幅度达到30%~40%。

同时,联合利华也意识到,日用消费品的价格大幅度变动势必引起新闻媒介的关注,在传播"奥妙降价"的信息同时,有可能引发负面报道。比如"奥妙降价以牺牲质量为代价""奥妙降价冲击国有品牌"等,如何处理好媒介关系,事关重大。

二、项目策划

1. 市场调查

中国环球公共关系公司在接受联合利华公司的委托之后,在短时间内进行了充分调研,从产品、企业、外部环境三个层面上总结出当时"奥妙"面临的机遇与挑战。

(1) 产品层面。"奥妙"降价本身就是有价值的经济新闻,新闻媒介的参与有助于新产品的推出,吸引更多消费者。"奥妙"产品的改进经过了严格的市场调查,"全自动"和"全效"的产品定位新颖,具有相当的竞争力,以此为消费媒介提供有价值的信息。但同时,优质优价是市场的一般规律,"奥妙"降价有可能使新闻界产生"此奥妙非彼奥妙"的感觉。

(2) 企业层面。联合利华于1999年刚刚完成企业重组,企业资源的优化使得产品的间接成本下降，但同时，由于"奥妙"在上海闵行的生产基地停产，联合利华与闵行基地的大量员工提前解除劳动合同。"下岗"问题非常敏感，可能造成严重的媒介负面报道。

（3）外部环境。中资品牌洗衣粉的价格较低，"奥妙"降价，可能给媒介造成联合利华降价冲击中资品牌的不良印象。

含磷洗衣粉对环境的污染问题引起了全社会各界的重视。"奥妙"原红色装全部为无磷产品，而新产品分有磷和无磷两种，只有在禁磷地区销售无磷产品。"环保问题"必将成为"奥妙"在处理媒介关系方面不可回避的环节。

"奥妙"降价改变了市场格局，竞争对手会以各种方式做出反应，可能造成媒介关系协调方面意想不到的困难。

2. 公关目标

（1）有效传播"新奥妙"的产品优势（价格、性能），形成对"奥妙"有利的舆论环境。

（2）避免有可能发生的不利报道，维护"奥妙"业已形成的良好形象。

3. 目标受众

新闻界，社会公众。

4. 公关策略

（1）在第一时间召开新闻发布会，邀请全国主要的新闻媒体前来参加，公布"降价"消息，尽可能回答记者感兴趣的问题，形成一定的宣传规模和强度，同时以事实来消除有可能产生的主观臆断和猜想。

（2）针对不可回避的敏感问题提出合理的答案，以防止负面报道的产生。

比如：

☆奥妙降价如何保证质量？

回答要点：奥妙降价的直接原因是资产重组带来的成本下降，一系列实验数据和使用结果可以说明奥妙的质量并没有下降。

☆重组之后的"下岗"问题？

回答要点：企业在正常的发展过程中，出于战略需要，与部分员工提前解除劳动合同在所难免。目前，联合利华正在组织"下岗"员工系统学习新的技能，并且帮助他们寻求新的就业岗位。

☆冲击中资品牌的问题？

回答要点：奥妙在中国市场的主要竞争对手一直是外资品牌，即使降价后，价格也高于国有品牌，相信不会对国有品牌造成冲击。

☆环保问题？

回答要点：奥妙严格遵守中国政府的有关规定，在禁磷地区销售无磷洗衣粉。同时，邀请国家洗涤用品行业协会的代表出席，解释记者的疑问，即养殖业和化肥农药的使用是造成磷对环境污染的最主要原因，而来自洗衣粉的磷是很小的一部分，许多国家并未禁止洗衣粉中使用磷。

（3）精心遴选各个地区的有影响力的媒体及合适的版面、栏目，做到有的放矢。

（4）从不同角度撰写新闻稿，如"新奥妙闪亮登场""奥妙降价不降质""奥妙降价给国有企业的启示""国内洗衣粉市场的发展与潜力"等,引导记者形成有利于奥妙的报道思路。

5. 新闻发布会现场执行时间

1999. 10. 18:上海;

1999. 10. 20:广州;

1999. 10. 21:北京。

执行期间注意以下问题:

(1) 外地记者由专人接待,做到事前及时沟通,大报、小报、年轻或资深记者一视同仁,使其增强报道欲望。

(2) 三地发布会分别邀请当地国家工商、消协部门与会,增加发布会的可信度与权威感。

(3) 广州是联合利华主要竞争对手的根据地,在发布会现场,制定了严格的防范措施,对不请自来的10多位记者都给予婉拒。

三、效果

截至发布会结束的一个月内,共收集到101篇相关剪报,其中上海11篇、广州13篇、北京32篇、四川13篇,还有32篇来自国内其它各地的报纸。没有出现有损奥妙品牌形象的负面报道。《新民晚报》《北京青年报》《南方日报》等主要媒介均在显著位置刊登了以"奥妙降价不降质"为主题的报道。所有被邀的电视台(10家)和电台(3家)均发布了有利于联合利华的信息。

在"奥妙"降价后的一个月内,其销量大幅度上扬,调查显示,50%以上的消费者的信息来源是有关的新闻报道,同时绝大多数消费者认为,奥妙降价的原因是市场竞争,而不影响产品的质量。这说明,围绕奥妙降价事件展开的媒介关系协调工作最终取得成功。

四、案例点评

这是一个典型的"未雨绸缪"的公关案例。借助新闻报道来为产品降价"说话",有利于提高产品降价信息的传播和促进消费者认知。但借助新闻媒体说话的主导权不在企业方面,而在新闻界方面。对一件事情说什么,说多少,怎么说,什么角度什么方式说,什么时间什么版面说,决定权都掌握在大众媒介的记者手里,本项目的策划都充分考虑到了媒体宣传的不可控制性和风险性,事先分析了新闻界和舆论界可能出现的正面和负面的反应,将"避免可能发生的不利报道,维护奥妙业已形成的良好形象"作为公关策划的目标之一,将新闻界作为第一位的目标公众,未雨绸缪地制定和实施了一系列"防御型公关"措施。如:针对与奥妙产品有关的敏感问题事先设计答案,争取舆论主动权;邀请政府工商部门、消协、国家洗涤用品行业协会的代表与会,增强信息发布的权威性和可信度;制定和训练新闻发言人,保证对外一致,形象统一;科学地组合媒介,艺术地组织报道。针对产品特性和目标受众,重点选择消费类、经济类、综合类的媒介或版面,确保形成较高的信息到达率;从不同的角度提供新闻稿,引导记者形成有利于奥妙的报道思路,等等。在最后101篇新闻稿中没有出现一篇有损奥妙品牌形象的负面报道,在当今这个热衷于"问题报道""负面炒作"的年代,是难能可贵的。

(资料来源:郭惠民. 中国优秀公关案例选评(之四)[M]. 上海:复旦大学出版

社，2001.）

五、政府关系

政府关系是企业与政府机构及其管理部门的关系。任何社会组织都必须接受政府的管理与制约，需要与政府的有关机构打交道。因此社会组织都存在与政府的关系问题。

【案例】

开启"本土化"之门

1998年，当联合利华公司进入中国市场的第十二个年头来临的时候，"本土化"不可避免地提到了联合利华决策者的议事日程上。为了真正实现"本土化"，1998年6月，当时联合利华的两位总裁英国总部主席及首席执行官裴聚禄先生（Mr. Naill Fitzgerald）和荷兰总部主席及首席执行官戴培乐先生（Mr. Morris Tabaksblat）决定同时访华。两位总裁先是拜会了上海市市长徐匡迪，借此机会，联合利华向徐匡迪市长通报了将总部设在上海的原因，同时就在上海的联合利华资产重组问题与徐市长交换了意见。

6月10日下午，联合利华两位总裁受到国务院总理朱镕基的接见。会谈期间，联合利华方面表达了在中国长期投资的信心，同时就"本土化"进程中的一些问题与朱总理交换了看法。晚上，在人民大会堂宴会厅，联合利华举办丰盛的晚宴。两位总裁宴请中国有关政府机构的负责人、中方合作单位代表及社会知名人士。全国人大常委会副委员长王光英、全国政协副主席曹志、中国中央统战部副部长刘延东以及国家计委、经贸部、国家工商局、轻工总局等有关部门领导人出席了盛大的宴会。同时，两位总裁借此机会宴请联合利华的退休职工，表达关爱之情。

（资料来源：郭惠民. 中国优秀公关案例选评（之四）[M]. 上海：复旦大学出版社，2001. 资料有改动）

问题：结合本案例体会联合利华是如何以推行"本土化"战略为议题，争取中国政府高层的支持的？

处理好政府关系对组织的生存和发展至关重要。作为一个社会组织，必须重视和处理好政府关系，需要从以下几个方面着手。

（1）熟悉和掌握国家和政府的法律、法规、条例和政策。任何社会组织的行为，都无条件受到国家和政府的法律、法令、条例和政策的制约。组织必须严格遵守政府的政策法规，及时修正组织的实际工作与有关政策的偏差，保证组织的行为和活动是在政府的许可范围之内。

（2）加强与政府的沟通交流。组织要使政府对自己有所了解，并获得支持，就需要与政府有关部门保持密切的联系，主动、及时地向政府部门传递各种信息，争取有利于自身发展的立法和政策。同时，组织也要及时了解政府相关政策的变动，争取得到政府相关部门的指点和帮助，迅速调整企业的生产经营活动。

（3）加强组织在政府部门的影响力。组织可以就公司的新产品发布会、重要投资项目的签订、周年庆典等活动主动邀请政府主管部门的领导同志出席，提高他们对组织的兴趣，加强组织在政府部门的影响力。

（4）积极参加政府组织的公益活动。组织应当承担一定的社会责任，通过参加政府组织的各种公益活动，一方面可以加强政府对组织的信任，另一方面也可以提高组织的知名度和声誉。

六、社区关系

社区是人们生活的一定区域。某一社会组织周围与其同处于这一区域的其他组织与个人称为该组织的社区公众，包括地方政府、社会团体以及当地居民等。组织与社区公众的关系称为社区关系。对组织而言，保持与社区的良好关系，为社区的发展做出一定的贡献，会受到社区居民的好评，他们的口碑能帮助组织在社会上树立形象。

【案例】

烟尘污染的烦恼

浙江某地一家石灰厂，污染严重，附近居民的房屋被侵蚀，金属锈迹斑斑，农作物枯死，附近很多人患上了呼吸道疾病。群众多次反映，厂领导不予理睬，最后大家忍无可忍，挑水浇灭了石灰窑。纠纷上诉到法院，法院审理，判决石灰厂停办转产。

（资料来源：陶应虎. 公共关系原理与实务［M］. 2版. 北京：清华大学出版社，2012.）

问题：

1. 此案例主要说明了公共关系的哪些问题？
2. 石灰厂的行为为什么会导致如此结果？
3. 学习了此案例，你有哪些感想或收获？

（一）社区关系的意义

1. 社区关系直接影响着组织的生存环境

社区公众指组织所在地的区域对象，包括当地的管理部门、地方团体组织、左邻右舍的居民。社区是一个组织赖以生存、发展的基本环境，是组织的根基。一个组织如果没有良好的社区关系，就会失去立足之地。组织的发展，离不开社区方方面面的支持。因此，组织要将社区作为自己发展的一个部分，将社区公众视为"准自家人"。

2. 社区关系直接影响到组织的公众形象

社区公众涉及当地政治、经济、文化、教育等各个方面，他们对组织的看法又极易相互传播，形成区域性的影响，从而形成组织的某一种公众形象。例如，如果工厂不能顺利解决噪声扰民的问题，就会给社区公众留下一个噪声扰民的不良印象。而且，这种形象还会因社区内居民间的传播而不断扩大。如果当地居民以环境保护法律起诉工厂，必然又会引起政府的干预，受到有关部门的处罚。所以任何组织都必须十分注意自己在社区居民中的形象，通过保护环境、关心公众利益的实际行动，树立一个良好的形象。

（二）处理社区公众关系的方法

1. 维护社区环境

保护环境是每个组织应尽的责任。组织在经营生产过程中应该注重保护生态环境，清除污染环境的经营行为和危害消费者身体健康的产品。组织还应该进一步帮助社区美化环境，如种植花草树木、改善社区交通、修建街心公园等，只有这样，组织才能获得社区公众的认同与好评。

2. 支持社区公众活动

组织应该积极支持社区的公益活动，如兴办教育、赞助社区文体活动、支持社区义务劳动等。通过这些活动，真正让组织与社区融为一体，使社区公众真正以组织存在为光荣，使组织成为社区的一员。

3. 加强社区的情感交流

组织需要通过一些方式与社区公众交流与沟通，及时了解社区的意见和态度，并使组织的意见迅速准确地传播出去。沟通的方式可以采取聚会、举办音乐会、舞会或体育活动等，在感情交流的同时也扩大了组织的影响。

【案例】

音乐起，摩擦生

北京某大学校园旁，有一家服装厂，这家服装厂的生产车间与这所大学教学人员的住宅区隔墙相望。有一段时间，这家工厂借鉴国外的先进经验，为消除工人在重复劳动中产生的疲劳感和单调感，每到上午9~10点之间，就在车间内播放各种流行音乐。可是在这段时间内，正是大学的教学科研人员从事科学研究的"黄金时间"，他们需要一个安静的环境，使自己的大脑进入正常工作状态。然而，从仅隔一墙的服装厂传来的"震耳欲聋"的流行音乐，却破坏了他们的工作环境，使他们无论如何也无法进入正常的思维状态。这引起了大学里教学和科研人员的不满和愤怒，他们多次找厂方交涉，但始终没有得到结果。无奈，不得不采取行动，投书报纸，呼吁社会舆论的支持及政府的干预。

（资料来源：刘丹. 公共关系实务［M］. 北京：清华大学出版社，2016.）

问题：

1. 假如你是服装厂的公关部主任，请你进行公关策划，解决大学教学科研人员与服装生产厂的矛盾。
2. 结合实际谈谈发展社区公共关系的意义。

本章小结

公众是公共关系的客体。没有公众，就没有公共关系可言。任何组织的公共关系活动的成败都是由公众来决定的。公众具有整体性、同质性、多样性、变化性、相关性的特点。组织面对的公众是复杂多样的，对公众进行分类，能使组织更好地了解公众。

按照组织公关活动的内外对象划分，可将公众分为内部公众和外部公众；根据公众对组织重要程度的不同，可以把公众划分为首要公众、次要公众和边缘公众；根据公众对组织的不同态度，可以将公众分为顺意公众、逆意公众和中间公众；按公众发展过程中的不同阶段，将公众分为非公众、潜在公众、知晓公众和行动公众；按关系的稳定程度，可将公众划分为临时公众、周期公众和稳定公众；按组织对公众的态度，可以把公众划分为组织欢迎的公众、组织追求的公众和不受欢迎的公众；根据公众的组织构成，可以将公众分为个体公众和组织公众。

对于同一件事，不同的公众会有不同的反应，会采取不同的行为，这些行为和反应的差异与公众心理有关。公众心理主要包括公众个性心理特征、公众心理倾向及其公众心理定势等方面。

如何协调组织自身和目标公众的关系，进而达到"内求团结，外求发展"的目标，是每个社会组织必然面临的公共关系问题。组织的目标公众主要有员工、股东、顾客、新闻媒介、政府及其社区公众。处理好组织与目标公众之间的关系意义重大且需遵循一定的方式方法。

【实训设计】

20世纪80年代初,我国科学考察队首次远征南极,一向声誉不错的上海羽绒服装厂奉命为他们特制羽绒考察服,然而结果却非常出人意料。队员回来后反映,南极考察61天,其中25天下雨,26天下雪,但衣服不防水,上衣腰身普遍过宽,寒风直往里灌;在制作上,凡是活动部位的羽绒都往下沉,只剩下两层布;口袋缝制不牢,一拉就掉,鸭绒腰袋更差,做得又瘦又小,身材较胖较高的只能裹住大半个身子。这种情况给考察队员带来很大困难,使不少队员留下了疾病后患。1985年6月4日,文汇报以《令人遗憾的南极服》为题头版报道,在读者中引起强烈反响。上海羽绒服装厂却采取打电话、上门解释、托人说情的方式,试图逃避公开批评。后经有关部门取样检测,这批南极服的含绒量达不到工艺标准,仅70%,少了10%。6月14日,文汇报刊登了《为南极服护短有何益处》一文,对该厂又提出了尖锐的批评。

假设你是该厂的公关部经理,为了挽回影响,以利于企业进一步发展,请制订一个切实可行的公关协调方案。

一、实训目的

通过制订公关协调方案,掌握顾客投诉和顾客抱怨的处理技巧。学会处理社会组织与顾客公众、媒介公众、政府公众之间的关系。

二、实训要求

(1) 认真阅读并分析案例。

(2) 制订公关协调方案,包括公关目标、公关目标公众、公关措施、步骤、人员、经费等。

三、实训组织

(1) 将全班同学分成若干小组,每组5~6个人,选出小组长。

(2) 以小组为单位进行分工协作,撰写出公关协调方案。

(3) 每组展示自己的公关协调方案,展示形式不限,可以做成WORD,也可以做成PPT,并选派一名代表陈述自己的方案。

(4) 同学自评或互评,教师点评。

第四章 公共关系传播

> **学习目标**
> 1. 理解并掌握公关传播的基本原理。
> 2. 了解各种传播媒介的特性和开展公关传播活动的方法。
> 3. 通过教学做一体化训练,使学生能够利用常见的传播工具组织开展公关活动。
>
> **课前思考**
> 日常生活中我们所接触到的传播媒介有哪些?除了通过媒体进行的传播活动以外,你还知道哪些类型的传播活动?

【引例】

京东成功赴美上市

作为中国第一个赴美上市的大型综合性电商企业,京东在美成功上市的消息自然会受到海外媒体的关注。但是由于京东没有海外业务,在海外投资者和用户中,其品牌烙印不够鲜明,如何利用上市的契机使京东良好的品牌形象和独特的商业价值在海外市场得到广泛深入的彰显和传递,是其海外传播要解决的核心问题。

京东借助其上市活动,打出一套漂亮的组合拳:安排美国主流媒体30家,包括彭博社、路透社、CNBC、Fox Business Channel、《金融时报》和《纽约时报》等,对京东在美上市做出报道;京东九名高管首次集体亮相,并接受《华尔街日报》、CNBC、《纽约时报》等多家海外媒体的深度采访;在纽约时代广场数十块广告牌上投放京东的品牌广告,并在《华尔街日报》上发布整版广告。一套组合拳打下来,迅速提升了京东在海外市场的知名度和美誉度,充分展示了京东的品牌故事与商业价值。

由于京东的业务是在国内的,"在美上市"的"台"虽然搭在了国外,但是"戏"却是要唱给国内公众看的。京东深谙其中的奥妙,组织国内35家媒体赴美对其上市活动进行全方位报道;协调130家地方媒体进行报道,使得其在国内的传播不仅到达一二线城市,更深入到三四线,总覆盖150多个城市;通过微博直播及互动活动、微信信息发布、微海报等形式第一时间在社会化媒体上围绕上市进行传播,并请到13位KOL(关键意见领袖)发声,直接受众超过150万人、覆盖人群超过千万人。传统媒体加新媒体的密集传播,使得国内受众对京东的品牌有了更深刻的认识并对其未来的发展有了更强的信心。

众所周知,"媒介关系"功夫下在平时。京东借助其海外上市活动,在国内外媒体上均获得较为正面的报道、其海外传播和在国内的传播上均有上佳表现,显示出京东在这方面的深厚功力。

(资料来源:王晓晖.2014最具公众影响力公共关系案例集[M].北京:企业管理出版社,2014.)

【思考】

京东的赴美上市活动采用了哪些公关传播手段？其在公关传播方面又有哪些成功之处是值得其他企业借鉴和学习的？

第一节　公关传播概述

一、公关传播的概念与特点

1. 公关传播的概念

在解释公关传播的概念之前，首先要明确什么是传播？目前，国内外学者对于"传播"一词的定义不下百种，有的从社会学的角度将"传播"定义为，所谓传播就是人的关系赖以存在和发展的机制，就是一切心灵符号，加上在空间里传达这些符号以及在时间里保存这些符号的手段（查尔斯·霍顿·库利）。有的根据词义溯源，认为"传播"一词最早起源于拉丁文"communi"，意思"共同、共享"，因此将其定义为，传播就是使原为一个人或多个人所有的化为两个或多个人共有的（亚历山大·戈德）。这里结合传播学的相关理论将其定义为，传播是通过一定的符号或媒介进行信息交流的活动。

公关传播作为传播活动的一种，它是由社会组织借助一定的传播媒介向目标公众进行信息交流的活动。

2. 公关传播的特点

（1）社会性。传播是一种社会行为。任何传播行为都不能脱离社会，同样，社会也离不开传播行为。社会组织的公关传播要站在社会整体利益的高度，体现作为社会成员的社会责任。

（2）共享性。传播活动的过程，就是将信息分享的过程。传播不等同于传递，传递是将某物送出去，而传播则是实现共同拥有。公关传播就是通过科学有效的双向沟通，达到公众与社会组织间的相互了解与支持。

（3）文化性。文化性是指社会组织自身的文化和外在的文化氛围。一个社会组织的内外公众与组织沟通，很大程度上表现在文化层次上，满足公众的高层次的文化需求是公关传播需要注意的。

（4）道德性。社会组织在社会生活中对社会履行道德义务，负有道德责任。在公关传播中要把应负的道德责任变为内心的道德感和行为准则，形成组织的良心，使组织自觉地调整自己的行为。

二、公关传播的要素

1. 传播的要素

根据著名的传播学者拉斯韦尔提出的"5W"模式，将传播过程中涉及的五要素分别称为信源、信宿、信息、媒介和反馈。

（1）信源，即传播者，指的是传播行为的引发者，即以发出讯息的方式主动作用于他人的人。在社会传播中，传播者既可以是个人，也可以是组织或群体。

（2）信宿，又被称为受传者，即讯息的接收者和反映者，传播者的作用对象。作用对象一词并不意味着受传者是被动的存在，相反，他可以通过反馈活动来影响传播者。受传者同样可以是个人，也可以是组织或群体。

（3）信息指的是由一组相互关联的有意义的符号组成，能够表达某种完整意义的信息，是传播者和受传者之间社会互动的介质，通过信息，两者之间发生意义的交换，达到互动的目的。

（4）媒介，又称传播渠道、信道、手段或工具。媒介是信息的搬运者，也是将传播过程中的各种因素相互连接起来的纽带。现实生活中的媒介是多种多样的，邮政系统、大众传播系统、互联网络系统、有线和无线电话系统都是现代人常用的媒介。

（5）反馈，指受传者对接收到的讯息的反应或回应，也是受传者对传播者的反作用。获得反馈讯息是传播者的意图和目的，发出反馈讯息是受传者能动性的体现。反馈是体现社会传播的双向性和互动性的重要机制，其速度和质量因媒介渠道的性质有所不同，但总是传播过程中不可或缺的要素。

2. 公关传播的要素

公共关系传播作为传播活动的一种，其要素构成与传播要素基本相同，包括：

（1）公共关系传播者，即公关信息的发出者，在公共关系活动中，传播者既可以是社会组织，也可能是社会公众。

（2）公共关系受传者，即公共关系传播的目标对象，是公关传播内容的接受者，一般指组织开展公关工作所针对的目标公众。

（3）公共关系传播内容，指在公关活动中，由公共关系传播者所发出的面对目标公众的所有信息内容。

（4）公共关系传播媒介，是指公关传播者在进行信息传播过程中所使用的传播工具。

（5）公共关系传播反馈，即公关传播效果，是目标公众在接受到传播者发出的传播内容后，对于信息内容的反应。

三、公关传播模式

公关传播作为传播活动的一种，传播学中提出的传播过程模式对公关传播也就基本适用。其中最为著名的当属美国传播学专家哈罗德·拉斯韦尔提出的"5W"模式，即：Who, Say what, By what channel, To whom, With what effect。具体传播过程如图4-1所示。

图4-1 "5W"模式

在拉斯韦尔"5W"模式的基础上，经过不断发展演变，又有了香农-韦弗模式、互动传播模式、双向对称模式等。

套用到公关传播中，"谁"指传播者，即公关信息的发出者；"说了什么"指公共关系的传播内容；"对谁说"指公关传播的目标对象，即社会公众；"通过什么渠道"指公关传播媒介；"产生怎样影响"指公关传播反馈，即公关传播效果。可以将公关传播的一般模式表示如图4-2所示。

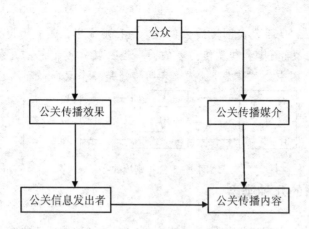

图 4-2 公共关系传播的一般模式

几种常见的传播模式

1. 香农-韦弗模式

该模式又称传播的数学模式（见图 4-3）。1948 年由美国数学家 C. E. 香农和 W. 韦弗提出。其特点是将人际传播过程看作单向的机械系统。西方认为，此模式开拓了传播研究的视野，模式中的"噪声"表明了传播过程的复杂性，但是"噪声"不仅仅限于"渠道"。

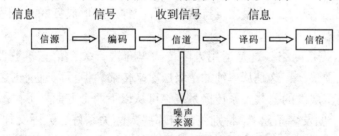

图 4-3 香农-韦弗模式

2. 两级传播模式

该模式由 20 世纪 40 年代美国社会学家 P. F. 拉扎斯菲尔德提出（见图 4-4）。此模式强调"舆论领袖"的作用。西方认为，两级传播模式综合了大众传播和人际传播，但夸大了"舆论领袖"的作用及其对大众传播媒介的依赖性，把传播过程简单化了。将受众截然分为主动和被动、活跃和不活跃两部分，不符合传播的现实情况。此模式之后演变为多层次的 N 级传播模式。

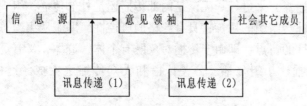

图 4-4 风投传播模式

3. 施拉姆模式

该模式由20世纪50年代美国传播学者W. 施拉姆提出，是较为流行的人际传播模式（见图4-5）。此模式强调传者和受传播者的同一性及其处理信息的过程，揭示了符号互动在传播中的作用。图中的"信息反馈"，表明传播是一个双向循环的过程。

图4-5 施拉姆模式

四、公关传播的几种类型

1. 人际传播

人际传播指人与人之间直接的信息交流沟通方式。这种传播双方参与度高，传播符号多样，手段丰富，信息反馈灵便，感情色彩强烈。具体形式包括语言传播（对话）和非语言传播（体态、手势等）。

在进行人际传播活动时要注意以下几点：

（1）掌握人际交往的知识。这是运用人际传播媒介传播公共关系信息的基础。在现代社会中，人与人之间特别注意情感的交流与沟通，人际交往有着特定的知识、理论和方法。掌握人际交往的知识，有利于公共关系工作的开展。

（2）善于处理各种人际关系。这是运用人际传播媒介传播公共关系信息的条件。善于处理各种人际关系，关键在于正确运用人际交往的方法和技巧，因人制宜，视环境场合与人们进行人际交往活动，并尽量去维持这种人际交往，以形成良好的人际关系，为开展公共关系工作铺路搭桥。

（3）运用人际关系网络。这是运用人际传播媒介进行关系信息扩散性传播的关键。人际传播的传播范围狭窄，这是从单纯的单级层次来传播，但可以通过建立广泛的人际关系网络，形成多极多层次的公共关系传播系统，可从以下两个方面入手：①公共关系人员应交际广泛，"多个朋友多条路"，特别注重与那些人际关系好、人际交往频繁的人开展交际，并通过他们的介绍扩大交际圈；②在信息传播中，还可以争取各种关系网上的人充当信息传播的网点，利用他们的关系网进行扩散性的信息传播，这样就可以克服单纯的单级传播狭窄的弊端。

2. 组织传播

组织传播指组织机构同组织机构之间、同公众之间、同社会环境之间的信息交流，这种传播的主体是社会组织。当组织利用其封闭沟通时，是组织的内部传播，具有层次性、有序性等特点；当组织利用其开放沟通时，是组织的外部传播，具有公众性、大众性等特点，但必须借助传播媒介来进行。无论是内部传播还是外部传播，组织传播都具有明确的目的性，即为实现社会组织的目标；具有严格的可控性，即服从组织总目标而有良好的控制性能；具有综合性的特点，即由于传播对象既有个体、群体，又有更广阔的公众。故其传播手段集人际传播、小组传播、公关传播和大众传播之大成。这是典型的公共关系传播。

组织传播是公共关系传播的基本方式之一，有效地运用组织传播媒介要注意以下几点。

（1）掌握组织管理有关情况是组织传播公关信息的前提，包括组织类型、组织系统、组织目标、组织控制、组织协调、组织规范、组织制度等，只有掌握这些方面的具体情况，才能使公共关系信息的传播服从于组织系统的目标和规范，适应组织系统的结构域制度，也才能正确地借助与组织信息传播通道高效地传播公共关系信息。

（2）组织成员的积极参与是有效运用组织传播公共关系信息的重要保证。组织传播是由组织的所有成员在一定的组织形式下构筑起来的。组织的每一位成员都是信息的传播者、接受者。因此，应充分调动组织中每个成员的积极性，使他们积极参与组织信息的传播。这样，组织信息传播就变得更加畅通和主动。

（3）合理选用信息传播方式是有效运用组织传播媒介传播公关信息的重要条件。组织信息传播的方式多种多样，有口头语言传播方式、书面语言传播方式以及其他的传播方式。

【案例】

1998年，摩托罗拉（中国）公司推出了"沟通宣传周活动"，内容之一就是向员工介绍公司的多种沟通方式，如：

（1）我建议。以书面形式提出您对公司各方面的改善建议，全面参与公司管理。

（2）畅所欲言。保密的双向沟通渠道，您可以对真实的问题进行评论、建议或投诉。

（3）总经理座谈会。定期召开的座谈会，您的问题会当场得到答复，7日内对有关问题的处理结果予以反馈。

（4）报纸和杂志。《大家》和《移动之声》等杂志可以使您及时了解公司的大事动态和员工生活的丰富内容。

公司每年召开高管与员工沟通对话会，向广大员工代表介绍公司经营状况、重大政策等，由总裁、人力资源总监等回答员工代表的问题。

（资料来源：http：//www.docin.com/p-844986054.html 豆丁网）

问题：摩托罗拉公司所开展的"沟通宣传周活动"属于何种类型的公关传播？

3. 大众传播

大众传播指传播者通过大众传播媒介将信息大量的复制传递给分散的大众的传播方式。其优点是能够在最短的时间内获得最大的传播面；由于职业新闻工作者作为"把关人"，大众传播媒介具有"过滤性"，所以传播的信息权威性大，说服力强；个人情感因素介入较少，有高度的公开性。其缺点是信息反馈缓慢、零散，评价传播效果的工作量较大。鉴于大众传播量大面广，影响力强，对迅速建立组织形象，扩大组织的知名度有重要的作用，因此是公共关系传播的主要手段。

选用大众信息传播媒介传播公共关系信息，必须重注意以下问题。

（1）根据公共关系传播的需要来选择大众传播媒介。根据公共关系传播的目标、对象内容、空间范围、时间要求等的不同。选用的媒介应有所不同。

（2）要考虑公共关系传播的经费问题。利用大众传播媒介传播公共关系信息，一般都支付费用，各种媒介所需要的费用不同。一般来说，同一信息传播所花费用中，电视媒介支付费用偏高，但效果好。这就要从需求、可能、效果等方面综合分析，尽可能在组织所具有的支付能力的承受范围内，以最小的花费去争取获得最佳的传播效果。

（3）全面了解大众传播媒介的基本特点和适用范围。大众信息传播媒介繁多，特点和适用范围也不相同,因此必须全面了解,在选用时要考虑传播媒介的层次、性质、经验和水平以及在社会公众心目中的印象等。

(4) 努力搞好大众传播媒介的关系。大众传播媒介是社会组织的非自控媒介,这就需要组织与其搞好关系,以求得广泛的支持与合作。与大众传播媒介的关系处理得好,组织的一些具体要求就容易得到满足。媒介工作人员还可能进行传播策划,选择形势更佳、效果更好的传播媒介。

以上三种传播形式的比较,见表4-1。

表4-1 三种传播形式的比较

比较要素	传播类型		
	人际传播	组织传播	大众传播
传播媒介	语言或非语言媒介	印刷媒介、电子媒介等	印刷媒介、电子媒介等
传播规模	很小	较大	大
传播范围	很小	较大	大
传播周期	不规律	较规律	规律
传播角色	灵活多变	相对固定	固定
传播效果反馈	容易	较难	困难(网络媒介除外)
语言符合	不规范	较规范	规范

【案例】

北京有所小学坐落在大专院校和科研院所中间,学校几乎全是女教师,而她们的丈夫基本上都是在附近的高校和科研机构工作。

有一年教师节时,小学教师们拿回家一份纪念品送给丈夫,同时附有一张纸条:"慰问亲密的战友",还有校长的一封真挚热情的信,表达了对他们支持学校老师工作的感谢。第二年,送了一个性能很好的微型收音机,附上了慰问信,用妻子的语气提醒他们注意健康。每年的学校旅游都让女教师带上丈夫和孩子,并提供资助。

做丈夫的渐渐地把自己也当作小学的人了。由于工作性质不需要坐班,所以家务活他们主动地分担;而且主动为小学排忧解难,需要买仪器安设备,做科研的来帮忙;需要舞文弄墨,教授来帮忙;有了重活力气活,大家更是不约而同地赶来。

这所小学还与周边高校合作共建"家长学校"。小学有活动时,家长学校的宣传部长就来摄影拍照,回去就给报社写稿、办图片宣传栏,家长学校的工会还帮学校集资。连大学生也跑来与小学共建,教孩子们英语、排节目、搞公益活动。

问题:在以上案例中,该小学采取的一系列公关活动属于何种类型的公关传播?

第二节 公关传播媒介

一、语言媒介与非语言媒介

1. 语言媒介

语言媒介是指能发出声音并且具有一定语义内容的语言,如交谈、演讲、辩论、谈判等。它是公关传播中最基本、最重要的传播媒介。在语言传播过程中由于人们的文化背景、生活经验和价值观念等的不同,效果也会有明显的差异。这里主要是指公共关系的主体社会组织成员,特别是公共关系人员,要提高语言修养、掌握语言的表达技巧、增加表达艺术。因此,国外许多组织的公共关系部对公共关系从业人员的第一个能力要求就是运用语言的能力。

在使用语言媒介时,除了要清楚地认识它本身的特点外,还必须掌握语言媒介的运用技巧。具体来说包括:

(1) 紧紧围绕传播主题。既要做到随机应变,也不能信口开河。当然,并不是说只谈主题,可以从主题展开,但所谈内容不能脱离主题,应围绕主题生发,才有利于主题的传播。

(2) 注意语言的使用。在公共关系传播中,要注意语言的使用要准确、简洁、通俗。不要使用令人费解的语词,尽量少用意义模糊的语词和文学气太浓的语句,避免使用容易引起歧义的词语。总之,传播的用语要做到说者准确、流畅,听者明白、悦耳。

除了面对面的直接语言传播,语言媒介还包括非面对面的需要借助一定中介(如电话、网络通信技术等)的语言传播,例如:

(1) 电话。电话是在人际传播中使用范围最广的语言传播工具。使用电话的突出特点是快捷、省事、节约时间和经济。但是打电话时双方无法察言观色,信息反馈不全面。

(2) 会议。会议在组织传播中是一种重要的宣传媒介。会议都有中心内容和主题,所以信息集中,与会者可以得到综合的信息,并且交流和反馈都是双向的、直接的。

会议本身并不一定都是公共关系活动,但公共关系人员可以利用会议这种人际传播方式进行大量的工作,如收集与会者及组织代表的各种情况,与重点对象建立了解和良好关系等。由于需要相应的场地和经费,因此在是否选用会议上,需要视条件而定并作综合考虑。

2. 非语言媒介

非语言媒介包括除语言以外的其他声音,比如哭声、笑声、掌声等;还包括各种身体语言,比如表情、神态、动作等。非语言媒介作为语言媒介的必要补充,是传播过程中的一个组成部分,它能更好地辅助语言的表达。在公关传播中,尤其是对外交往中,要特别注意和重视非语言媒介的运用,务必了解和尊重受传者的文化习惯、民族心理等,努力避免因民族文化背景不同导致的沟通误解和传播受挫。

有效沟通的"7C"原则

美国著名的公共关系专家特立普、森特在他们合著的被誉为"公关圣经"的著作《有效的公共关系》中提出了有效沟通的"7C原则":

(1) Credibility,可信赖性,即建立对传播者的信赖。

(2) Context,一致性(又译为情境架构),指传播须与环境(物质的、社会的、心理的、时间的环境等)相协调。

(3) Content,内容的可接受性,指传播内容须与受众有关,必须能引起他们的兴趣,满足他们的需要。

（4）Clarity，表达的明确性，指信息的组织形式应该简洁明了，易于公众接受。

（5）Channels，渠道的多样性，指应该有针对性地运用传播媒介以达到向目标公众传播信息的作用。

（6）Continuity and consistency，持续性与连贯性，这就说，沟通是一个没有终点的过程，要达到渗透的目的，必须对信息进行重复，但又须在重复中不断补充新的内容，这一过程应该持续地坚持下去。

（7）Capability of audience，受众能力的差异性，这是说沟通必须考虑沟通对象能力的差异（包括注意能力、理解能力、接受能力和行为能力），采取不同方法实施传播才能使传播易为受众理解和接受。

上述"7C原则"基本涵盖了沟通的主要环节，涉及传播学中控制分析、内容分析、媒介分析、受众分析、效果分析、反馈分析等主要内容，极具价值。这些有效沟通的基本原则，对人际沟通来说同样具有不可忽视的指导意义。

二、印刷媒介

印刷媒介是指以印刷作为物质基础，以平面视觉符号（文字和图像符号）作为信息载体的传播媒介。印刷媒介主要有报纸、杂志、书籍以及招贴、海报、传单、函件、合页等印刷品。印刷媒介是当今公共关系传播中运用最频繁和最多的媒介。

1. 报纸

报纸是以刊登新闻为主的、通过版面的空间组合以整张的形式刊出的、面向广大公众发行的定期出版物。报纸目前是世界上最重要的大众传播媒介之一。它的优点主要如下。

（1）便于选择。报纸的大小题目相对集中，从编辑处理上反映出来的对内容的评价信息都一目了然，读者可以任意挑选阅读内容。既可以从头版头条看起，也可以从报尾看起。可以只看标题，也可以深入研读某一篇重点文章。读者还可以自由选择读报的时间、地点和方式。

（2）便于保存。报纸上的信息内容都以文字的形式固定下来，便于剪辑、保存、查阅。但广播电视的信息内容对于一般读者来说，都是稍纵即逝，不便保存、检索、利用。

（3）内容深入。报纸是以文字表达形式为主的媒介，文字表达的最大优点是可以不受具体时间、空间的限制而连续深入论述。因此一些逻辑性强、抽象思维的内容，比较适合于文字表达。公共关系人员可以利用这一点，及时组织新闻专辑、连续报道等，来配合大规模的公共关系活动。

（4）经济实惠。报纸的发行周期较短，提供的宣传频率也较高，其读者多为较稳定的长期读者，以政府的"喉舌"面目出现，权威性和影响力较大；另外，报纸的印刷工艺较简单，制作成本也较低。

报纸媒介的局限性在于，它的阅读受到文化水平的限制，没有一定的文化水平，无法阅读报纸，因此，报纸在我国尤其在广大农村的普及率和阅读率有限；报纸的生动性、及时性不如广播、电视，时间性极强和形象性很强的信息不宜依靠报纸来传递；报纸的重复阅读率较低，外观及内容上比较粗糙。

2. 杂志

杂志是以装订成册的形式刊出、以目录为引导、将各种内容分类顺序编排的大众传播媒介。杂志在我国越来越受人们的欢迎。它的优点如下：

(1) 专业性强。杂志分类较细，内容比较专一，针对性强，传播的目标指向比较明确，便于公共关系人员面对特定的公众传递信息。

(2) 价值较高。现在的杂志印刷精美、图像丰富、色彩艳丽、成本成册、定期发行、便于保存、便于检索。内容有一定深度，而且完整系统，利用价值较高，读者重复阅读率也较高。

(3) 感染力强。杂志内容分类清楚，读者阅读时一般注意力较集中、较认真，对信息的感受性较强。公共关系人员利用杂志发表理论性强的公共关系专稿或广告，对公众深层心理的影响力较大。

杂志的局限性表现在，读者的文化水平要求更高，还要求有一定的专业知识，出版周期较长，时效性较差，成本也较高。

3. 书籍

书籍也可以看作是大众传播媒介，一般由正式出版社出版发行，装订成册，有封面、封底，内容连贯统一。书籍比较正规，便于长期保存和使用，对公众更具权威性。印刷装订精美的书籍，给人以豪华典雅的印象，感染力较强。书籍是保留人类文化遗产和改善社会生活的强有力的工具。但是，书籍由于出版印刷周期较长，不如报纸、杂志传播信息速度快，读者面也更小。书籍比较适宜对一个公共关系课题和思想进行深入和广泛的探索。比如，北京吉普汽车有限公司为了宣传该组织的成长历程，专门于1988年12月由鹭江出版社出版发行了《东西方板块的撞击》一书。

4. 其他印刷媒介

除了报纸、杂志、书籍等，公共关系人员常用的印刷媒介还有以下几种。

(1) 招贴、海报。这是一种提供简短、及时、确切信息的印刷媒介，经常张贴于能引起公众注意的醒目之处，能及时、迅速地向公众传递某种信息。

(2) 传单。这是一种印成单张的宣传媒介。例如，可以在传单上写明某企业产品的名称、功能、特点及生产厂家的地址和联系方法等。

(3) 名片。这是一种印有姓名、身份、单位、联系地址的卡片，多用于社会交际场合的自我介绍，且方便日后联系。

(4) 函件、通知。用于组织和人际间及时的信息传播。

(5) 合页、折页。用于广泛扩散信息，以简明、直观为特点。

(6) 小册子、手册。以全面、系统地传递信息为主要特点。

(7) 插页、附页。用于随报刊等物临时发布信息，以节省邮费、方便及时为特点。

三、电子媒介

电子媒介是指以电波的形式来传播声音、文字、图像等符号，并需要运用专门的电器设备来发送和接收信息的传播媒介。电子媒介主要有广播、电视、电影、录音、录像和幻灯等。电子媒介在传播领域发展较快，特别是电视媒介在大众传媒上的影响力已居首位。从总体上说，电子媒介传播速度快、覆盖面大，音响和图像给人以现场感和亲切感，受众较少受文化水平、理解能力的影响，而且单位受众成本低廉。但是，电子媒介所传播的信息重复使用率差，受众对传播内容的选择性也较差。具体分析如下。

1. 广播

广播是指通过无线电波或导线传送声音符号，供公众收听的传播媒介。在我国，无线收音机和有线广播喇叭的普及率都很高。广播传媒的优势表现在以下方面。

（1）传播及时。广播上的信息不受时空条件的限制，转瞬之间即可借助电波传遍地球各个角落，它可以把刚刚发生和正在发生的新闻告诉听众。实况转播和广播大会是新闻报道中最快的形式，被称为"同步新闻"。

（2）机动性强。收听广播不受时间、地点、场合的限制，比如，我国老人常在早晨散步时收听广播新闻、家庭主妇边洗衣服边听广播剧。

（3）普及率高。收音机和广播喇叭的价格便宜，而且是一次性投资，不容易损坏，听众不受文化水平的限制，人人都可以接收理解。因此，广播在我国的普及率最高。

（4）感染力强。广播依靠声音传播内容，声音有较强的传真感，听其声能如临其境、如见其人。播音员用声情并茂的语言调动听众的感情，有很强的鼓动性和感染力。

广播也有局限性，表现在：稍纵即逝，不便检索、保存；形象性不如电视，深刻性不如报纸；选择性差，公众只能按一定的顺序收听节目；公众的收听时间不稳定，收听率难以准确估算。

因此，广播适用于传播那些时间性强、涉及面广、文化水平要求不高的信息。

2. 电视

电视是用电子技术传递活动图像的传播媒介。电视是我国发展最快、影响最大的大众传播媒介，也是公共关系传播的最重要的手段之一。电视的最大特点如下。

（1）生动形象。对于客观事物，报纸是用文字来表达，广播是用声音来描述，而电视则可以直接将其"复制"下来，有声音、有画面，可谓绘声绘色，而且十分逼真、可信、形象生动，感染力很强。

（2）及时性强。由于电视摄像和传播技术的发展，电视台基本可以做到随时实况传播新发生的事件。其及时性大大超过报纸，略微落后于广播。

（3）普及性高。电视信息以声音、图像为主，受众不受文化水平的限制，老少皆宜、雅俗共赏。其信息可以通过电波向四面八方发射，服务范围广，拥有广泛的观众。

但是，电视的局限性也是十分明显的。首先，电视信息不便保存。电视信息稍纵即逝、不便记录、不便检索、不便保存。其次，深度不够。电视由于受表现形式的限制，在信息内容上流于肤浅、深度不够。表现理论性强、逻辑思维的内容还要借助报纸、书籍、杂志等媒介。第三，不便选择。观众只能按照既定的时间、顺序和速度接收既定的节目，要么不看，要么全看，有时为了看某个精彩节目，观众不得不忍受"广告轰炸"。

3. 录音、录像

录音、录像分别是广播、电视的延伸，它们是用电子技术将声音、画面记录下来，向有限的公众进行传播的电子媒介。公共关系人员在具体工作中也经常使用这两种新型的电子媒介。如广东长青集团在接待来访的中外客户时，就经常播放《长青之路》录像片，以介绍公司的历史与现状，不知不觉就加深了宾客们对公司的了解，取得了良好的传播效果。

4. 电影、幻灯

电影、幻灯是利用强光和透镜将画面和文字映射在白幕上进行信息传播的电子媒介。尽管电影、幻灯同电视一样是利用带音响的移动图像来传递信息，但两者有明显的不同。电影、幻灯有专门的电影院、宽大的银幕、没有广告干扰。电影、幻灯媒介如果运用的恰当，可以获得良好的传播效果。当然，电影、幻灯媒介也有不足之处，如，制作成本高、制作手续复杂、制作周期长、不便普及等。

5. 互联网

互联网指的是基于TCP/IP协议，通过网络互联设备把不同的多个网络和网络群体互联起来而形成的大型计算机网络，借助它人们可以随时随地把文本、声音、图像、影视等信息传递给世界上任何有终端设备的地方和个人。互联网的最大特点如下。

（1）交互性。这是互联网最独特、最别具一格的特点。互联网上的信息传播，用户完全可以根据自己的兴趣和要求来决定浏览的页面，并且能及时地将意见反馈给信息提供方。BBS论坛、网上调查、网上聊天等都是交互性的体现。

（2）海量性。用"信息海洋"来形容互联网最为贴切。由于网络设计的"无中心化"，借助其无限链接功能，互联网上的信息是巨量的，且很容易扩展。

（3）高速性。由于互联网上的信息经过了数字化的处理变得极易传输，高速性已成为互联网的一个重要特征，利用这一特征，互联网也可以进行实时、实况报道。

当然，互联网传播也存在缺点：网上虚假信息过多，不能进行有效的监督，导致人们不相信网上的信息。

第三节　公关传播的媒介选择与传播技巧

不同的媒介有不同的特点，社会组织总是要根据自身的公共关系目标需要，来选择一定的媒介来传播，或者综合运用几种媒介来进行整合传播。

媒介的选择直接关系到组织目标传播的效果以及经济投入、人力投入等事项，因而，对媒介的选择绝对不能盲目。媒介选择合理，会收到事半功倍之效，否则，就会事倍功半。

一、选择正确的媒介

1. 根据传播内容选择公关传播媒介

根据传播的内容特点来选择传播沟通媒介。公共关系因目标和工作要求的不同，需要传递的信息内容也不同。各传播媒介在传递不同的信息内容时，各自有着特定的优势和劣势。例如，传播的内容简单，要求给公众具体、生动、亲切印象的，就要通过电视或广播；而传播的内容复杂、技术性强，要经过反复思考才能理解的，则需要选择印刷媒介或印刷媒介与人际传播相结合，进行现场讲解等。了解这一点对于公共关系人员来说是非常必要的。

2. 根据公众特点选择公关传播媒介

根据公共关系工作对象的特征选择传播沟通媒介。不同的公众对象借助接触的信息媒介不同。如知识分子接触报纸、杂志等印刷媒介较多，而文化程度较低的人则接触广播较多，城市一般居民则接触电视较为频繁，在年轻的一代中，网上选择则是他们的最佳媒介接受载体。但也要注意到各种不同的对象也处在不断地变化之中，要注意分析和判断。如在电视飞速发展的今天，许多富裕起来的农村电视的普及率也相应提高了，在选择公共关系对象进行目标传播时，就要充分考虑到这个因素。同时还应注意到，不同的公众对同一种媒介，其感兴趣的栏目和节目也不同，因此，在进行媒介选择时，就应对传播对象的职业特点、文化程度、分布地区的生活习惯等有所了解。

3. 根据组织的经济条件选择公关媒介

根据组织的具体经济条件,来选择传播沟通媒介。在公共关系传播中,使用任何媒介,都离不了一定的经费支出。如能动用所有的传播媒介来为公共关系传播服务,当然是最好的选择,但也必须考虑到经济负担问题和投入产出问题。根据组织经济实力和状况的不同、公共关系目标的不同、传播区域的不同,在众多的媒介中选择既经济又有效的传播媒介,就是公共关系人员应掌握的基本知识。比如,要对某市的市民传递本组织有关的信息,就不要考虑动用中央电视台、人民日报等全国范围内的媒介,而只需要本市的相关媒介就可以了,因为他们之间的投入费用是不能同日而语的。

二、公关传播技巧

1. 与媒体保持良好的关系

建立良好的媒体关系不是一朝一夕的事,更不是有需要时用一用,没需要时就放一边的。需要在日常交往中建立稳定、长期的关系。一方面可以主动出击,定期向记者提供组织有关的新动态、新情况,帮助记者发现有价值的新闻线索;另一方面急记者之所需,在记者有需要而自己又力所能及的情况下可以向记者提供适当的帮助。这种通过日积月累奠定下的稳定的媒体关系远比临时抱佛脚要有用得多。

此外,还可以通过开展媒体活动密切组织与媒体之间的关系,其活动形式包括通过赞助或冠名与媒体共同举办活动,例如,加多宝就通过连续四年冠名《中国好声音》与浙江卫视建立起稳固的合作伙伴关系;召开记者招待会、新闻发布会,条件允许的情况下可以进行定期的媒体会晤;邀请媒体记者培训组织的媒体公关人员,教授面对电视采访时的技巧、注意事项,介绍电视媒体新闻稿撰写的特点和要求等。

2. 善于"制造新闻"

作为组织的公共关系人员通过精心策划和设计,采取既有利于企业,又实惠于社会和公众的行为来吸引媒介的注意和兴趣,以争取媒介的广为传播,从而达到扩大增加曝光度、扩大知名度、提高组织美誉度的目的。常用的"制造新闻"的办法有利用名人效应、依附社会热点等。

需要注意的是,"制造新闻"必须以客观事实为基础,不能以假象或者被扭曲了、肢解了的事实为依据,更不能肆意杜撰、传播假新闻。否则,一旦被揭发将会产生严重不良后果。

【案例】

陈光标的套路:善于制造与权力沾边的幻觉

最近,陈光标又热了起来,《财新》等媒体对他作了长篇调查报道。表面的起因是今年的3月30日"中国首善"陈光标接受了警方调查。但陈光标被查,为什么成为媒体舆论揭批的对象?真正的原因是否与一些官员的倒台有关?

现如今,陈光标是"中国首善"还是"中国首骗"的争议声音,倒是渐渐静止了。因为他的光环已经褪尽,答案呼之欲出了。

据财新网报道,今年3月底,江苏黄埔再生资源利用有限公司董事长陈光标,因涉嫌伪造公章等问题被警方带走调查,另有多位高层管理人员被带走。

当时知情人士透露,公安人员从江苏黄埔搜出至少170枚伪造的公章,包括大量伪造各种慈善机构的官方印章和合作公司公章。8月8日,《法制晚报》援引南京市江宁区公安局政工办的消息确认有此案,上级机关正在督办。

陈光标发微博声称这是原公司高管的行为,自己毫不知情。但公司副总张某则称伪造公章、买刻章机是公司行为,负责的是陈光标,"这些公章除用于制造假证书,还用于制作假捐赠发票。"

从2012年开始,陈光标的慈善光环已逐渐褪色了,在再生资源利用领域已接不到什么新项目,他不得不把公司的大部分员工遣散;并减去52斤体重,希望转向减肥产品和微商当中。可惜他的转型并不成功,他拖欠经销商百万元欠款至今未归还。媒体很快又爆出他非常励志的"减肥",只不过是"切胃"的小把戏。

从《财新》等媒体详细的报道和扎实的证据梳理中可见,陈光标的发家,离不开与某些高官的官商结合。

多年来,高调的陈光标是公共舆论的宠儿,自誉为"中国首善";每当有大事发生,他也很能满足大众期待,总是适时地、以比大家想象更张狂的方式出现。但另一方面,就算不了解内情的看客怀着最大的善意,也无法理解他的诸多行径,包括大量自相矛盾、不合逻辑的谎言,也包括许多羞辱性的作秀,以及沦为笑柄的慈善方式。

举例来说,陈光标曾自称其30岁(1998年)时即开始慈善事业,"截至2012年7月,捐款总额超过了20亿元,帮助特困户逾70万户"。但据财新网报道,一位自称熟悉陈光标捐款历史的人士告诉记者,"陈光标这些年自己出钱的所有捐赠加在一起也就两三千万"。"两三千万元"与"20亿元"相差近100倍。

2010年《南方都市报》就曾做过"陈光标为什么会被家乡人称为'中国首骗'"的报道;而近期财新网的这份深度调查报道,更是用一手材料揭示出陈光标向公众许诺的慈善行为,是如何被大大注水的。包括多间查无实据的希望小学,多次在公众面前拍胸口捐款却未到账,捐献了实物却夸大了价值,号称是自己捐的款、其实却是另一商人丁书苗所出,更有很多人捐款是把钱打到他的个人账户等等。

在中国、在商业战场,吹牛不奇怪,但吹到像陈光标那样奇葩、那样具有娱乐精神的就不多见了。陈光标在雷锋墓前磕头,号称要收购《纽约时报》却连人家的面都未曾见过,花钱制作购买"联合国首善"的假证书,改名叫"陈光盘",称4年内必将获得诺贝尔奖……这些粗陋的炒作,一戳即破。

对于一个亿万富翁来说,这些行为似乎是不可思议的,因为别人至少会雇用专业团队。而陈不需要,不仅因为他把自己看得太聪明;还因为在过往的炒作历史当中,这种简单粗暴、漏洞百出的花样,已经足够让他的利益最大化了。

陈光标高调宣称的慈善,曾带给了他很大知名度。汶川地震的"义举",现在被揭出来是注水的。陈光标为了拍影像资料,甚至还找了50多名工人进行情景再现。但就是这一次,为他赢得了一顶"中国首善"的帽子。

这种数倍于他的"慈善"付出所带来的红利,也令他产生了路径依赖。为了始终保持新鲜度和足够的报道版面,他的"慈善"举动需要表现得一次比一次更刺激、一次比一次更无底线。不排除他确有真金白银付出的部分,但那些能让人印象深刻、数额巨大的捐赠或善行,很多都只是吹的,就像泡泡一样,不堪一击。

(资料来源:搜狐新闻 http://news.sohu.com/20160921/n468842440.shtml)

问题:如何评价陈光标高调做慈善的行为?

3. 注意传播语言的使用

在公共关系传播中,传播者的语言表达十分重要。运用语言艺术要求做到。

第一,要注意不同场合的语言规范和礼貌用语。少用土语和方言;根据谈话内容和场合选择合适的语音、语调和语速;对于不同身份人的称呼要得体。

第二,幽默的语言和适度的赞美可以赢得对方好感,拉近双方关系。

第三,交谈态度要谦恭、热情,话题要有新意,能引起对方的兴趣和共鸣,注意聆听并及时做出反应。

【案例】

哈里·温斯顿的语言技巧

哈里·温斯顿是一个成功的钻石商人。一次他听说荷兰某富商正在收集某种钻石,便打电话给这位富商,告诉他温斯顿公司正好有这种钻石,邀请他来纽约面谈。富商应邀而至,温斯顿让公司的一名专家为富商介绍钻石,专家详细地介绍了钻石的质地、工艺和各种鉴定指数。富商听了只是点点头,却表示这并不是他想要的钻石。一直坐在后排的温斯顿上前拦住富商:"让我再为您介绍下这颗钻石可以吗?"客人再次坐下了。温斯顿从专家手里接过钻石,他没有使用任何术语,而是抒发了对这颗钻石的热爱;"它在阳光下多么璀璨,它是多么晶莹剔透,它的美多么令人心动。"寥寥数语就打动了富商,他马上说:"请把它卖给我。"后来他的助手问温斯顿是怎么做到的?温斯顿说:"专家了解自己卖的每个钻石,而我热爱自己卖的每个钻石。发自内心的信心和情感,比学识和大道理更有感召力。"口才也是通过对生活、对工作的热爱体现出来的。在表达中,在运用语言时,把自己的情感渗透进去,这是语言运用的最高境界。

思考:结合自身,进行自我评价,你会好好说话吗?

4. 利用名人效应

在开展公关传播活动的过程中,如果能与社会名人、文体明星结合起来,往往能取得意想不到的传播效果。通过名人引起公众的注意、兴趣和好感,从而达到对企业形象、产品形象的认可,这就是名人效应。

【案例】

总统推销员

美国一家出版商有一批滞销书籍,为了尽快脱手他想出一个好点子:给总统送书,并且三番五次上门征求意见。忙于政务的总统无暇应付他,便回了一句:"这本书不错。"出版商借此大做广告宣传"现在有总统喜爱的书出售"。很快这些书就被抢购一空。不久,这个出版商又有书卖不出去,又给总统送书,总统了解了他的套路想奚落他,就说:"这书糟糕透了。"出版商一听,又借此发挥做了一则广告"现有总统讨厌的书出售",不少人出于好奇争相抢购,书又售罄了。第三次出版商再送书给总统的时候,总统吸取前两次的教训,不做任何答复,出版商又大打广告"现有令总统难以下结论的书,欲购从速",居然又销售一空,总统哭笑不得,出版商大发其财。

问题:你在生活中是否遇到利用名人效应进行信息传播的公关活动,请举例说明。

第四节 整合传播

一、整合传播的概念

整合传播是综合营销、传播、广告的核心技术和方法，对品牌进行完整规划与设计的系统工程，囊括了一切品牌展现在消费者面前的动作与态势，涵盖品牌规划、品牌策略、品牌创意、品牌传播四个方面。

品牌规划界定品牌的内核，包括：品牌名称、品牌标识、品牌定位、品牌文化、品牌个性、品牌主张、品牌核心理念、品牌联想、品牌传播口号等，目的在于建立品牌形象、奠定品牌基础、建立品牌价值认同体系、推广品牌传播。

品牌策略是一个品牌从静态的案头设计成为动态的市场运动品牌的关键，强调市场策略、竞争策略、广告策略，包含 CIS 系统的策划及导入、行销组合策划，协助通路、促销方式的确立。

品牌创意则将品牌规划和品牌策略用可感知的视觉、听觉元素等综合手段向消费者做最有效也是最直接的表达。

品牌传播就是要发挥创意的力量利用各种有效发声点在市场上形成品牌声浪，有声浪就有话语权。传播是品牌力塑造的主要途径。

二、整合传播的层次

1. 认知的整合

这是实现整合营销传播的第一个层次，这里只有要求营销人员认识营销传播的需要。

2. 形象的整合

第二个层次牵涉到确保信息与媒体一致性的决策，信息与媒体一致性，一是指广告的文字与其他视觉要素之间要达到的一致性；二是指在不同媒体上投放广告的一致性。

3. 功能的整合

功能的整合是把不同的营销传播方案编制出来，作为服务于营销目标（如销售额与市场份额）的直接功能，也就是说每个营销传播要素的优势、劣势都经过详尽的分析，并与特定的营销目标紧密结合起来。

4. 协调的整合

第四个层次是人员推销功能与其他营销传播要素（广告公关促销和直销）等被直接整合在一起，这意味着各种手段都用来确保人际营销传播与非人际形式的营销传播的高度一致。例如，推销人员所说的内容必须与其他媒体上的广告内容协调一致。

5. 基于消费者的整合

营销策略必须在了解消费者的需求和欲求的基础上锁定目标消费者，在给产品以明确的定位以后才能开始营销策划，换句话说，营销策略的整合使得战略定位的信息直接到达目标消费者的心中。

6. 基于风险共担者的整合

这是营销人员认识到目标消费者不是本机构应该传播的唯一群体，其他共担风险的经营者也应该包含在整体的整合营销传播战术之内，如本机构的员工、供应商、配销商以及股东等。

7. 关系管理的整合

这一层次被认为是整合营销的最高阶段。关系管理的整合就是要向不同的关系单位做出有效的传播，公司必须发展有效的战略。这些战略不只是营销战略，还有制造战略、工程战略、财务战略、人力资源战略以及会计战略等，也就是说，公司必须在每个功能环节内（如制造、工程、研发、营销等环节）发展出营销战略以达成不同功能部门的协调，同时对社会资源也要做出战略整合。

三、整合传播的实施过程

整合传播的首要价值，在于它提供一种全过程的管理，用以协调品牌资源，维持和促进企业发展。要制定一个整合传播计划，首先需要采用一个战略的方法，这种方法强调建立和客户或者消费者之间更为稳固的联系。以下是成功实施整合品牌传播的十个步骤。

1. 明确品牌在企业中充当的角色

品牌通常定义为通过创造顾客忠诚，以确保未来收入的一种关系。由此，整合品牌传播的起始点包括分析品牌所充当和能充当的角色，以确保获得更高的忠诚度。要评估品牌的价值，对企业战略的审视以及顾客、雇员和关键股东等因素，都需要考虑进去。

这个步骤对一些传统意义上关于商业发展关键驱动要素的假定提出了挑战。这些传统理念包括："价格是我们唯一的附加价值""我们仅仅是一个产品提供商""我们不能疏远了分销伙伴"等，这些理念需要根据其可能性，而不是它曾经怎样发挥过良好效果，进行重新地审视。

2. 理解品牌价值的构成要素

一直以来，执行管理层在寻求一个可以对营销传播的投资回报进行量化的工具，而得到的结论是仅仅被告知无法单独的获得这类数据。在整合品牌传播的范式下，这种情况将会得到改观。整合品牌传播计划给管理人员提供一套和企业其他投入的资产相关的，用以判断品牌资产投资绩效的工具。

一些公司通过品牌价值评估的方式来判断投入的绩效，这种方式得出一个以基准（benchmark）品牌价值为目标的测量方法。但是，在整合品牌传播过程中的价值"评估"并不需要计算出原始的数字。因为品牌价值评估可以识别出品牌价值的作用要素，它可以帮助显示或测量传播活动对品牌价值的影响效果，或者进行预测。

通过对从一个测量周期到另一个测量周期品牌价值相对变化的测量，可以客观地对建立和促进品牌方面所进行投入的回报进行量化，从而评估整合传播计划的整体效果。

3. 明确谁是品牌信息期望到达的人群

品牌的角色明确之后，接下来至关重要的一步是要找出关键的目标受众。要区分这种努力的优先次序，很有必要辨别出哪些是驱使企业成功的受众，哪些仅仅是对企业的成功起一定影响作用的受众。

有时候，如果你成功地影响了核心受众，由此获得的企业绩效足以强大到激发那些起一定作用的受众的关注和反应。首要的挑战，在于要设计一个联系核心受众的品牌战略，和一个联系功能受众的传播计划。

4. 形成"大创意"

大创意是指独特的价值诉求。传播千篇一律的信息是对资源的一种浪费，而传播意味深长的独特性则是成长的催化剂。大创意源于对受众需要、市场动态以及本企业商业计划的一种清楚理解。大创意与企业用以迎合关键受众需要的策略是相匹配的。

伟大的创意需要符合四个基本的标准：符合受众需要、诉求区别于竞争对手、诚实可信,并且具备能够随着企业业务的发展而发展的内在张力。明确怎样才能通过改变认知来获得大创意 一旦顾客形成了和品牌的忠诚关系,受众将逐渐被纳入到这个过程中。在这个过程中,新形成的感知可能妨碍对品牌独特承诺的反应能力。这种"感知障碍"需要有所突破,以传达"大创意"。

在这些障碍中,有一部分显得尤其难以克服。如果这种障碍是和认知关联的,可以通过增加信息的曝光度来解决这个问题。但是,如果遇到的是信任方面的问题,就需要改变目标受众看待品牌价值的态度。

5. 通过信息传播改变消费者认知

改变消费者对品牌的认知并不是件容易的事情,它需要一种传播上的努力,这种努力需要具有穿透消费者每日因接触过载信息所形成的"防卫墙"的能力。要想获得他们注意,传播者必须通过精心准备的信息以消除混乱,并促使他们改变心理预设。

一个携带大创意的驱动性信息,可以在媒介预算适度的情况下获得良好的传播效果。在媒介投放之前,务必确认信息的准确性,这将有助于优化投入回报。理解单个媒介在改变认知态度和维持发展势头中的作用一旦获得大创意,就需要使用合适的传播媒介。通常,在每一个卷入的阶段都需要使用个性化的媒介来适应受众的需要。

广告和公关是建立品牌认知的有力工具,它们对品牌相关性的形成也有潜移默化的作用。接触频率高的媒体,间接的、直接的或者是互动的,对于品牌相关性和逐渐形成独特价值的感知也很有帮助。

一旦购买决策形成,直接的互动是形成满意度和忠诚度最有效的手段。但是这么做也有一定的挑战性,需要平衡各种媒体的作用力量,以建立一种整合的、可以最有效地传播信息的媒体解决方案。

6. 确定最佳媒介组合

执行的最根本的挑战,在于确定最佳媒介组合以促使目标受众形成强烈的品牌忠诚度。诀窍是在有限的媒介预算条件下,优化信息传播的力量。这将有助于产生一种驱动性的投入回报,并确保未来的收益。

创造性的媒介计划,用以合理使用媒介预算,将是影响成功的一个非常重要的技巧,特别是在第一年。然后,作为一个示范性的结果,在接下来的第二年及再往后,这将成为进行品牌投入的一个预算参考。

7. 效果测量

投入需要在清楚了解事实的前提下进行。在和其他投资的比较中,要使人相信整合品牌传播上的投入,是一种投资而非花销,就需要展示一个相应的令人满意的投入回报。通过定量的方法了解信息和媒体的传播效果,将有助于在接下来的几年中优化传播效果。

8. 从信息传播开始,重复整个过程

整合品牌传播是一个有机的过程,通过积极地深入展开,可以使之得到滋长并变得更加强大。测量了首次效果后,返回到整合品牌传播活动的初始,并考虑进一步提升的机会。

重新回到对信息的考量上,探求使他们更具有驱动性的机会;重新回到媒介计划上,考量是否到达目标受众;重新回到媒介预算上,考量这些预算是否被合理配置;最后,重新回到评估工具上,确定它们是否能有助于对推动和管理计划的深入了解。

【案例】

加多宝的整合传播之路

加多宝集团是一家大型专业饮料生产及销售企业。自创办至今，明确了自己的产品定位，以"预防上火"为宣传口号，进行了一系列的整合营销传播，塑造其品牌在消费者心中的认知和使用价值。这一系列做法值得企业在品牌管理过程中学习借鉴。

早期的加多宝旗下的红罐凉茶"王老吉"的定位概念模糊，后经过市场调研，发现大多数消费者购买"王老吉"是为了预防上火。因此，把"王老吉"定位于功能型饮料——预防上火。此番品牌重新定位既迎合了市场需求，也突出了产品的差异化，避免与国内外饮料巨头直接竞争，形成独特区隔。

2008年，汶川地震后，加多宝率先慷慨捐款1亿元，使"王老吉"的名字不断出现在报纸、杂志、电视和网络上，有很高的曝光率。之后，2010年加多宝开展多项救灾、济困、全民公益、助学活动，并以重金赢得第16届亚运会高级合作伙伴的合作权益，成为非酒精饮料领域的唯一赞助商。通过不同的营销手段，利用"事件营销"和"口碑营销"的推广传播，赞助不同类型的公益活动，加多宝迅速提高其产品的知名度，加深了品牌认知度、信赖和归属感，无形中建立了品牌美誉度，树立了良好的品牌形象。

加多宝一直将电视这一主流媒体作为其品牌推广的主战场，巨额广告投入不遗余力，除了央视广告，还针对各区域市场的不同特点，投放一定量的地方卫视广告，以弥补央视广告覆盖率的不足。其中产生巨大反响的莫过于冠名《中国好声音》。在和广药集团分道扬镳后，加多宝集团也失去了"王老吉"品牌的使用权，这对企业是致命打击。但加多宝通过冠名这档王牌栏目迅速打响了"加多宝"这个品牌。并在报纸广告、车身广告、市中心路牌广告、终端广告等方面也密集宣传。这种强势大规模的广告宣传推广，覆盖了消费者的信息接收点，迅速提高了品牌的知名度，完成了从"王老吉"到"加多宝"的品牌置换。

问题：加多宝的这套整合传播之路有何可取之处？

【实训设计】

一、实训目标
掌握常见的公关传播活动形式，结合公关活动的需要设计传播计划。

二、实训要求
某知名食品企业被媒体曝光其生产的一款儿童奶饮料被检出大肠杆菌超标，经媒体曝光后，事件迅速发酵，该企业旗下的多款奶产品销售受到影响。

假设你是该企业的公关部经理，请针对此次事件制定公关传播计划，你认为在接下来的公关传播活动中应该选择哪些媒体、采取哪些行动，以达到解决当前问题的传播效果？

三、实训组织
（1）班级同学分组，一般5~8人一组，小组内部进行任务分工。
（2）收集资料、设计方案、完成方案撰写。
（3）班级内交流分享，教师点评，小组间评分，选出最优方案。

第五章　公共关系的工作程序

> **学习目标**
> 1. 掌握公关调查的内容，理解公关调查的程序。
> 2. 理解公关策划相关内容。
> 3. 了解公关实施的意义、准备工作和管理。
> 4. 了解公关评估的内容及程序。

【引例】

记录庄严时刻　激荡爱国热情

——香港回归祖国倒计时活动

1997年7月1日，是中国近代史上最动人心魄的时刻。为庆祝这一天的到来，新华社《中国名牌》杂志社等机构策划了"中国政府对香港恢复行使主权倒计时活动"，以其深刻的政治意义与深远的历史意义，在海内外产生了重大的影响。

一、背景：项目调查

1994年初，距离香港回归只剩下3年半。策划者们认为寻求到一种能充分表达中国政府与中国人民坚定信念与浓烈企盼之情的特殊活动方式，将会产生不可估量的政治影响与历史作用。活动内容对方式与规模的策划提出了相当高的要求。

二、项目策划

1. 活动方式

经分析，活动方式策划的要求必须有以下特点。

（1）特殊性，区别于一般活动采用的方式，才能引起全社会、全民族的关注。

（2）适应性，既要有特殊性又要有适应性，否则很难被公众所接受。

（3）参与的广泛性要强，既符合社会各界各阶层的参与要求，又能吸引海内外炎黄子孙的广泛参加。

（4）新闻传播力要大，辐射面要广，持续性要久。

（5）时间跨度要长，从1994年初至1997年7月1日的二三年时间里，一要维持活动的不间断性，二要适合围绕香港回归相关活动的频繁性与多样性。

基于以上要求，策划者们殚精竭虑，否定了一个又一个方案，最后终于找到了贯穿香港回归全线的切入点——时间。历史是时间，历史的回眸与前瞻全部是时间概念：从1842年的《南京条约》，到1972年的联合国决议，到1984年的《中英联合声明》，1997年7月1日零点更是一个极强的时间概念。政府提出的"12年过渡期"，舆论界的"指日可待"，公众企盼香港回归的迫切之情，更说明香港回归的时间概念已强烈地印在了人们的脑海中。同时，受法国蓬皮杜文化中心公元2000年倒计时的启发，策划者们最终找到了最佳方式——设立中国政府对恢复香港行使主权倒计时牌，简称香港回归倒计时牌。

2. 规模

根据倒计时的特点，以及预计将围绕它所开展的活动，特别是1997年7月1日百年盛典时它将可能发挥的重大作用，规模的策划要求是：

（1）巨大，受众面广。

（2）醒目，视觉冲击力强。

据此，策划者们所提出的设计要求是：每字的高度不小于1米，总面积为150平方米左右，可视距离在1000米以上。

3. 焦点与层次

前两项的策划明确后，活动的主题轮廓也就清晰了：举办倒计时活动，表达中国政府、中国人民的立场与心声。毋庸置疑，这是一个高层次、大规模、长跨度的活动，其难度与风险是可想而知的。但凭着高度的爱国主义热情和强烈的历史使命感，策划者们在焦点与层次的策划上走出了更大胆的一步。

（1）焦点。活动要成为世人瞩目的焦点，必须将倒计时牌建在祖国的心脏——首都，策划者们提出了4个选址方案：新华社大门、北京火车站、前门箭楼、天安门广场东侧革命历史博物馆正门回廊正中。没有争论，大家一致选择了祖国的中心首都，首都的中心天安门广场。选在天安门广场中国革命历史博物馆正中，另有一层深刻的历史寓意：1949年10月1日，毛泽东在天安门上向全世界宣告：中国人民从此站起来了！现在，站起来的中国人民要洗刷近代史上的百年屈辱，向全世界宣告：把残留在中国大地上的殖民主义痕迹送进历史的博物馆！为此，策划者们还策划：完成历史使命的倒计时牌将送革命博物馆永久收藏、展出。

（2）层次。活动的性质决定了它的高层次。策划者们决定：活动不但要报新华社领导、北京市政府、国务院港澳办等单位，取得他们的支持与参与，还要报至中央领导，取得中央的支持和参与。

策划者们对焦点与层次的策划充满信心，因为这一活动顺应历史的潮流，表明政府立场，反映人民心声，相信各级政府直至中央领导是会鼎力支持的。

4. 时间与空间

前3项的策划，必然要求有一个立体的、跨时间、跨地域，甚至跨洲际的时空策划，即时间的振荡性要长，空间的呼应性要强。

（1）时间。时间策划的目的：启动要有强烈的震撼力，跨度间要有多次冲击波，结束时要达到全国、全世界呼应的高潮，同时要把结束策划成永载历史史册的、永驻影响力的开始。启动时间经多次变化最后定在了1994年12月19日。

策划者们策划了7月1日之后的倒计时牌模型赠送仪式，以使倒计时牌列入中国革命博物馆的永久性展品，发挥其永久性的特殊的爱国主义教育作用。

（2）空间。空间策划的目的在于：利用空间的立体性、穿透性、呼应性，造成活动极大的影响力、震撼力。

1）距香港回归两周年之际，在与香港一水之隔的罗湖桥头再建一座"香港回归祖国倒计时牌"，造成南北呼应之势。

2）距香港回归一周年之际，在罗湖桥头建一座"香港明天会更好"巨型宣传牌，加大空间渲染力度。

3）香港回归之际，在深圳建一座"香港回归纪念碑"，既是时间与空间的凝聚，又伴随时间与空间流动。

4）预计随着天安门广场第一个倒计时牌的树立，全国乃至海外会有无数的倒计时牌在空间上的呼应。

5）预计在倒计时925天的运行中，随着各项活动的开展，特别是回归之夜的盛典，倒计时活动会通过电台、电视台、卫星在无限的宇宙间传播。

5．舆论与组织

（1）舆论。舆论策划分两个方面：一是针对政府、协办单位、支持单位、制作单位及有关的方方面面，要有打动性极强的、区别不同对象的舆论宣传策略。二是活动的主体舆论将围绕目的拓展，并针对长期舆论与不同时期的活动舆论有侧重地策划，主要宣传口号，策划了近20条。其中主题性的主导口号有3条："祖国迎香港同胞盼团圆""返照历史风云记录庄严时刻""香港回归 炎黄子孙盼九七"。

（2）组织。倒计时活动，工程浩繁，绝不是《中国名牌》杂志社一家所能完成的，它必须要有政府乃至中央的支持，必须有社会力量分工性的参与，必须有企业参与赞助。策划者们为自己设计了三大组织任务：第一，高层次的组织运作，包括取得中央和各级政府的支持、动员社会力量的参加、协调方方面面的关系、确认职能性与社会性的大分工等，起好调度、润滑、点火作用。第二，揭幕、赠送仪式等具体活动，则由杂志社具体组织实施。第三，必须绝对保证925天里倒计时牌不出任何问题。

三、项目实施

1．前期实施

（1）高层公关，取得政府乃至中央的鼎力支持。

——1994年4月30日，杂志社正式向国务院港澳办呈送关于在北京、深圳各建一座倒计时牌的报告。5月5日，港澳办批复同意。

——6月4日，国家文物局批复，同意将倒计时牌建在中国革命历史博物馆西门正中。

——7月18日，新华社领导鉴于此事具有重大外交影响，即以新华社名义向钱其琛副总理写了报告。

——7月27日，钱副总理批复同意，并提出了有关要求。

——9月29日，丁关根同志批复同意。

——9月5日，深圳市市长厉有为批复同意在罗湖桥头建倒计时牌及纪念碑。

（2）政府各职能部门公关，得到热情赞许。

自8月份始，经过4个多月的奔走与努力，倒计时牌的具体安建计划与12月19日揭幕式的审批程序终告完成。先后得到北京市公安局、天安门管委会、规划局、消防局、绿化局、环卫局、教委及天安门派出所的批准与支持。

（3）横向公关，获积极反响。

——中国历史博物馆，表示全力支持倒计时牌安建场地的提供。

——中国革命博物馆，不但表示要收藏具有历史意义的倒计时牌模型，还决定与杂志社共同举办此次活动。

——中原显示技术公司表示要当重大政治任务来完成倒计时牌的制作与安建。

——中国南方航空动力机械公司、山东济宁菱花味精集团等众多企业积极支持并要求参与这一活动。

——武警北京总队表示要担负倒计时牌925天、7988万秒的警卫任务。

(4) 倒计时牌的制作与安建。从创意、策划到办理报批手续，走过了漫长的过程，至确定设计、安建方案时，距揭幕式只有42天了。凭着高度的爱国热情，中显公司总经理李超与有关技术人员夜以继日，用3天的时间拿出了结构、字体、电源、驱动、发光等系统的总体设计方案。与此同时杂志社组织建筑专家查阅了3000多张中国历史博物馆的原始设计图纸，精密计算了在廊柱上安装倒计时牌后的抗风、抗地震的安全系数，设计方案得到了举办单位的认可。

倒计时牌高达16米，宽为9.6米，要求抗风11级、耐温在-25℃至42℃间，安装时不能对建筑物造成任何损害，施工困难相当大。李超同志放下了其他所有工作，亲自带领职工，日夜奋战，克服重重难关。在方方面面配合下，终于在12月12日成功将倒计时牌树立在了天安门广场。

2. 活动启动实施

隆重而庄严的揭幕仪式。

1994年12月19日上午"中国政府对香港恢复行使主权倒计时牌"的揭幕仪式，按预定计划在天安门广场东侧的中国革命历史博物馆前举行。

覆盖倒计时牌面积达200平方米的巨幅红绸和它两侧黄灿灿的大字标语格外醒目，20名礼仪小姐在弥天大雪之中春意盎然；乐队的250名小乐手个个英姿勃发，神气十足；美联社、法联社记者不邀而至，香港驻京记者纷纷赶来，人民日报、新华社、中央电视台等首都新闻单位组成了强大的采访阵容，活跃在现场的海内外记者达70余人；北京市公安局派出近百名干警来参加活动并承担了安全保卫工作。10时10分各界群众入场毕，整个历史博物馆前广场聚集了1400余人，比原发出的请柬数多了近两倍。10时30分，剪彩揭幕仪式开始。全国人大常委会副委员长王光英、全国政协副主席万国权、香港中华总商会会长曾宪梓、香港特别行政区预委会筹委会成员万绍芬等发表了热情洋溢的讲话。11时10分，王光英、程思远、万国权、孙孚凌、曾宪梓手中的金剪刀将仪式推向了高潮。

揭幕式的当天，新华社、美联社、路透社、法新社等世界各大通讯社都发了通稿，中央电视台在"晚间新闻""焦点访谈"中作了重点报道，中央人民广播电台等作为要闻播发，《中国日报》在关于中英联合声明10周年回顾的专稿中配发了倒计时牌的大幅照片，有的报纸用整版篇幅发了专题新闻。第二天，来自国内外数百家新闻媒介的消息更是铺天盖地。时空传播时间最长、覆盖面最大、效果最好的是中央电视台将倒计时牌的画面放到了新闻联播的片头，随即配上口播：今天离香港回归还有×天。时空策划目标完美实现倒计时活动启动的声势，超出了策划者们的预期。

3. 活动在高潮中完成历史使命

1997年，香港回归之夜的北京，平日庄严的中国政府对香港恢复行使主权倒计时牌在百盏大红灯笼的装点中、在无数盏彩灯的照耀下，多姿多彩，庄严中透出美丽与喜悦。10万人在这里狂欢，10万人在这里齐声读秒。倒计时终于走到了它辉煌的终点，显示出零天零秒，跳出两个红光闪烁的圆形图案。自1994年12月19日揭幕那一刻起，到1997

年7月1日零时，已整整运行了925天、7988万秒。它不负全国人民的重托与期望，安全、准时、光荣地完成了历史使命。

正如策划者们的预计，倒计时牌成了百年盛典的中心，成了全世界的焦点，电波超越时空，与香港政权交接仪式相呼应，为全球所瞩目。

7月8日，策划者们为倒计时活动划上了句号。全国政协副主席孙孚凌、全国人大侨委副主任万绍芬代表全国人民将倒计时牌模型赠送中国革命博物馆收藏。倒计时牌被小心翼翼地拆除了，告别了神圣的天安门广场。钱其琛副总理在模型赠送仪式上发表书面致辞，给予倒计时活动高度评价。

四、项目评估

祖国迎香港、同胞盼团圆，倒计时牌已远远超过了它本身的计时意义，它深深凝聚了全国人民及海外华人对香港回归的期盼之情。倒计时活动激发了炎黄子孙的爱国热情，在海内外产生重大社会影响，具有深刻的政治意义与深远的历史意义。

1. 中央领导同志给予高度评价

钱其琛副总理，王光英、程思远副委员长，万国权、孙孚凌副主席等国务院、全国人大、全国政协的领导同志，对倒计时活动给予了高度评价。钱副总理说："树立在天安门广场东侧的倒计时牌生动地反映了全国人民对香港回归祖国的期盼心情和坚定信念，激发了广大人民爱祖国、爱香港的热情，在国内外产生了广泛而良好的社会影响。倒计时牌将迁建八达岭长城脚下，它的模型由中国革命博物馆收藏，对继续发挥其特殊的爱国主义教育作用，具有重要意义""祝贺香港回归祖国倒计时活动的圆满成功"。

2. 爱国主义教育基地与历史的"纪念碑"

925天，倒计时牌成了参观频率最高、影响最大的爱国主义教育基地，其模型将起着特殊的、永久性的爱国主义教育作用，它已成了人民的心碑，昭示千秋万代，永志中华民族的团圆之情。

据不完全统计：驻足过倒计时牌前的各界人士达数千万，通过媒介看到倒计时牌风采的人数当以数十亿计。

党、青年团、少年先锋队的许多基层组织、各党派团体和许多院校甚至幼儿园，都把这里当作爱国主义的教育场所，《香港的历史与发展》大型图片展，《国旗在我心中》等活动，均选在这里举行大型的开幕式。新闻影视界在这里拍下了许多故事片、专题片、新闻片以及MTV。群众在倒计时牌下自发开展的多种形式的纪念活动，举不胜举。

正如《人民日报》对倒计时牌的评价："它已在炎黄子孙的心中成了一座历史纪念碑，它记下了一个民族百年的沧桑和重新崛起的深情；同时它也成了首都北京一道不可或缺的风景，成了凝聚中华儿女爱国情怀的象征物……"

3. 对祖国统一大业的重大影响

倒计时活动，坚定了香港同胞对香港繁荣稳定的信心，促进了澳门平稳过渡的进程，增强了最终解决台湾问题的信念。

全国人大、政协会议期间，几乎所有的港澳代表都要到倒计时牌前抒发他们的万千感慨。

1997年5月4日青年节，香港97名中学生和北京1900名中学生在倒计时牌前举行了"北京香港中学生成年宣誓仪式"，97名香港学生宣誓："让我们成为社会接班人——热爱国家民族，承担社会责任……建设香港，竭尽所能。"

倒计时活动后期，葡萄牙政府表示了与中国政府的友好姿态，保证政权的顺利交接，并就澳门回归倒计时活动提出磋商。

4. 可能的世界之最

（1）作为153.6平方米的计时牌，可能是世界上面积最大的。

（2）925天，可能是世界上活动历时最长的。

（3）上千万甚至上亿人次的参与，几十亿人次的目睹，可能是世界上规模最大，受众面最广的活动。

（4）中国及至世界新闻界报道的深度与广度、频率与时空跨度，也可能是世界之最。

【思考】

1. 分析"中国政府对香港恢复行使主权倒计时活动"，体会公共关系工作程序在实践中的应用。

2. 分析该活动的策划过程，对该策划过程进行评价。

为了使公共关系活动顺利地开展，必须对公共关系工作进行全面策划，制订一套完整的实施方案，保证公共关系工作遵循一定的程序有条不紊地进行。其基本程序可分为公共关系调查、公共关系策划、公共关系实施和公共关系评估等4个步骤，通常称之为公共关系的"四步工作法"。

第一节 公共关系调查

一、公共关系调查的含义

公共关系调查是指运用科学的方法，有计划、有步骤地搜集相关信息，综合分析相关的因素及其相互关系，以考察组织的公共关系状态，了解组织面临的公共关系方面的实际问题，从而为组织的形象设计、活动的策划提供依据。

公共关系调查是公共关系工作的基础，它在整个公共关系活动中起到举足轻重的作用。通过公关调查，可以帮助组织了解其在公众心目中的形象和地位、开展公关工作的条件及困难以及竞争对手的情况等等，为组织决策提供科学依据，从而增强公关活动的针对性，提高公关活动的成效。

【案例】

先搞清这些问题

有一家宾馆新设了一个公共关系部，开办伊始，公共关系部就配备了豪华的办公室，漂亮迷人的公关小姐，现代化的通信设备……但该部部长却发现无事可做。后来，这个部长请来了一位公共关系顾问，向他请教"怎么办"，于是这位顾问一连问了以下几个问题：

"本地共有多少宾馆？总铺位有多少？"

"旅游旺季时，本地的外国游客每月有多少，港澳游客有多少？国内的外地游客有多少？"

"贵宾馆的'知名度'如何？在过去三年中，花在宣传上的经费共多少？"

"贵宾馆最大的竞争对手是谁？贵宾馆潜在的竞争对手将是谁？"

"去年一年中因服务不周引起房客不满的事件有多少起，服务不周的症结何在？"

对这样一些极其普通而又极为重要的问题，这位公共关系部部长竟张口结舌，无以应答。于是，那位被请来的公共关系顾问这样说道："先搞清这些问题，然后再开始你们的公共关系工作。"

（资料来源：张岩松. 公共关系案例精选评析［M］. 北京：中国社会科学出版社，2006.）

二、公共关系调查的内容

【案例】

长城饭店的日常调查

北京长城饭店是1979年6月由国务院批准的全国第三家中外合资企业。1983年12月试营业，是北京6家五星级饭店中开业最早的，是北京第一座玻璃大厦，北京20世纪80年代十大建筑之一。随着改革开放的深入发展，北京新建的大批高档饭店投入运营，饭店业竞争日益加剧。长城饭店之所以能在激烈的竞争中立于不败之地，成为京城饭店的佼佼者之一，除了出色的推销工作和优质服务外，饭店管理者认为公共关系工作在塑造饭店形象上发挥了重要的作用。

一提到长城饭店的公关工作，人们立刻会想到那举世闻名的里根总统的答谢宴会、北京市副市长证婚的95对新人集体婚礼、颐和园的中秋赏月和十三陵的野外烧烤等一系列使长城饭店声名鹊起的专题公关活动。长城饭店的大量公关工作，尤其是围绕为客人服务的日常公关工作，源于它周密系统的调查研究。

长城饭店日常的调查研究通常由以下几个方面的内容组成。

1. 日调查

（1）问卷调查。每天将表放在客房内，表中的项目包括客人对饭店的总体评价，对十几个类别的服务质量评价，对服务员的服务态度评价，以及是否加入喜来登俱乐部和客人的游历情况等。

（2）接待投诉。几位客务经理24小时轮班在大厅内接待客人反映情况，随时随地帮助客人处理困难、受理投诉、解答各种问题。

2. 月调查

（1）顾客态度调查。每天向客人发送喜来登集团在全球统一使用的调查问卷，每日收回，月底集中寄到喜来登集团总部，进行全球性综合分析，并在全球范围内进行季度评比。根据量化分析，对全球最好的喜来登饭店和进步最快的饭店给予奖励。

（2）市场调查。前台经理与在京各大饭店的前台经理每月交流一次游客情况，互通情报，共同分析本地区的形势。

3. 半年调查

喜来登总部每半年召开一次世界范围内的全球旅游情况会，其所属的各饭店的销售经理从世界各地带来大量的信息，相互交流、研究，使每个饭店都能了解世界旅游形势，站在全球的角度商议经营方针。

这种系统的全方位调研制度，宏观上可以使饭店决策者高瞻远瞩地了解全世界旅游业的形势，进而可以了解本地区的行情；微观上可以了解本店每个岗位、每项服务及每个员工工作的情况，从而使他们的决策有的放矢。

综合调查表明，任何一家饭店，光有较高的知名度是远远不够的，要想保持较高的"回头率"，主要是靠优质服务，使客人满意。怎样才能使客人满意呢？经过调查研究和策划，喜来登集团面对竞争提出了"宾至如归方案"。计划中提出在3个月内对长城饭店上至总经理，下至一般服务员进行强化培训，不准请假，合格者发证上岗。在每人每年100美元培训费基础上另设奖金，奖励先进。其宗旨就是向宾客提供满意的服务，使他们有宾至如归的感觉。

随着这一方案的推行，饭店的服务水平又有了新的提高。

问题：
1. 长城饭店在公共关系调查方面对我们有何启示？
2. 如果你是一位总经理，你认为还应从哪些方面来做好日常的公共关系工作？

（一）组织情况调查

组织情况是公共关系人员的案头必备品，无论是撰写新闻报道、解答公众提问、编写组织通讯、制作宣传材料，还是举办展览会、记者招待会，都需要随时查阅和引用这些调查资料。

组织情况调查包括下列内容：

（1）组织自然情况。如组织的地理位置、外观、名称、性质、机构设置、法人代表、职工人数、文化、年龄、性别、职务、职称结构等。

（2）组织社会情况。如组织的管理模式、业务范围、社会效益和经济效益、内外政策、文化内容、优势、存在的问题、潜在的危机等。

（3）组织历史情况。如组织的建立时间、体制变化、重大事件、有突出贡献的职工及贡献情况、历届领导人情况、人员素质变化、发展阶段等。

（4）组织现实情况。如组织的知名度，产品或成果的质量、数量、信誉、生产能力及社会需求等。

（5）组织未来情况。如组织的发展前景、近期目标和长远规划等。

（二）公众意见调查

公众意见调查是公共关系调查的主要内容，其调查结果决定公共关系的效果、对策和发展。公众意见调查包括组织形象、公众动机、活动效果、传播效果和内部公众意见等。

1. 组织形象

组织形象是社会公众对一个组织的认识、看法和评价。对于组织而言，良好的社会形象是最重要的无形资产。

组织形象的衡量是以组织的知名度和美誉度两项指标为依据的。知名度表示一个组织被公众所了解的程度、社会影响的广度和深度，是评价名气大小的客观尺度。美誉度表示一个组织获得社会公众的好感和赞美的程度，社会影响的美、丑、好、坏，是评价好坏程度的指标。

组织形象一般包括组织成员形象、组织管理形象、组织实力形象、组织产品形象等方面。进行组织形象调查，主要包括这些具体内容。

2. 公众动机

公众动机是造成公众如何评价组织的主要原因。一般而言，不同的公众，由于动机不同，对组织的评价往往见仁见智，印象不同，评价各异。公众动机调查，包括公众对组织是否抱有偏见或特殊的喜欢，该组织的工作方式、社会活动、产品服务等方面是否与公众某种成见相冲突，或与公众的某种嗜好相吻合，或与某种社会上流行的东西相一致等。

3. 活动效果

了解公众对企业公共关系专门活动的评价。活动效果的好坏，标志着公共关系活动是成功与否。每一位公共关系人员或每一个公共关系组织，每举办一次公共关系活动，都希望取得满意的效果。活动结束后，公众是否满意，满意程度如何，公众如何评价，都需要通过调查得到答案。例如，企业在开展慈善公益活动后，了解职工和顾客的评价；在双十一大促活动中，了解顾客购买商品的心理等。

4. 传播效果

内外传播的效果，也就是公众接受传播信息后，在感情、思想、态度和行为等方面所发生的变化。包括调查某种媒介的覆盖面、受众构成、收视（或收听）率，对传播内容的态度和产生的行动等。如通过安徽电视台在某个晚上搞企业产品有奖问答，就要调查安徽电视台当晚收视率、观众年龄、职业、消费习惯、分布状况、态度及行为的变化、问卷回收率、构成以及答案正确率等。

5. 内部公众意见

内部公众意见调查是组织内部公共关系的主要内容。重视内部公众意见，才能促进组织的合作与团结，才能有助于内部公众人人关心组织发展、人人重视组织利益、人人珍惜组织的信誉和形象，使组织在发展中处于有利地位。内部公众意见包括对本组织及本组织工作的评价、人际关系评价、领导行为评价、公众需要等。

（三）社会环境调查

社会环境是指与组织有关的各类公众和各种社会条件的总和。社会环境调查包括以下几个方面。

1. 政策环境调查

政策环境调查就是了解与组织有关的政策方针、法律法规，遵循并运用它为组织服务。例如，政府部门的公共关系人员就需要研究组织法、选举法、行政诉讼法、公务员制度等法规。并对由此产生的公共关系活动进行专题调查、追踪研究。

2. 社会环境调查

社会环境调查包括对政治、经济、文化、技术等方面内容的调查。组织能否获得良好的生存和发展环境是决定组织能否实现长远可持续发展的重要因素。例如，国家实行西部大开发战略，将会给西部企业带来更加有利的外部环境条件。

3. 行业环境调查

对组织所属特定行业情况进行调查，借此了解本组织在行业中所处的地位、行业内各组织之间的协作意向、竞争对手的发展态势等。行业环境是组织发展的微观环境，对组织发展有直接而重要的影响。

课堂讨论 请为所在学校设计一份组织整体形象的调查内容清单。

二、公共关系调查的程序

为了使整个调查工作有计划、有步骤地进行，保证整个活动的科学性，公共关系调查应包括制定调查方案、搜集调查资料、整理分析资料、撰写调查报告等4个步骤。

1. 制定调查方案

在确定了调查课题以后，调查者必须根据调查的课题制定调查计划。一个完整的调查方案主要包括以下几方面。

（1）确定调查的目的。调查的目的是指调查所要解决的问题。明确调查目的是制定调查方案的关键所在。只有确定了调查目的，才能确定调查的范围、内容和方法，才能有针对性、有目的地进行公关调查，避免盲目行动导致工作失误。

（2）确定调查对象。调查对象是根据调查目的、任务，来确定调查范围与调查单位。调查单位是构成调查对象中的一个个具体单位，是我们搜集信息、分析信息的基本单位。在实际调查中，注意选择调查对象的科学性，保证公众的代表性。社会组织的公众范围十分广泛。开展公共关系状态调查时，不可能也没有必要对所有的公众进行调查，只要注意选择公众工作的科学性，按照随机原则，通过抽样技术，就可以取得接近公众总体的资料。

（3）确定调查项目和调查表。调查项目是调查的具体内容，确定调查项目就是要明确向被调查者了解些什么问题，如消费调查中消费者的性别、民族、文化程度、年龄、收入、动机、态度等。对项目进行科学的分类、排列，构成调查提纲和调查表。

（4）确定调查时间和地点。调查时间的确定应包括两个方面，一是要明确规定调查资料所反映的是调查对象从何时起到何时止的资料；二是规定调查工作的开始和结束时间。调查地点应与调查单位相统一。

（5）确定调查方式和方法。在调查方案中，应明确采用什么组织方式和方法取得调查资料。搜集资料的方式有普查、重点调查、典型调查、抽样调查等多种方式。具体调查方法有访谈法、观察法、问卷法和实验法等。调查采取的方式、方法不是固定和统一的，往往取决于调查对象和调研任务。大中型调研要注意多种方式和方法的结合运用。

（6）确定调查工作的组织实施。调查组织计划是指实施整个调查活动过程的具体工作计划，主要是指调查的组织领导、调查机构设置、人员的选拔和培训、调查工作步骤及其善后处理等。

（7）制定调查预算。在进行调查预算安排时，要将可能需要的费用尽可能全面地考虑到。一般来讲，调查经费预算应包括四个方面：调查方案设计及实施费用、调查资料整理分析费用、调查报告撰写费用以及相关办公费用等。

2. 搜集调查资料

搜集资料的主要任务是按调查计划的要求与安排，系统地搜集各种资料。

调查资料的搜集可以从两方面进行：一方面是搜集未做任何加工整理的原始资料，也称第一手资料或初级资料；另一方面是搜集他人已调查整理过的资料，也称第二手资料或次级资料。

初级资料搜集的方法包括访问法、观察法、实验法等。次级资料往往是已经公开出版或发表的资料，对这类资料的搜集采取文案调查法。

3. 整理分析资料

整理分析资料是指运用科学的方法，对调查所得的各种零散的资料进行审查、检验和综合加工，使之系统化和条理化，从而以集中、简明的方式反映调查对象总体情况的工作过程。资料的整理分析，通常包括下列工作。

（1）审查核实。在进行资料汇总前，首先对调查得到的资料进行审核，这是保证调查工作质量的关键。审核的内容主要是对其及时性、完整性和正确性的审核。

（2）分类汇编。资料经过检查核实后，为了便于归档查找和统计方便，还应按照调查的要求进行分类汇编。资料的分类是根据事物内在的特点和调查研究的要求，按某种标志将所研究现象的总体划分为若干组成部分，然后进行分类登录及归档，以备查阅。汇编是按照调查的目的和要求对分类后的数据和资料进行计算编辑和汇总，使之成为能反映调查对象客观情况的系统、完整、集中、简明的材料，为分析工作打下良好的基础。

（3）分析处理。资料的分析包括定性分析和定量分析。前者是以资料或经验为依据，主要运用演绎、归纳、比较、分类和矛盾分析的方法找出事物本质特征或属性的过程。后者是运用概率论和数理统计的测量、计算及分析技术，对社会现象的数量、特征、数学关系和事物发展过程中的数量变化等方面进行的描述。为了取得比较符合实际的结论，不仅要进行定性分析，而且要进行定量分析，要在定性的基础上尽量根据不同要求把资料量化，在此基础上编制成统计表或统计图，或计算百分比、平均值等，然后运用这些量化资料进行分析，并将分析所得的结论提供给相关的决策部门，作为策划的依据。

【案例】

一张照片后的巨额利润

1964年，《中国画报》的封面刊出这样一张照片：大庆油田的"铁人"王进喜头戴大皮帽，身穿厚棉袄，顶着鹅毛大雪，手握钻机刹把，眺望远方。在他背景远处错落地矗立着星星点点的高大井架。几乎同时，《人民中国》杂志撰文报道说，以王进喜为代表的中国工人阶级，为粉碎国外反动势力对我国的经济封锁和石油禁运，在极端困难的条件下，发扬"一不怕苦，二不怕死"的精神，抢时间，争速度，不等马拉车拖，硬是用肩膀将几百吨采油设备扛到了工地。不久，《人民日报》报道了第三届全国人大开幕的消息，其中提到王进喜光荣地出席了大会。

当时，由于各种原因，大庆油田的具体情况是保密的。然而，上述几则由权威媒体对外公开播发的极其普通的旨在宣传中国工人阶级伟大精神的照片和新闻，在日本三菱重工财团信息专家的手里变成了极为重要的经济信息，揭开了大庆油田的秘密。

（1）根据对照片和新闻报道的分析，可以断定大庆油田的大致位置在中国东北的北部，且离铁路线不远。其依据是：唯有中国东北的北部寒冷地区，采油工人才需戴这种大皮帽和穿厚棉袄；唯有油田离铁路线不远，王进喜等大庆油田的采油工人们才能用肩膀将几百吨设备运到油田。因此，只需找一张中国地图，就可轻而易举地标出大庆油田的大致方位。

（2）根据对照片和有关新闻报道的分析，可以推断出大庆油田的大致储量和产量，并可确定是否已开始出油。其依据是：首先从照片中王进喜所站的钻台上手柄的架势，推算出油井的直径是多少；从王进喜所站的钻台油井与他背后隐露的油井之间的距离和密度，又可基本推算出油田的大致储量和产量；接着从王进喜出席了人代会，可以肯定大庆油田出油了，不然王进喜是不会当代表的。

（3）根据中国当时的技术水准和能力及中国对石油的需求，中国必定要大量引进采油设备。于是，日本三菱重工财团迅即集中有关专家和人员，在对所获信息进行剖析和处理之后，全面设计出了适合中国大庆油田的采油设备，做好充分的夺标准备。果然不久，中国政府向世界市场寻求石油开采设备。三菱重工财团以最快的速度和最符合中国所要求的设计、设备获得中国巨额订货，赚了一笔巨额利润；此时，西方石油工业大国却目瞪口呆，还未回过味儿来呢！

（资料来源：张岩松. 公共关系案例精选评析［M］. 北京：中国社会科学出版社，2006.）

问题：

1. 三菱重工财团是采用了哪些收集信息的方法？
2. 从本案例中你得到什么启示？

4. 撰写调查报告

撰写调查报告是公关调查的最后程序。作为调查工作的结束，最终要形成一个调查报告。撰写调查报告的目的是对调查活动过程以及对调查数据分析整理的过程及其工作成果进行总结汇报，为制定科学的公共关系计划方案提供依据，为领导决策提供参考。

第二节　公共关系策划

一、公共关系策划的含义

"策划"，就是谋划、筹划、打算，即"出谋划策"。《中国公共关系辞典》对策划的解释是："人们为了达成某种特定目标，借助一定的科学方法和艺术为决策计划的构思、设计、制作、策划方案的过程"。

公共关系策划是公共关系人员根据组织形象的现状和目标要求，分析现有条件，谋划、设计公共关系战略、专题活动和具体公共关系活动最佳行动方案的过程。

【案例】

西铁城"大声说爱你"公关活动

在2018年5月20日即将来临之际，全球知名腕表品牌西铁城携手京东共同发起了一场主题为"大声说爱你"的线上线下整合营销活动。

在线上渠道，西铁城品牌立足于"大声说爱你"这一核心主题，整合线上新浪微博红人大号资源，联动意见领袖们的粉丝效应推广"情话王大挑战"创意H5，让用户们通过对不同风格的经典电影情话台词自由发挥，录制花式情话勇敢表白心仪的TA。同时，在近期火热的抖音APP上，也有不少抖音达人们利用西铁城520告白礼盒作为道具开启花式表白大秀，鼓励说爱，获得了抖音用户众多的互动讨论。

在线下渠道，2018年5月12日至5月13日，"西铁城大声说爱你"线下活动在北京通州万达广场引爆人气。如果说，西铁城线上的520营销活动是在精神层面鼓励大家勇敢表达爱意，那么这次线下的"西铁城大声说爱你"主题活动便是一次强有力的落地说爱行动了。它将感情与产品紧密联系在一起,为广大消费者提供了一个勇敢表白的平台。现场不仅能体验大声表白的畅爽、甚至直接现场告白心爱的 TA,还能获得包括西铁城腕表在内的不同等级的福利礼品。一场线下活动,直接拉动消费者勇敢说爱、表达爱意,为整个 520 "大声说爱你"整合营销活动提供了落地支撑。

回到"大声说爱你"主题本身,它既可以是情侣间的爱意表达,也可以是暗恋者的勇敢说爱,相较于仅停留在情侣市场的品牌营销而言,西铁城这次公关策划更深层次、多方面地拓宽了市场的可能性,挖掘了更多潜在客户对品牌的关注。西铁城把勇敢和礼物都集中在一起,为爱加持勇气,陪伴爱情继续前行,基于对人性的多维度洞察,吸引消费者对西铁城品牌的关注与好感,用互动整合营销加深广大用户对西铁城品牌的印象。

(资料来源:http://www.chinapr.cn/p/1340.html 中国公关网)

课堂讨论 结合案例谈谈你对公共关系策划的理解。

二、公共关系策划的意义

1. 保证公共关系战略和实务运作的目的性

公共关系战略和实务运作,是为了实现公共关系目标以及企业发展目标服务的,离开这个目的,公共关系就失去了自身的意义。所以,为了保证公共关系目标以及组织发展目标的顺利实现,组织的总体公共关系战略和具体的实务运作必须经过事先周密的策划。

2. 保证公共关系战略和实务运作的计划性

(1) 公共关系战略和各项实务运作所追求的目标应当是一致的,所以,公共关系必须有一个完整的实施计划。只有经过周密的公共关系策划,才能保证整个公共关系的战略计划的统一性和完整性,保证每个具体实务运作都按照总体规划的要求,为实现预定的公共关系战略目标和企业发展目标服务。

(2) 公共关系目标的实现需要经过长期持续的努力,只有经过周密的公共关系策划,才能保证公共关系的各项实务运作前后呼应、相互衔接,成为既在具体运作中具有独创性,又在总体战略上具有连续性的有计划、有步骤的公共关系工作。

(3) 公共关系的各项实务活动,都必须根据一定的时间、空间以及主观、客观条件拟定切实可行的具体实施计划,这本身也是公共关系策划的重要组成部分。

可见,只有周密的、精心的公共关系策划才能保证公共关系实务运作能够更加充分地利用所分配到的资金与人员,并按照预定的战略和目标有计划地顺利实施。

3. 保证公共关系战略和实务运作的有效性

公共关系必须在树立良好的组织形象并为组织发展争取最佳经济效益和社会效益方面发挥显著作用,这就要求公共关系人员要根据不断变化的环境,精心策划自己的公共关系战略和策略。同时,公共关系策划也提供了一个让组织其他部门管理层加入的机会,一方面可以集思广益,另一方面也确保了他们的合作与支持,公共关系目标和组织发展目标可以更加顺利地实现。

三、公共关系策划的原则

1. 求实原则

求实原则即实事求是,这是公关策划的一条基本原则。公关策划必须建立在对事实的真实把握基础上，以诚恳的态度向公众如实传递真实信息，并根据实事的变化来不断调整策划的策略和时机等。

2. 系统原则

系统原则是指在公关策划中，应将公关活动作为一个系统工程来认识，按照系统的观点和方法予以谋划统筹，不能只关注其中的一部分，一定要站在全局把握。

3. 创新原则

创新原则指公关策划必须打破传统、刻意求新、别出心裁，使公关活动生动有趣，从而给公众留下深刻而美好的印象。

4. 弹性原则

弹性原则是指公关活动涉及的不可控因素很多，任何人都难以完全把握，因此在策划公共关系活动时，一定要针对重要的、可变的、不可控因素，以及未来可能呈现的状态分别制订后备方案，以留有余地、进退自如。

5. 道德原则

道德原则的核心内容是组织公关活动及其策划与从业人员行为要符合社会道德标准，策划主题要弘扬社会主义核心价值观，传递正能量。

【案例】

丰田汽车的"霸道"广告

2003年12月《汽车之友》杂志刊登出丰田汽车在中国推出的新车"霸道"的平面广告，旨在中国传统节日——春节——期间取得销售佳绩。未曾想到，雄心勃勃的广告推广活动最后演变成四处灭火救急的危机公关事件，让《汽车之友》、盛世长城广告公司、一汽丰田颜面无存。

在"霸道"的广告中，一辆霸道汽车从城市中驶过，其右上方正好设置了两尊石狮，一只呈俯首侧目状，而另一只夸张地举起右爪向霸道越野车敬礼，整幅广告的背景采用了没有明显建筑特征的城市建筑，根据外观大概可以猜出是上海、广州或香港之一，其相应的广告语为"霸道，你不得不尊敬。"

"霸道"广告一出，引起轩然大波。读者的民族情绪高涨，甚至提升到政治的高度。问题出在哪里？原因在于广告商和广告主忽略了汽车品牌构成中的重要组成部分：人文背景，丰田作为日本的品牌与中国应该融入而不是征服。诚如众多网友评论："霸道"广告中的石狮，让我想起卢沟桥的枪声。中日关系因为历史的原因，造成了巨大的民族伤害，日本的汽车业在中国的发展还得认真研究中国的人文背景，一汽丰田在广告产品风格诉求以及人文背景的表达上无疑犯了一个严重的错误。

（资料来源：王培才．公共关系理论与实务［M］．2版．北京：电子工业出版社，2009．）

6. 效益原则

效益原则是指以较少的公关费用，去取得更佳的公关效果，达到企业的公关目标。

四、公共关系策划的程序

在进行公共关系策划的过程中，公共关系人员首先要依据公关调查中所确定的组织形象的现状，提出新的形象、目标和要求，并据此设计公共关系活动的主题，然后通过分析组织内外的人、财、物等具体条件，提出若干活动可行方案，并对这些活动方案进行比较、择优确定出能够达到公关目标要求的最适当、最有效的活动方案。因此，公共关系策划应包括六个工作步骤：确定公关目标、确定公众、设计主题、选择媒介、编制预算、审定方案。

1. 确定公共目标

公共关系目标是公共关系行为期望达到的成果。它是公共关系活动的方向，也是公共关系活动成功与否的衡量标准。

（1）公共关系目标的类型。根据公共关系沟通内容，组织的公共关系目标一般有以下4种类型。

1）传播信息。向公众传播有关本组织的信息，让公众了解、信任、支持本组织。

2）联络感情。通过感情投资获得公众对组织的信任与爱戴。

3）改变态度。为了让公众接受组织及其所提供的产品、服务、文化等。

4）引起行为。为了诱导公众产生组织所希望的行为方式。

（2）确定公关目标的要求。确定一个公共关系目标，必须能够起到指导整体工作的作用。因此，要使目标能发挥其作用，在确定目标时应遵循以下4个原则。

1）一致性原则。目标应与组织的整体目标相一致，为组织整体目标服务。

2）具体性原则。目标应具体明确，含义单一，避免使人产生多种理解。

3）可行性原则。目标应符合当时的内外部条件，通过努力可实现。

4）可控性原则。目标必须具有一定的弹性，以备条件变化时仍能灵活应变。

2. 确定公众

公共关系是以不同的方式针对不同的公众展开的，而不是像广告那样主要通过大众传媒把各种信息传播给大众。要使活动能有效实施，需要确定组织决定作为自己公关活动主要对象的那一部分公众，即目标公众。

目标公众的确定，有利于选定具体公关方案的实施；有利于确定工作的重点、科学地分配力量；有利于更好地选择传播媒介和传播技巧等。

目标公众确定之后，公关人员还应对目标公众进行详细的了解和深入的研究，主要是分析目标公众的权利和要求。一般说来，不同的公众有不同的权利要求，了解目标的权利和要求，并将其与本组织的目标和利益加以权衡、比较，以便确定公关计划的基本要求。

3. 设计主题

公共关系活动主题是对公共关系活动内容的高度概括，提纲挈领，对整个公共关系活动起着指导作用。任何一个成功的公共关系活动都是由一系列活动项目组成的系统工程。为避免活动项目过多给人杂乱无章的印象，需要设计出一个统一、鲜明的主题，以统领整个活动、连接各活动项目。主题的表现方式有多种多样，它可以是一个口号，也可以是一句陈述或一个表白。主题设计得是否精彩恰当，对公关活动的成效影响很大。要设计出一个好的主题，必须满足4个要求：

第一，公关主题必须与公关目标相一致，并能充分表现目标。

第二，公关主题要适应公众心理的需要，既要富有激情，又要使人感到亲切。

第三，公关主题应独特新颖，富有个性，突出活动的特色，使人留下深刻长久的印象。

第四，公关主题的表述应做到简短凝练，易于记忆和传播。

4. 选择媒介

不同的传播媒介都有自身的特性，既各有所长、又各有所短，只有选择合适的媒介，才能取得良好的传播效果。在选择传播媒介时，应注意以下几个方面。

（1）与公关目标相结合。各种传播媒介都有其特定的功能及优势，适合为公共关系的各种类型目标服务。选择传播媒介时应首先考虑组织的公关目标和要求。

（2）与传播内容相结合。不同的传播信息内容有着不同的特点，而不同传播形式也有着各自特点和适用范围，在选择时应将所传播的信息内容的特点和传播媒介的优缺点结合起来综合考虑。

（3）与传播对象相结合。不同的公众对不同的传播方式和传播媒介的接受机会和感受是不同的，组织应根据目标公众的年龄结构、职业性质、生活方式、教育程度、接受信息的习惯等选择合适的传播方式来传播信息。

（4）与经费预算相结合。由于公共关系活动的经费是有限的，组织应根据自己的具体经济条件选择传播沟通媒介，尽可能用有限的经费和资源创造最大的效益。

5. 编制预算

任何一项公关活动都需要花费一定的人力物力和财力，通过编制预算，使公关人员预先了解活动的投入成本，做到心中有数并能在事前进行统筹兼顾的全面安排，保证公关工作正常开展，便于监督管理，堵塞漏洞。公关预算主要包括3个方面。

（1）经费预算。公共关系预算的经费大致可分为基本费用和活动费用。基本费用是指相对稳定的费用，包括人工报酬、办公费用、房租和固定资产折旧费等。活动费用是指随某项公共关系活动的开展而形成的费用，包括专项设施材料费、调查研究费、专家咨询费、活动招待费、广告宣传费、赞助费等开支。

（2）人力预算。人力预算是指对实现既定公关目标所需的人才进行初步的估算，应落实公关计划的实施需要组织投入多少人力，选择什么样的人才结构，是否需要外借人员等。

（3）时间预算。时间预算是指为公关具体目标的实现制定一个时间进程表，规定出各阶段的具体工作内容以及所持续的时间，以便公关人员按部就班地进行工作。

6. 审定方案

审定方案是公共关系策划的最后一项工作。公关人员根据组织的现状，提出各种不同的活动方案，每一个方案都是策划者智慧的结晶，但这些方案未必都适宜，也未必能同时采用。因此对这些方案进行优化和论证才能选定最终方案。审定方案工作可分为两个步骤。

（1）优化方案。就是尽可能地将公关方案完善化、合理化，提高方案合理值，强化方案的可行性，降低活动耗费。通常可采用重点法、转变法、反向增益法、优点综合法等方法进行方案优化。

（2）方案论证。一般由有关高层领导、专家和实际工作者对方案提出问题，由策划人员进行答辩论证。论证方案应满足系统性、权变性、效益性和可操作性的要求。

第三节 公共关系实施

公共关系实施是公共关系客体为了实现既定公共关系目标，充分依据和利用实施条件，对公共关系选定方案进行实际操作与管理的过程，将公关策划变成实际行动的过程。

公共关系实施是整个公共关系活动中解决公共关系问题，实现公共关系目标的中心和关键环节。

一、公共关系实施的意义

1. 解决问题的中心环节

公共关系活动的发起是缘于问题的存在或出现，为此公共关系开展调查确认问题，开展策划制订解决问题的对策，而对策只有在现实中被实行，问题才能真正解决。

2. 决定了计划能否实现以及实现的程度和范围

策划是对未来行动的一种预见和设想，在它还是方案的时候只能预测它可能达到的效果。而只有通过实施，才能真实地看到计划到底能不能实现，是百分之百实现还是只有百分之五十被实现，其影响范围是全国性的还是地方性的。

3. 实施结果是后续方案制订的重要依据

不管公共关系实施的结果是成还是败，它都会是下一次公共关系工作开始的前提条件，它的经验教训也会为未来公共关系工作的开展提供有价值的借鉴。

二、公共关系实施准备工作

1. 人员培训

公共关系活动的成功是基于实施人员一言一行的成功，所以在公共关系实施之前要组织相关工作人员认真学习研讨，明确活动的意义和目的，掌握公共关系方案实施工作内容的操作方法。对于不易掌握的工作环节，可以通过讲解、讨论、答辩、模拟训练来促使其正确掌握；有使用风险的方法要反复模拟演习，切实提高操作的把握度，把失误率降至最低。很重要的内容实施，应做好预案，确保万一某种方法失败时有其他的备用方法。

2. 物品材料准备

物品材料准备即根据公共关系方案要求，租赁或购置活动所需物品和材料，一般包括音响器材、摄影摄像器材、交通工具、场地布置物品、宣传材料、公共关系礼品等。

3. 对外联络

在公共关系活动开展中，为提高其影响力，一般会邀请某些重要嘉宾和新闻媒体记者到场。因此在活动开始前一定注意预先确定、邀请活动所需邀请的嘉宾人员，及时将活动安排和宣传计划告知新闻媒体，并提前联系相关的采访、报道、刊登和播放事宜。另外，为保证活动顺利进行，公共关系人员还需提前到相关政府部门办理活动所需要的公务报批手续。

4. 实施试验

对于影响重大或投入巨大的公共关系活动，有必要在公共关系实施方案实施之前将实施方案在一个或几个典型的、较小的公众范围做一些试探性试验。通过试验，一方面可以找到实施方案的不足和实施中存在的障碍，然后据此修改、调整、完善公共关系实施方案，确保公共关系活动实施取得成功；另一方面还可以发现公共关系方案的实施是否能导致既定目标的实现，如果不能，则可以及时终止实施或重新策划活动，避免重大损失的发生。

三、公共关系实施的管理

公共关系实施管理是对实施中的各要素及其阶段性实施目标进行管理，具体内容如下。

1. 人员管理

公共关系实施是一个不断变化和需要调整的动态过程,实施者需要依据整个实施方案中的要求和自己所处的环境、面临的条件采取相应的实施行动,如果这些行动失败,就可能导致公共关系效果的削弱。因此,公共关系实施中的人员管理应包括以下3个方面的内容。

(1) 要通过明确合理的分工安排及合作竞争并行的机制提高工作效率。

(2) 是要借助相应的规章制度和激励手段去调动人们的工作热情和积极性,同时也要监控他们的工作方法、质量。

(3) 努力营造团结、和谐、有效的工作氛围,促使大家同心协力,取得事半功倍的效果。

2. 沟通管理

公共关系实施的过程就是传播沟通的过程。传播沟通越通畅,实施效果越好。但是在传播沟通过程中通常会发生传播沟通障碍,从而影响实施效果。因此,在公共关系实施中,一定要认真研究目标公众的生活方式、价值标准、利用大众传播媒介的习惯等,尽量避免主客观的干扰因素,并及时针对障碍产生的原因进行疏通工作,努力消除不良影响,使信息完整、客观、清晰地传递给接受者。

课堂讨论 谈谈企业在公关活动实施过程中可能会遇到哪些困难或障碍?

3. 进程管理

(1) 时机与进度控制。时机与进度控制主要涉及流程控制、环节衔接、各项活动开始时机的掌控,务必确保时间进度和工作任务进度相一致,实际进度和计划进度相一致。一旦发生实际进度与计划进度不一样的情况,必须立即分析寻找影响进度的因素,及时调整纠正。

(2) 资金物品管理。公共关系实施中随时需要经费开支和摄影、音响、通信器材和交通工具等各种物品器材的使用,因此涉及成本控制和物品管理工作。一般来说,应安排专人负责并及时登记在册以便有账可查,同时在公共关系实施过程中既要保障供给公共关系实施的需要,充分发挥财物的功效,又要避免不必要的损坏、遗失和浪费。

(3) 突发危机事件控制。公共关系实施中可能会发生一些严重阻碍活动实施、影响组织形象的突发事件。此时,公关人员应预先准备危机管理方案,并密切注意实施过程中是否存在各种矛盾和不协调因素,如实施环境有无障碍因素、新闻传媒有无不利报道、工作方法是否存在较大的风险、竞争对手有无对抗行为等,并及时加以化解与调整,以免情况恶化。

第四节 公共关系评估

公共关系评估就是根据特定的标准,对公共关系策划、实施及效果进行衡量、评价和估计,即在肯定成绩的同时,发现新的问题,不断地调整组织的公共关系目标、公共关系政策和公共关系行为,使组织的公共关系成为有计划的持续性工作。

一、公共关系评估的意义

公共关系评估是"四步工作法"的最后一步,对公共关系活动起着总结、衡量和评估的重要作用。

1. 帮助改进公共关系工作

通过公共关系评估，可以发现本次公共关系活动在策划和实施过程中存在的问题，通过研究问题原因，找到问题解决对策可以帮助组织进一步提升公共关系工作质量。

2. 为后续公共关系工作的开展提供必要前提

通过公共关系评估，可以确定在本次公共关系活动结束后，当前组织的公众舆论状态和关系状态究竟是什么样的，而这也是下次公共关系活动开展的前提基础。

3. 鼓舞士气、激励内部公众

通过公共关系评估，可以确定本次公共关系活动的成效，可以明确公共关系人员在努力之后得到的成果。成果越大，公共关系人员的成就感、自豪感就会越强，对未来工作就更会充满信心和干劲。

4. 促使领导人重视公共关系工作

通过公共关系评估，可以确定本次公共关系活动的成效，可以明确公共关系为组织创造的价值，促使组织领导人重视公共关系工作，保障公共关系预算。

二、公共关系评估内容

公共关系活动有不同的类型，同一类型的公共关系活动又有不同的工作环节，不同类型的公共关系活动评估要点不同，同一类型的公共关系活动的不同工作环节评估要点亦不同。

（一）不同类型公共关系活动的评估内容

按公共关系活动形式可把公共关系划分为日常公共关系活动和专项公共关系活动两大类。按公共关系计划制订时间的长短，可把公共关系划分为年度公共关系活动和长期（3~5年）公共关系活动。

1. 日常公共关系活动效果评估

日常公共关系活动效果评估的内容如下。

（1）组织的全员公共关系运作情况。

（2）领导者开展内外部公共关系活动的情况。

（3）全体员工的公共关系意识和行为表现情况。

（4）组织的各部门在经营管理各环节上的公共关系投入情况。

（5）组织内部公共关系协调状况。

（6）公共关系网络和日常的组织沟通情况。

（7）组织外部公共关系和人际协调情况。

（8）组织的知名度和美誉度情况。

（9）公共关系人员的工作状况。

（10）公共关系人员与领导工作配合和沟通状况等。

2. 专项公共关系活动效果评估

专项公共关系活动一般均属重大公共关系活动，其效果评估的内容如下。

（1）项目的计划是否合适。

（2）其目标与组织总目标、公共关系战略目标是否一致。

（3）项目的目标是否已经实现。

（4）传播沟通策略和信息策略是否有效。

(5) 公共关系协调状况如何。
(6) 对公众产生了哪些影响。
(7) 组织的形象有何种改变。
(8) 项目预算是否合理。
(9) 对企业总体发展目标起到了什么作用。

3. 年度公共关系活动效果评估

年度公共关系活动效果评估是指对计划年度内所有公关活动进行总体评估，以总结经验，吸取教训，找出存在的问题，提供下一年度公关计划的依据，其评估内容如下。

(1) 年度公共关系计划目标是否实现。
(2) 年度公共关系计划方案是否合理。
(3) 实现状况如何。
(4) 年度内日常公共关系工作成效如何。
(5) 年度内单项公共关系活动的类型、数量及成效分析。
(6) 年度公共关系活动经费预算和使用情况及合理程度。
(7) 年度内外部公共关系的开展以及成效。
(8) 年度公共关系机构与公共关系人员的绩效情况。
(9) 年度组织的公共关系应变能力如何等。

4. 长期公共关系活动效果评估

长期公共关系活动效果评估包括某一长期公共关系项目以及公共关系长期工作的成效分析，它是一个总结的过程，需要将日常工作评估结果、专项活动评估结果、阶段性工作评估结果一并结合，进行系统地分析，从而获得一个总的结论。

新媒体公关评估

1. 量的考核

任何公关活动都离不开量的考核，大数据的存在，让量的考核更加透明，更加完善，数据的指向性也更加清晰。鉴于行业的区别和目的设立的区别，量的考核也可分为两种。

一种是规范乙方完成量的，主要表现为主动发布篇次、被转载数、评论数、浏览量等。不过目前浏览量一般媒体平台很少对外公开，尤其对于单篇新闻，页面上也很难看出来。相对于浏览量来说，其他数据比较直观，获得和统计也比较容易。

在对效果的评估上，以量为据的方式不是最好的评估方法，在传播中这种方法是最基础的KPI设定方式。在对文章和事件的效果评估中，较切实可行的方案是在一个时间段内搜集汇总该文章或事件的发布篇次、媒体位置、媒体转发量和自媒体转发量。

除了稿件的考核外，在双微推广中，考核标准也很清晰，且考核的标准也逐层递进。初级的考核体现在选择资源中，规范资源的粉丝数量和粉丝质量；再高级些的考核则体现在资源选择中，会考虑日常平均转发量、平均评论量和日均发布数量。较严格的考核中会考虑真实粉丝互动量和粉丝转化率，该项和网络广告考核标准较相似。

资源质量的考核较稿件质量的考核可信度高，但是公关行业长久的工作习惯导致粉丝经济膨胀，僵尸粉的存在扰乱市场，影响评估的准确性，增加评估困难。而且双微资源的粉丝对该资源往常发布内容有较高对兴趣，不代表对带有广告性质内容有同样的效果。另外，高级别评估中转化率难以统计。

另外一种是转化率的考核，常常用在网络广告和电子商务中。相对于企业品牌公关活动来讲，转化率主要是对公关活动销售转换的考核，这种考核以结果为导向，多维度考核。比如，cpm 按千次展示计费，cpt 按时长计费，cpc 按每次点击计费，cpa 按每次行动成本计费，cps 按每次销售结算计费，cpl 按搜集潜在客户名单计费，cpn 按新客户增加量计费。随着网络广告形式的增加，考核的标准也越来越多，越来越细化。

在实践中，转化率的计算需要较全面的数据，电子商务最能满足对流量入口的计算。而企业品牌公关活动大部分与市场营销活动有很大区别，更多的是为了扩大企业影响力，增强网友对企业的认知度，而不单纯是指向展示增加、用户增加和销售量增加。因此在新媒体公关效果评估中，未全面应用到各个行业中。

2. 质的判断

公关性质对判断是定性分析，主要是对网友反馈、品牌态度的分析，定性分析会有很多个维度，比如：

热门新闻排行榜。由于很多新闻没有浏览量来权衡，不过一些新闻网站会有一个根据 24 小时、48 小时访问流量的新闻自动排序，另外一些百度新闻源媒体在"百度新闻"各个频道的推荐也值得关注。

网络媒体发布的位置。网络发布的位置一般会通过两方面产生，一个是以广告形式购买的文字链或者幻灯片轮播，之后用户点击是企业的新闻，或产品推荐或者品牌植入等，这种方式一般较容易达成，不过要考虑内容的符合度。另外一种方式则是策划优秀的内容被编辑推荐，这种难度较高，需要执行人员在内容选题、稿件撰写上有一定功夫。

专题的影响力。带入流量、专题文章数量、评论量、文章撰写专家数量与影响力等都会成为专题评估的指标，不过目前在网络公关上，大家习惯性地进行专题制造，在专题的用法上重点在质，不在量的多少，一个专题输出内容是不是足够有影响力，吸引过来用户的目的是什么，如果是一个企业的产品介绍页，那不如就直接做个广告链接到企业官方网站，专题更多会是深度解读，从品牌的另一面展示品牌内涵。

热门微博话题排行榜。微博已经由高潮渐渐走向低谷了，新注册人员越来越少，老用户活跃度越来越低，大家都变得懒了，只看不发。但是经过了长久时间沉淀后微博平台已经成为主要的舆论场，大家还是习惯从上面获取最新的舆论热点，在舆论热点的引导中，热门微博话题排行榜仍然占据着最重要的位置。因此能登上热门话题排行榜，并被右侧导航栏推荐的话，将带给品牌千万次的曝光量。

热门微博。热门微博如今已呈现被草根大号、段子手、明星占据的形式，但却是品牌信息软性呈现最好的方式，其中以天才小熊猫为首的一批原创草根成为公关活动传递的最好选择。这些人的加入为品牌公关活动加分甚多。

3. 量质造势

量变引发质变，量和质共同造就公关活动阵势。网络公关真正能引起多少人的关注，产生的影响力有多大，建立在对量的总结和对质的认知上，具体的考核维度如下。

分享力：目前很多新闻媒体都有增加社会化媒体分享的功能，一篇文章有多少人把它分享到了微博、SNS 中去，可以通过统计收集进行评估。在新媒体的传播中，内容仍然是激发社会化媒体自发分享的最重要因素，是否真正吸引用户并激发分享因素，是执行人员在设置议程中最为关键的一步。一般网站很难开放数据，只能通过在开放的社会化平台通过新闻标题的搜索来统计汇总,因此在活动开始时就应设置好分享功能和分享力统计功能,在后期效果评估中能轻松获取后台数据。

传播力:有些网络公关传播上会引发全行业的关注,一篇爆炸性的网络新闻发出后,引起平面、电视、广播等媒体的热烈讨论,在这时就不是"被转载数"这个指标来评估了,在成"势"之后,会有众多媒体、机构自发地将事件发酵起来,此时可以通过百度指数、Google趋势等数据进行评估,或者委托第三方调研公司,调查品牌或者产品的知名度及美誉度变化情况。这部分指标业内常用百度指数衡量传播力,一般会在推广前设定相关指标,此指标一定与传播数量、频次有关系,同时要看本品牌目前指数情况,在制定公关计划时,根据现状、计划和往常经验,设定可行性高的目标。

销售力:销售这个词是企业推广的终极目的,只是在品牌的各阶段要求会略有不同,公关活动不一定能带来直接的销售力。然而在网络公关效果成"势"方面肯定能带来销售力。从一个用户"了解、知道、兴趣、购买"的行为转化流程看,了解、知道环节都可以从网络公关上获得,用户行为的转化可以通过公关、广告、互动产生,目前通过网络广告产生是很容易评估,然而新媒体公关的流程很难这样实现,因此很难实现新媒体公关对销售力的评估。另外,如果一个项目同一阶段有很多传播手段,效果界定就显得很模糊,除非是某一产品上市,只用了单一手段传播,考量便容易得多。

(资料来源:薛艳君. 水中捞月般的公共关系评估 [J]. 国际公关 2015.)

(二)不同公共关系工作环节的评估内容

因为在公共关系评估定义中,公共关系评估涉及的工作环节主要包括公共关系策划和公共关系实施,所以此处只探讨这两个环节。

1. 公共关系策划的评估要点

公共关系策划环节评估主要要点如下:
(1)信息材料是否充分。
(2)计划目标是否科学。
(3)计划实施的总体安排、步骤是否可行。
(4)日程安排是否科学和可行。
(5)经费预算是否合理等。

2. 公共关系实施过程的评估要点

公共关系实施过程评估要点如下:
(1)各项准备工作、沟通协调工作是否充分。
(2)信息的准确度如何。
(3)信息的表现形式如何。
(4)信息的发送数量如何,质量如何。

3. 公共关系实施效果的评估要点

公共关系实施效果的评估要点如下:
(1)了解信息内容的公众数量。
(2)改变观点、态度的公众数量。
(3)发生期望行为与重复期望行为的公众数量。
(4)达到的目标与解决的问题。
(5)对社会经济与文化发展产生的影响。

知识链接

公共关系评价指标

知名度 = 知晓组织的人数/被调查者总人数 × 100%

美誉度 = 赞誉组织的人数/被调查者知晓组织的人数 × 100%

信誉度 = 信任组织的人数/被调查者知晓组织的人数 × 100%

注意度（率）= 被调查者都是看过组织信息的人数/被调查者总人数 × 100%

熟知度（率）= 被调查者中知晓信息50%以上的人数/被调查者总人数 × 100%

信息的传输率 = 新闻报道、广告等次数组织的人数/应该报道的次数 × 100%

三、公共关系评估程序

（一）评估准备阶段

1. 设定评估目标并将目标具体化

设定评估目标是为了检验公共关系效果，也是检验公共关系工作的参照物。有了参照物才能通过比较来检验公共关系计划与实施结果是否有出入。评估目标的设定需要根据公共关系的实际情况实际对待，因此不同类型的公共关系活动其设定的评估目标不同。

设定了评估目标之后，需将评估目标具体化。一般而言，评估目标具体化是指定量或者定性。如果公共关系评估目标具体为定量的话，这就需要评估人员设置出合理的量化目标；如果公共关系评估目标为定性的话，这就需要评估人员根据公共关系活动的侧重点不同对其各方面的性质做出评判。

2. 选择适度的评估标准

不同的公共关系其评估的目标不同，因此其评估标准也不尽相同。公共关系评估标准众多，如何选择适度的评估标准是评估准备工作的核心工作之一，一定要结合公共关系实际情况做到因时因地制宜。

3. 将评估过程纳入公共关系计划之中

评估不是公共关系计划的附属品或计划实施后的事后思考和补救措施，而是整个公共关系计划的重要组成部分。很多组织管理者对于公共关系评估认识不够、重视不足，最终影响到公关评估的效果以及评估成果的应用。因此，组织管理者尤其是组织最高管理者必须对公共关系评估予以足够的重视，对评估的方法、程序等方面予以充分的考虑和周密的筹划，并将评估过程纳入整个公共关系计划中。

【案例】

你能不能为我赚钱

一个独立的公共关系顾问正在寻找客户。潜在客户问道："你能为我做些什么？"公共关系顾问解释道："我能让你曝光。我能给你准备发言资料，让你上报纸。"这时，潜在客户已经变成不太可能得到的客户了。客户说："这个我自己也可以做到。我需要的是能帮我赚钱的人。"公共关系顾问说："那是营销，我做的是公共关系。"客户说："我的底线是赚钱，如果你对此没有贡献，那你等于什么都没做。我所有的支出都为我赚钱，否则我就不支出。这一点没有商量余地。"

（资料来源：刘丹. 公共关系实务 [M]. 北京：清华大学出版社，2016.）

课堂讨论 结合案例思考为什么要将评估过程纳入公共关系计划？

4. 在公共关系部门内部取得对评估的一致意见

公关部门的负责人要认识到,即使是公共关系人员本身也不能一下子就把公关活动没有实物性的结果和它可测量的效果联系起来。要给公共关系人员足够的时间认识评估的作用和现实性,并允许他们通过亲身经历体验并加深认识,从而保证评估工作在进行过程中能够被认真对待。

(二) 评估实施阶段

1. 确定收集资料最佳途径

对于公共关系的评估,其资料收集的途径和渠道非常广泛,如何快速有效地选择收集资料的最佳途径是评估实施阶段需要解决的首要问题。在搜集有关评估资料方面,没有绝对的唯一最佳途径,方法选择取决于评估的目的、提问的方式以及前面已经确定的评估标准,通常可采用问卷调查、媒体曝光率计算、产品销售率统计、客户来电等多个方面开展工作,确保得到真实有效的评估资料。

2. 根据具体目标和评估标准进行有效评估

公共关系评估的实施必须以具体评估目标和评估标准为指导,客观公正地对评估要点做出评价,切忌带着个人感情色彩去评价。

(三) 评估整理分析阶段

1. 统计汇总各项评估资料

评估工作实施到一定程度后需要对得到的评估资料进行统计汇总。在统计汇总时必须坚持实事求是、客观准确的原则,通过去粗取精、去伪存真等方式筛选出有效资料。

2. 归纳分析评估结果

这一阶段主要是参考评估标准对所搜集的各种资料或信息进行分析比较、统计对照,检查既定公共关系目标是否达到,检查预算执行情况与效果。

3. 提出问题分析原因

通过汇总分析各项评估结果,对于与评估目标不相符的方面需要提出问题,并且对这些问题进行深刻分析,寻找出问题产生的原因,对相关人员进行警示,避免今后继续出现同样的问题。

(四) 评估成果报告阶段

1. 向组织管理者报告评估结果

整理分析之后及时形成评估报告,向决策部门报告分析结果,一方面可以保证组织管理者及时掌握情况,有利于进行全面的协调;另一方面也可以说明公共关系活动在持续地保持与组织目标相一致及其在实现组织目标过程中的重要作用。因此,将评估结果向组织管理者报告,应该成为一项固定的制度。

2. 评估结果的使用

对于公关评估结果的运用,主要体现在4个方面。

(1) 用于调整公共关系工作计划,使计划更趋于科学合理。

(2) 用于对新公共关系方案策划的指导,促进新的公共关系计划能够借鉴成功经验,吸取失败的教训,避开误区。

(3) 用于组织决策的改进,对组织走向市场、为公众所认同与合作方面,有较大的决策参考价值。

(4) 用于丰富公共关系专业知识,通过具体项目效果评估所得到的资料,经过抽象化分析，可以得到对指导这一活动有普遍意义的思想、方法与原则，从而进一步丰富公共关系专业知识的内容、改进组织全面的公共关系工作。

四、公共关系评估的方法

公共关系评估的方法主要有以下五种。

1. 观察反馈法

观察反馈法是由评估人员直接参与实施过程，进行实地考察，记录各个环节实施的状况和顺序以及进展。

2. 目标管理法

目标管理法是以预先设定的目标作为评估分析的主要依据，根据实施效果和目标对照考核，进行衡量。

3. 舆论和态度调查法

舆论和态度调查法是在公共关系活动的前后分别进行一次舆论调查，检查公共关系活动对公众的态度、动机、心理、舆论等方面的影响。通过舆论与态度调查，能够检查组织知名度和美誉度的改善情况；组织形象要素的具体构成有了哪些进步；组织实际形象与期望形象之间的形象差距有多少改善。

4. 内部及外部评估法

内部及外部评估法是根据组织内部各职能部门的资料和组织外部广大公众的信息反馈来评估。可以通过从不同渠道汇报上来的各种资料，如数据、图表、报告，作为评估的重要依据。

5. 新闻报道分析法

新闻报道分析法是指根据组织在新闻媒体的见报情况来评估公共关系效果的方法。新闻舆论的敏感度很高，是反映组织形象的一面镜子。根据新闻传播的数量、传播的质量、传播的时间、传播媒介的影响力、新闻资料的使用等方法来进行评估，可获知本组织形象的状态。

上述各种评估方法都有自己的特点，不同组织可根据自身的实际情况具体选择和应用这些方法。也可以综合运用，通过几种方法相互比较、相互引证，得到一个全面的、综合性的评估结论。

 本章小结

公共关系活动的开展应遵循一定的程序有条不紊地进行，公共关系的基本程序可以分为公共关系调查、公共关系策划、公共关系实施和公共关系评估，称为公共关系的"四步工作法"。

公共关系调查是指运用科学的方法，有计划、有步骤地搜集相关信息，综合分析相关的因素及其相互关系，以考察组织的公共关系状态，了解组织面临的公共关系方面的实际问题，从而为组织的形象设计、活动的策划提供依据。公共关系调查的内容包括组织情况调查、公众意见调查和社会环境调查。公共关系调查应包括制定调查方案、搜集调查资料、整理分析资料、撰写调查报告四个步骤。

公共关系策划是公共关系人员根据组织形象的现状和目标要求，设计最佳活动方案的过程。公共关系的策划应遵循求实原则、系统原则、创新原则、弹性原则、道德原则、效益原则。公共关系策划包括六个工作步骤：确定公关目标、确定公众、设计主题、选择媒介、编制预算、审定方案。

公共关系实施是将公关策划变成实际行动的过程。公共关系实施的准备工作包括人员培训、物品材料准备、对外联络及实施试验。公共关系实施的管理包括人员管理、沟通管理、进程管理。

公共关系评估是对公关计划实施工作的总结和最终效果的评价。通过评估，可以总结经验，吸取教训，为组织今后公共关系具体目标政策和行为调整提供依据。公共关系评估的程序包括评估准备阶段、评估实施阶段、评估整理分析阶段、评估成果报告阶段。公共关系评估的方法主要有观察反馈法、目标管理法、舆论和态度调查法、内部及外部评估法以及新闻报道分析法。

【实训设计】
调查问卷设计

一、实训目的

通过设计公关调查问卷，进一步把握公关调查的内容、流程及方法。

二、实训要求

（1）调查对象是学校里面或附近的某一组织，如食堂、校园超市、附近的酒店等。

（2）根据调查对象设计一份调查问卷。

三、实训组织

（1）将全班同学分成若干小组，每组5~6个人，选出小组长。

（2）以小组为单位进行调查，设计问卷。

（3）每组展示自己的调查问卷设计情况，展示形式不限，可以WORD，可以PPT，并选派一名代表阐述设计思路。

（4）同学自评或互评，教师点评。

第六章 CIS 战略

> **学习目标**
> 通过本章学习，了解 CIS 的含义和要素；理解 CIS 地位和作用；品牌、商标、名牌的差异与功能；理解四名五度战略；初步掌握 CIS 设计和导入要点和方法；掌握 CS 战略的内在含义及 CIS 与 CS 的关系。
>
> **课前思考**
> 1. 学生课前自学 photoshop 等相关软件；
> 2. 教师带领学生给自己班级、学校设计 CIS，并尝试给一个公司设计岗位工作流程以符合 CS 战略的要求。

【引例】

在目前中国经济改革不断深入的情况下，企业也在采取必要的措施应对经济转型出现的各种问题，不断调整经营管理的模式，在注重产品质量和营销的同时，更加注重形象宣传，用情感诉求刺激消费者的感官，从而达到销售目的，在"看脸"的时代，企业也在努力改变自身形象，导入 CIS 战略。CIS 战略的理念识别、行为识别和视觉识别相互作用，一同铸就企业竞争力的这把利剑。

（案例来源：吕玥潭. 导入 CIS 战略对企业发展的重要性 [J]. 现代企业，2016.）

【思考】

1. 企业的发展需要导入 CIS 重要性在哪里？
2. 如果你是某企业的负责人，你将如何导入 CIS？

第一节 CIS 战略及其意义

CIS（Corporate Identity System）曾称为 CI 系统，即组织识别系统，源于德国，成长于美国，深化于日本，是市场经济的产物。从"欧美型 CIS"到"日本型 CIS"，再到"中国型 CIS"的理论与实践，CIS 近些年越来越受到国人的重视，已经被国际社会公认为是 20 世纪塑造企业形象、谋求企业发展的新的有力工具和经营战略。

CIS 作为一种理论，借助于理念塑造、视觉传播、行为规范，从而树立良好的企业形象。从学科特点上来看，首先 CIS 是一种管理学科，具有管理职能；其次它是一种应用学科，具有各种应用性知识和技术；最后它又是一种交叉学科，其中包含了管理学、营销学、传播学、心理学和美学方面的知识。

一、什么是 CIS 战略

CIS 是（Corporate Identity System）是一个发展的、动态的概念，不同地区、不同国家由于不同的文化背景，对 CIS 也有着不同的理解。近半个世纪以来，很多专家学者都对

CIS 做了不同的解释，诸如："企业形象识别""企业的同一化""企业综合识别系统"等等。但被更多的人认同的是另外一种说法，即"企业识别系统"。

CIS 是由美国著名的设计家雷蒙特·罗维和保罗·兰德等人早在 20 世纪 30 年代初提出的企业用语。在美国直译为"企业识别系统"，在英国被称之为"组织身份计划"，日本人对 CIS 有所发展之后，称之为"企业形象战略"。总之，它是组织将其理念、行为、视觉形象及一切可感受的形象实行规范化、统一化、标准化的科学管理体系，以取得更大的经济效益和社会效益。它是公众辨别与评价企业的依据，是企业在经营与竞争中赢得公众认同的有效手段。组织适时、恰当地导入企业识别系统，有助于组织形象的树立和维护。而在组织形象传播方面，企业识别系统以其感性的、直观的外在特征成为现代社会企业发展的重要而有效的渠道。

"组织"是一个广泛的概念，企业、军队、社团、医院、学校、行政机关、政府部门等，都是社会组织。将 CIS 解释为"组织身份计划"，似乎比"企业识别系统"更有广泛意义。由于 CIS 这种建立识别系统（Identity System）的形象塑造方法，在企业界被普遍采用，因而企业识别、企业形象、企业文化、品牌形象等，也就几乎成了 CIS 的特定内涵。事实上，CIS 并非企业的专利，城市、旅游景点、学校、医院、媒体、社团、行政部门等部门和区域等非企业组织都可以建设和使用 CIS，并且完全可以取得良好的效果。CIS 的核心是识别（Identity）。企业识别、组织识别、军队识别、城市识别、区域识别、国家识别、政党识别，整个社会都需要"识别"。CIS 是各种各样的社会组织共同用以建立组织形象的工具。CIS 就是通过统一的设计和传达识别系统，让社会公众和内部成员更好地认知其组织理念、价值观，进而建立优良的个性化组织形象的一种有效的方法。

二、CIS 的产生和发展历史

1907 年，德国 AEC 公司采用导培特·贝汉斯（Peper Berhens）设计的 AEC 三个字母的形象图案作为企业的标志，并将这一标志应用于企业产品的包装、宣传上，从而形成了企业整体的形象识别标志。

1933 年至 1940 年间，英国"工业设计协会"会长兼伦敦交通营业集团总裁 Frank Pick 负责伦敦地铁的设计任务。他聘请了艺术大师 Edward Johnston 负责活字印刷体的改良设计，将各类交通指示牌的字体、造型趋向统一化，使整体规划变得丰富、完整，并且赋予了时代气息，具备了建筑景观与运输机能统一的设计形态，收到了审美与易读的双重效果，这一举动在英国各界产生了巨大的轰动，伦敦地铁的设计也成为现代工业设计的经典之作。

真正有意识地把 CIS 当作企业识别策略的是美国。1956 年，拥有 40 年经营历史的美国商用机器公司（International Business Machines）采纳了首席设计师伊·诺伊斯（E. Noyes）的建议，成功地导入 CIS 系统战略，从此在计算机行业占据了霸主地位。首席设计师伊·诺伊斯将设计师波尔·兰德介绍给商用机器公司总裁，从此开始了 CI 的最初设计开发作业。首先把公司的全称缩写为 IBM，并设计成八条纹的富有个性花的标准字体，同时选用象征高科技的蓝色作为公司的标准色（见图 6-1）。

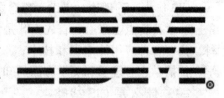

图 6-1 IBM 的八条纹蓝色标准字

通过整体设计，既产生了美感效应，又塑造出了一个全新的、富有开拓创新精神的 IBM 企业形象，成为美国公众信任的"蓝色巨人"。

至今，IBM 公司给人的形象仍然是组织健全、充满自信、永远走在电脑科技技术前列的国际公司，成为"前卫、科技、智慧"的代名词。IBM 的八条纹蓝色标准字，是 CIS 正式诞生的重要标志。

课堂讨论 你认为企业的发展需不需要CIS，谈谈你的看法。

三、CIS 的基本特征

对于公共关系学科来讲，了解 CIS 很重要，了解 CIS 的特征同样有着重要的意义。CIS 的基本特征可以从以下几点去认识。

1. 系统化

CIS 是塑造企业形象的工程，它主要由五个子系统组成，分别是，理念识别系统（Mind Identity system，MIS）、行为识别系统（Behavior Identity system，BIS）、视觉识别系统（Visual Identity system，VIS）、听觉识别系统（Audio Identity system，AIS）和环境识别系统（Environment Identity system，EIS），如图 6-2 所示。

图 6-2 CIS 五要素的形态关系

2. 个性化

在企业竞争日益激烈的今天，塑造企业品牌形象的个性化已经变得尤为突出，尤其在企业行为、企业标识等方面，如能独树一帜，创造出与众不同的形象，才能形成竞争优势。这就是所谓的个性化策划理念——"既要与众不同，更要大众认同"。个性化特征是 CIS 的最本质的特征。企业导入 CIS 系统的根本目的就是要全方位地塑造个性鲜明的企业形象。因此，CIS 也可以说成是一种个性化战略。一个企业在实施个性化战略时，不管是企业风格、经营理念，还是企业名称、企业品牌等等，都必须有自己的特色，只有体现出独创的、鲜明的个性特质，才能够产生区别度，由此才能具有强烈的企业识别色彩。

3. 战略化

CIS 是增强企业竞争力的一种现代经营战略，必然具有战略化的特征。企业导入 CIS 系统，进行企业形象的策划与重塑，实际上就是战略化特征的体现。各企业要结合自己的发展目标，从战略的高度来把握，把导入 CIS 系统当作企业的长远战略来实施，从而体现出超前的创新意识。

4. 竞争性

企业在成功导入 CIS 系统战略以后，可以重塑企业形象、增强企业竞争力、使企业在激烈的市场竞争中立于不败之地。所以，CIS 战略具有竞争性的特点。这种竞争性体现在以下两个方面。

（1）CIS 战略可以帮助企业重构企业文化。企业文化是企业在经营管理过程中逐渐形成的经营理念、群体意识和行为规范的总和，而 CIS 战略系统中的理念识别系统和行为识别系统的策划与设计正是企业文化建设的核心所在。独特的企业文化，可以塑造鲜明的企业形象，同时可以增强企业的向心力和凝聚力，从而增强企业的市场竞争力。

（2）CIS 战略能够提高产品的附加值。随着社会的发展，市场竞争日益激烈，消费观念发生着巨大的变化，传统的降价、让利等促销手段已经无法适应新的消费理念，所以，企业的竞争由产品的竞争转为产品外在的以文化为主旋律的非质量、非技术的竞争。而

CIS战略的导入在很大程度上增强了产品的文化附加值，进而增强了企业的竞争能力。

四、CIS的主要功能

新世纪是市场竞争日益激烈的时代。企业与企业之间的竞争已经不单纯是产品质量与销售服务的竞争，而正逐步转变为企业的形象竞争。如何在市场竞争中提高市场竞争能力，增强形象的传播力和营销的运作力，便成为一个至关重要的问题，而要解决这个问题，就必须依赖于企业的CIS操作。如果没有CIS为企业统一形象，企业将很难在国际竞争中求得发展。

由于美国IBM公司成功导入CIS战略，给美国商界带来巨大冲击，所以各大企业纷纷效仿。克莱斯勒公司因成功导入CIS，在20世纪60年代的市场竞争中提高了18%的市场占有率；法国的"人头马""皮尔·卡丹"；德国的"奔驰""宝马"等企业也都通过CIS的设计与运用，使企业长盛不衰。可口可乐，麦当劳，3M，东方航空等企业也纷纷导入CIS，到20世纪70年代，欧美的许多大公司先后完成了CIS的改造。

根据国际设计师的统计数据，企业形象方面每投入1美元，就会有227美元的产出。为什么CIS战略会产生如此大的影响呢？因为，企业导入CIS战略，可以把整个企业当作行销对象，使企业组织在价值观念、企业精神、行为准则和企业产品等方面发生积极的变化，从而整合企业的各方面资源，形成统一的形象概念，通过视觉符号多层次、多视角地表现出来，产生全方位的功效。概括地说，CIS的功能很多，作用很广。

1. 识别功能

这是CIS系统的最基本的功能。通过识别功能，可以将企业及其产品与竞争对手区别开来，从而加大企业形象的宣传力度，使企业在市场竞争中脱颖而出，使产品品牌得到大众的认同。

CIS系统的识别功能主要通过语言识别、图像识别和色彩识别三个要素表现出来。

（1）语言识别，是指用表达企业形象、企业经营理念，具有企业特性的精神口号、企业产品广告语、企业制度宣传语等达到识别的目的。其中，最富魅力、最具鼓动意义的是企业精神口号语，国外称之"关键语"（Keyword），即用简练的语言来表达企业形象，测定某种象征行为，代表企业的思想、精神。例如"IBM就是服务"，海尔的"真诚到永远"，长虹的"以民族昌盛，振兴民族经济为己任"，红塔集团的"天下有玉烟，天外还有天"等等。

如果关键语选择不当，往往会迷失CIS的本质。所以，关键语的确定，必须要精心设计，将企业所有的周边因素，经过情报价值性的整理分析，并从企业的自身实际出发，构筑一句企业所有人员都能认同的"关键语"。这种关键语的设计一般要考虑两点：一是个性色彩浓，二是蕴涵意义深。如"万家乐，乐万家"，这是一句巧用品牌的关键语，它融品牌名称与企业理念为一体，并充分展示了产品形象。

1995年，菲利浦公司（公司图像见图6-3）在中国市场使用了"让我们做得更好"的口号，并在公司举办的各种公关活动、营销活动和广告活动中广泛使用，它简短明了，概括了公司个性，体现出公司自强不息、奋发向上的企业精神，起到了很好的识别效果。

可口可乐公司从1886年至1993年，变换了32次主题，使用了94条口号，只为让全世界不同国家、不同种族、不同文化的消费者都能识别并认同其产品——可口可乐。

● 1886年——请喝可口可乐。

- 1904年——美味又清新。
- 1932年——阳光下的冰凉。
- 1982年——这就是可口可乐。
- 1993年——永远的可口可乐。

在日本，可口可乐公司的宣传口号是"我感受可口可乐"，在智利的宣传口号是"生活的感受"，而在意大利的宣传口号是"独一无二的感受"。

图6-3 菲利浦公司图像

（2）图像识别，是指用象征本企业特征的标志、吉祥物、产品商标图形等图案达到识别的目的。

图像识别由视觉符号表现出来，更富于直观性，所以成为塑造企业形象、建立企业知名度的直接而有效的途径（见图6-3为菲利浦公司商标）。随着世界经济发展，国际间的交流日益频繁，在各国之间语言文字存在障碍的情况下，企业标志可以被视为世界通用语言，消除障碍，促进沟通。优秀的企业标志大都造型简单、寓意清晰、色彩鲜明。例如：麦当劳大写的红底黄色"M"字型的标志，因其强烈的视觉效果而产生良好的识别功能。

广东太阳神集团是中国最早引进CIS的企业，"太阳神"指中国炎黄二帝，象征健康、生命、热情、向上的崇高理想。"太阳神"标志（见图6-4）由圆形和三角形构成，红色的圆形象征太阳，代表着健康向上的产品功能与企业的经营理念。三角形是Apollo的开头大写字母，象征人的造型，体现出企业向上的意识和"以人为中心"的经营理念。当以红色圆形与黑色三角形为基本定位的崭新形象出现在广州街头时，产生了巨大的视觉冲击力。

图6-4 广东太阳神集团标志

（3）色彩识别，是指企业利用人们的色彩审美心理引起的愉悦、联想等感受，设计出符合企业个性、企业理念的企业标准色，达到区别性的识别目的。人们都有这种审美心理，看到漂亮的色彩容易引起怡悦的心理，并能很快记住它，这说明色彩具有非常强的识别性，这是因为：色彩能造成差别，色彩能引发联想，色彩能渲染环境。

心理学家的研究表明，同样大小的画面，彩色比黑白更具有吸引力。而且人们对图形的识别和记忆，首先是颜色，其次才是形状和线条。所以也有人称色彩是企业的第二商标。在我国企业导入CIS典型个案中，可以看到标准色彩显示产品与企业个性的范例：海尔集团用"海尔蓝"作为标准色，体现空调、冰箱、冷柜等家电产品的功能特征和产品形象；同样，美的集团用蓝色调表现美的空调、风扇等家电产品形象和企业形象，给人以美感；而生产口服液的"太阳神"，则是用红、黑、白三种强烈对比的色彩，形成反差，表现热情欢乐、健康向上的企业精神、产品形象和经营理念；可口可乐公司的红色，洋溢着青春、健康、欢乐的气氛，人们看到红色加上白色飘带的字母，就会联想到可口可乐（见图6-5）；而柯达公司的黄色，充分表现色彩饱满、璀璨辉煌的产品特质。

2. 管理功能

（1）现代企业在导入CIS系统时，都要制定《CIS手册》，从思想、行为等方面对企业进行全方位的规范化、标准化和统一化的管理，形成适合企业发展的精神理念，良好的工作作风，井然的工作秩序，统一的企业形象。同时，对职工的工作态度、行为理念和生活方式等加以规范，使组织成员自觉地遵守企业准则，从而产生出企业的整体效应，以保证企业识别系统的统一性和权威性。《CIS手册》就是一部企业管理法规。

图6-5 可口可乐的设计

以麦当劳公司为例，截至1999年8月，麦当劳已经在全球开办了25000家连锁店，如此庞大的规模，管理的复杂性难以想象。但由于麦当劳导入CIS，管理的各个方面都按照规则进行。无论顾客走进哪一家麦当劳分店，都能得到份额相同、风味相同的食品，看到一样风格的餐厅装饰，享受到一样的服务。原来，麦当劳公司有一本厚达385页的程序手册，手册包括《营业训练手册》《岗位检查表》《质量指导手册》《管理发展培训》几个部分。手册中，小到洗手、刮胡子、修指甲，大到经营管理、岗位培训、奖励、晋升，都规定得十分具体详细。正是靠着这种严密、系统的规范性要求，麦当劳公司的经营理念才在全球的连锁企业中得到贯彻落实，麦当劳公司才能成为世界快餐业的霸主。

（2）企业通过CIS的操作，可以得到全方位的测评及一个富有竞争力的定位。再以新的定位为基础，以形象的整顿为核心，对内改革经营体制，改善经营方式，强化企业向心力和经营效力，对外加强沟通。通过CIS对企业的全面管理，使企业在激烈的市场竞争中提高了竞争能力，并能够获取消费群体的信赖，而这种信赖正是企业成长的根本。

3. 传播功能

企业形象作为社会公众对企业活动的印象和整体评价，离不开企业信息的传播。因为CIS战略设计具有准确、有效、经济、便捷地传送信息的功能，可以使社会公众通过视觉识别系统和行为识别系统从整体上认知企业信息。其传播功能体现以下方面。

（1）CIS战略传播的信息具有有效性。在CIS系统构成的子系统中，视觉识别系统是人们获取信息的最直接、最有效的传播途径。视觉识别设计的整齐划一，可以强化传递信息的频率和强度，形成差别化和强烈的冲击力，容易在公众心目中形成深刻的印象。同时，通过视觉途径获取的信息在人们的记忆中具有较高的保存价值，因此，对企业理念、企业行为系统的视觉化，是提高企业知名度、忠诚度的最有效的方法。

（2）CIS传播的信息具有丰富的内涵。公众能否对企业形象认可，进而对企业的核心理念认可，最终取决于企业在信息传递中融入的企业内涵。CIS战略传播的信息，不单纯是通过独特的、具有强烈感染力的视觉符号刺激公众获取的感官信息，还包括企业的具体可视的外观形象与内在的抽象理念的融合为一的整体信息，在这一整体信息中还包容了企业附加的文化价值、浓郁的情感内涵。通过CIS战略的传播功能，将企业形象与企业理念输入到公众的价值体系之中，获得公众对企业的赞同与认可。

（3）CIS战略的传播更经济、便捷。这是源于CIS的统一性。一方面可以节省设计的时间和成本，避免重复操作和不必要的浪费；另一方面可以使设计规范化、程序化、简单化，并保证设计的高水平；也可以节省广告经费，在投资相同的情况下实现最佳的传播效果，提高了企业的传播效率。

4. 激励功能

传统管理的激励方式主要是靠物质奖励；但是导入CIS战略以后，企业可以利用培植的企业精神，利用尊重人、关心人、重视人的文化气氛，使企业员工形成统一的意识，并产生归属感和自豪感,进而激发每一个员工的潜能,使每个人的潜能都能得到最大限度的释放,并使这种激励作用能够持久地发挥,从而提高企业的经济效益,加强企业自身的竞争意识和竞争能力。

5. 感召功能

成功的 CIS 战略,能够通过各种宣传媒介,有效地将企业的各种经营信息传达给社会公众,形成辐射,引起大众关注,从而使公众对企业或产品产生认同感和信赖感,承认企业的存在价值,并改善企业生存的外部环境,使企业具有一种和谐的社会环境,促进企业走向市场、占领市场和开拓新的市场。

(1) CIS 战略有助于企业吸收优秀人才。企业导入 CIS 战略,塑造良好的企业形象,可以吸引高素质人才的加入,并促使企业在良性循环中发展前进。

(2) CIS 战略可以扩展企业的供销渠道。CIS 战略塑造的企业形象,可以赢得供应商、推销商和代理商的信任,使企业建立起长期稳定的供销网络和供销关系。

(3) CIS 战略可以增强投资者信心,缓解危机,同时赢得消费者的认同。企业形象好、信用高,能够赢得投资机构和金融机构的青睐,促进企业的扩大再生产,进而获取更大的规模效益。

第二节 CIS 战略的构成与设计

一、CIS 战略的基本构成

企业导入 CIS 的目的也是为了加强竞争力,保持已有的市场地位,并进一步发展壮大,进而与世界接轨。如何引入与建设 CIS 战略,首先就要了解 CIS,下面的内容就是 CIS 战略的基本构成。

1. 理念识别系统

理念识别系统(Mind Identity System,MIS)亦称理念统一化,有人将其形象地表述为"企业的心、企业的灵魂"。所谓组织理念是由企业家积极倡导,全体员工通过自觉实践而形成的坚定企业信念,激发企业活力,推动企业生产经营的团体精神和行为规范;是组织发展的原动力,是组织整体的价值观和运行指导思想,是组织精神与文化的核心。理念系统包含两个层次的内容:一是企业制度和组织结构层,包括各种管理制度、规章制度、生产经营过程中的交往方式、生产方式、生活方式和行为准则;二是企业精神文化层,包括企业及员工的概念、心理和意识形态等。设计理念的目的就是告诉员工和社会:我们是谁,我们为什么而生存,我们要做什么,我们将怎么做。理念识别,是指资讯时代,企业为增强竞争力,提升企业形象而构建,经广泛传播得到社会普遍认同,体现企业自身个性特征,反映企业经营观念的价值观体系。理念识别系统通常由组织的主题理念、价值观、使命、组织精神、准则等组成。一个企业就是一个系统,无论大小,从几十人到几十万人,企业理念都是企业的"心"。企业理念一般是由企业的所有者与管理层共同制定的。有的则是企业创始人一开始就倡导的某种原则。如:麦当劳公司的 Q,S,C,V。从字面意义上理解,Q 就是质量(Quality),S 就是服务(Service),C 就是清洁(Clean),V 就是价值(Value),富有快餐服务业的特色。企业理念的内容经常被简化浓缩成一句话或几个字段的组合。这里需要指出的是,企业理念的内涵很深刻,很丰富,不能让企业理念表面化、口号化、标语化。理念识别系统应该由企业的所有者和管理者制定,因为一个企的灵魂不是外人给予的,而是自己创造的。

(1) 理念识别的基本途径。

1) 企业价值。企业价值是企业理念识别中最根本的内容。只有明确了企业存在的价值,对社会的价值,企业上下才能团结一致,形成合力,达到确定的目标。员工获得归属感与社会的认可,管理层获得相应的尊重与一定程度的自我实现。只有明白了自己存在的价值,才能持续的激发企业全体员工的创造热情和工作热情,使企业充满活力,使企业不断地发展壮大,进而赢得社会公众的认可、信赖与支持。

2) 经营哲学。经营哲学是指依据什么样的观念和方法来制定企业的基本经营策略。经营哲学解决的是在企业内部的人际关系和企业外部的公共关系中所奉行的价值标准与行为准则,是企业文化和精神的灵魂,具有经营性和实用性的特点。一个组织,如果没有了原则,就不成其为组织,就会趋于瓦解。而经营哲学正是对企业进行总体规划,统一管理的综合方法,是企业一切行为的逻辑起点。

3) 行为准则。行为准则实际上是在经营哲学指导下的,与企业内部员工、企业经营活动相关的一系列行为规则、标准;同时也体现企业员工对外关系的基本要求,是经营哲学的具体化、规范化、标准化,解决了"做什么"的问题。一般来说在企业内部有两种行为关系,一种是人与人的人际关系,另外一种是人与设备、原材料以及工作环境的关系。前一种包括服务公约、劳动纪律、岗位职责、考勤与奖惩制度等。后一种主要包括:工艺规程、技术标准、质量手册、内部标准等。实际上行为准则与行为识别有着密切的联系。

4) 活动领域。活动领域是指企业在何种技术领域或商品领域中开展活动,也就是企业与行业的类别和市场定位。前面所述的企业价值、经营哲学等属于企业理念识别的上层建筑,需要一定的企业活动领域做支撑。不管企业是在一个领域还是多个领域内进行经营活动,都必须以企业价值、经营哲学等作为指导,才能真正地体现理念识别的作用与意义,才能达到理念识别的目的。

理念识别不单纯是企业管理层的一厢情愿,更是企业全体员工的共识,这需要一个过程,不管多么困难,都必须这么做。只有这样,才能让不同的人在遇到同样的问题时,做出同样的反应,产生同样的行为,才能真正地体现企业的理念识别,获得社会的认同,进而真正地达到企业的形象识别。

(2) 企业理念的类型与发展。面对不同层次的CIS,不同的专家为企业设计理念系统时往往采取不同的思路,其发展大致经历了四代。

1) 将企业精神凝聚成一句口号,以此代表企业的理念体系。如将毛主席的题词"团结、紧张、严肃、活泼"变为"团结、拼搏、开拓、进取"。

2) 在第一代理念的基础上,将一些成熟的口号加上组织的品牌,增加一些个性,如,"海尔真诚到永远""古有丝绸通西域,今有元隆连五洲""昔日帝王宫,今日贵宾楼"等。

3) 将理念分解为角度不同的一组口号或散文式、白描式的表述,其内容完全根据需要而定。如四通集团的理念"高境界、高效率、高效益",人才观"吸引第一流人才,凝聚第一流人才,让第一流人才有超常发挥"。

4) 第四代理念针对企业特点系统设计,设计为主题理念、精神、价值观、经营哲学、准则等。如长安汽车公司的理念系统如下。

主题理念口号：点燃强国动力，承载富民希望。

哲学：岗位上永远有创造的余地，长安人永远有更高的追求。

人才观：人才就在你我中，天才就在员工中。

准则：思维运行在行动前，创造激发在收获前，整体考虑在个体前，措施完善在危机前，教育投入在管理前，奉献体现在分配前。

2. 行为识别系统

行为识别系统（Behavior Identity System，BIS）亦称行为统一化，人称"企业的手"，是指组织在实际经营过程中，对所有组织行为、员工行为、员工行为实行统一化、标准化的统一管理，以便形成统一的企业形象，便于统一的经营管理。

行为识别的对内功能主要是协调不同岗位之间的合作关系，形成凝聚力，激发创造力。对外功能主要是树立企业形象，获得社会的认可，这一点比理念识别更具体、更细致、更平易近人。制造行业企业的交往主要是与代理商进行，一方面要制造出让顾客满意的商品，另一方面要争取更多的代理商销售自己的商品，因此在制造行业，行为识别的对内功能和对外功能是并重的。而服务行业企业则不同，企业直接面对消费者，因而更注重行为识别的对外功能，并体现自己的特色。例如我国的所谓"窗口行业"，必须注重礼仪、仪表、态度、语言等外在的而感性的东西。企业形象的树立，在促销和售后服务中体现的就更为明显，这方面，服务行业企业尤其要注意。

行为识别系统是理念识别系统的具体化，这就要求有一系列的条款或规章制度作保障。规章制度可以制定得比较详尽、细致，这样便于操作。但必须有一个"度"的限制，要掌握好"度"，否则过犹不及。现代企业比以往任何时候都重视人的因素，充分尊重每一位员工，相信他们的创造力和自我约束能力，就不能将各种规章制度制定的过于繁琐、冗长，束缚人的手脚，要简练精当，以激励创新为主，因此，企业规章制度的制定，既要体现企业的理念精神，又要具有内部激活机制和创新奖励机制来保证行为识别的特有价值。

3. 视觉识别系统

视觉识别系统（Visual Identity System，VIS）亦称视觉统一化，人称"企业的脸"，是企业的门面，在CIS的整体设计中，理念识别是灵魂，而视觉识别是关键。在人与外部环境的信息交换中，83%以上的信息来自于视觉，因而视觉识别显得尤为重要。从认识论的角度来说，人的认识首先起源于感觉，而后才是知觉，判断，推理等，既然视觉识别是理念识别的外在表达形式，那么理念的传播、识别也必须依赖于视觉识别。瞬间造成的视觉冲击，给人留下深刻的印象，嵌入脑海之中，主要依靠图形和色彩，如果依靠文字和语言则需要长篇大论，容易引起疲劳，而图形和色彩正是视觉识别的主要内容。

视觉识别系统是将企业理念和企业价值观，通过静态的、具体化的视觉传播形式，有计划、有目的地传达给社会，以期树立企业统一的形象识别。这里的视觉传播形式主要是平面设计与文案。视觉识别主要由基本要素与应用要素两大部分组成，是企业理念最直接、最感性的形式化表达。因此视觉识别是CIS中起源最早、发展最成熟的系统。在我国，视觉识别系统也是应用最广泛，最受重视的CIS组成部分。

视觉识别系统中的基本设计要素主要包括：企业名称的确定，企业品牌标志的设计

(含高标)、企业品牌标准字、企业标准色的设计、标准标志的组合、企业专用印刷书体、企业象征造形和图案、企业版面编排模式，其他如吉祥物、宣传标语口号等。

视觉识别系统中的应用设计要素主要包括：企业证件类、办公用品类、经营用品类、广告传播类、服饰用品类、环境标识系统、对外票据类、符号类、交通工具类、商品及包装类、其他出版物、印刷品类等。

4. 听觉识别系统

听觉识别系统（Audio Identity system，AIS），也称听觉形象统一化，由1993年海峡两岸第一次CIS研讨班提出。

（1）理由。

1）理论理由：听觉占人类获取信息的11%。

2）功能理由：音乐是教化人类最有力的工。

3）实践理由：人们历来重视听觉鼓舞人的作用。

4）传播理由：音乐的效果是无法预料的。

（2）听觉系统的内容。

1）歌曲，包括企业歌曲、公司歌曲、军歌、校歌，以及活动歌曲，包括奥运会歌曲、亚运会歌曲、世界杯足球赛歌曲，都是与会徽、会期配套使用的。

2）广告音乐，包括广告歌曲和广告乐曲。

3）企业注册的特殊声音。如：本田公司将自己生产的摩托车发动机发出的声音制成特殊音响，凭这一音响就可识别这一企业。

4）特殊的发言人的声音，这往往与固定的形象代表统一起来。如：小鸭圣吉奥请唐老鸭的配音演员李扬为其广告配音。

5. 环境识别系统

环境识别系统（Environment Identity system，EIS）也称环境统一化。环境识别是企业的"家"，是要对人所感受到的组织的环境系统实行规范化管理。公众不仅购买了消费品，而且在购买服务和消费环境。环境系统竞争不仅反映在商业企业之中，而且反映在工业企业、教育系统之中，花园式企业、花园式校园就是有力的证明。

（1）环境识别系统的内容。

1）组织内部：①门面，是否标明单位名称，展示标志。②通道，是否美观、实用，通道内是否布置文化宣传设施（壁报、宣传栏）。③楼道、室内的指示系统管理。④厕所，在涉外活动中，厕所是最能反映文明程度的地方。⑤配套家具、设施的风格、质量、价格。⑥智能化通信设施。⑦空气清新度。⑧安全设施。

2）组织外部：①环境艺术设计。②生态植物、绿地。③雕塑、标志象征、吉祥物如2008年北京奥运会吉祥物福娃——"贝贝""晶晶""欢欢""迎迎"和"妮妮"，当把五个娃娃的名字连在一起读，表示北京对世界的盛情邀请"北京欢迎您"。④建筑物外饰、广告、路牌、灯箱。⑤组织环境风格与社区风格的融合程度。

二、CIS战略设计

（一）理念识别设计

1. 仪式提升法

通过每天固定的仪式不断提升理念精神，如沃尔玛、松下公司每天集体背诵理念，有些企业则通过每天的升旗、全体职工做广播操的形式加强员工对公司理念的理解和记忆。

2. 环境熏陶法

通过视觉提示，让员工不断吸收理念和记忆理念，如"上海工业缝纫机厂的签名强"，有的在公司内部树立理念提示牌、在交通工具、信笺、网站、办公用具、建筑物上标有公司理念，也可建立集团的标志性建筑等。

3. 典型人物法

通过对公司的优秀分子、典型人物进行企业内外的理念教育，如大庆的铁人王进喜、北京百货大楼的全国劳模张秉贵。

4. 考核检验法

通过反复的考核和灌输，要求公司每位员工把理念落实到工作的行动中。

5. 制造媒体法

介绍理念，例如撰写《××集团理念》一书或《××集团员工手册》，或者利用《××报》和企业的闭路电视等系统挖掘和专题阐述组织理念内涵。

6. 专题活动法

组织可以充分利用党、工、青等系统，围绕理念开展不同专题的演讲和征文活动，还可以采取送出去、请进来的方法，请全国的专家学者作有关的专题报告等一系列活动。

（二）行为识别

行为识别具有传播的功能，根据传播的性质和途径，可以把行为识别分为两部分，即对内行为识别和对外行为识别。对内行为识别是对外行为识别的基础，对外行为识别是对内行为识别的延伸与扩展。进行具体的行为识别策划时可参照下面的内容：

1. 企业内部的行为识别因素

（1）企业的基本规章制度。

（2）企业内部人际关系，事务处理协调的行为规范。

（3）员工的各种培训、晋级、奖励等。

（4）内部工作环境的基本要求和规范。

（5）员工的福利、保险、工伤处理等。

（6）企业内部的技术保密，商业秘密的管理等。

（7）新产品开发及企业发展战略等。

2. 企业外部的行为识别因素

（1）企业经营的战略、方针、政策等。

（2）企业员工的对外行为表现，如接人待物、促销、售后服务等。

（3）企业对外的公共关系准则，如何处理与所在社区、相关企业、政府部门，社会团体的态度与行为。

（4）处理与代理商、银行、证券公司、大股东等紧密层的关系。

（5）对社会公益事业、各种文化活动的态度与行为等。

行为识别具有传播企业理念的作用，使企业在受众中产生识别。为了保证识别的延续，行为与理念就必须保持一致。行为识别的意义就在于建设行为识别的一致性和差异性。

(三) 视觉识别

1. 企业的标志及特点

企业标志是视觉设计的核心,是创造企业印象最重要的手段,而企业标志代表了公司的形象。有人说,创造企业印象的关键在于确定企业标志,用象征标志表示企业的特殊个性和卓越信誉,表达其市场的销售地位。好的企业标志能建立顾客对公司的忠诚度、树立企业形象,并展现出知名企业的专业感。

其特点如下:

(1) 设计独特。与其他企业、机构的标志有明显的区别,确实能代表企业的身份。

(2) 容易识别。标志应力求简洁、单纯、含义明确。应能使公众一眼能看出来,并且能理解其中所凝聚的含义。

(3) 适合性。比标志设计应能用于小至名片,大至楼房、绿地等的各类媒介上,因此标志不宜过于细腻、复杂。

(4) 美观大方。标志在设计形式上应给人以美感、简洁、明快、新颖、别致、独具特色,让人觉得好看、有韵味、有较强的视觉感染力。

图6-6

2. 企业标志的设计方法

企业标志以图形符号来表达信息。

(1) 连字类。由字母按次序连接成词语,意思明确,不会有歧义。如中央电视台的"CCTV"(见图6-6)、可口可乐公司的"Coca Cola"等标志

图6-7

(2) 组字类。组字类由字母(或其他类型文字)组合来代表词语。通常只用一两个字,常是企业名字开头,构成的标志带图案性。这类标志简洁,表现力强。如图6-7所示的浙江玉力电器集团标志。

图6-8

(3) 字形类。由字母与图形相结合,构成浑然一体的完整图形。这类标志表现力强,兼具组字类与组形类图形的优点。所表达的标志内涵比较完整,印象和识别性较前几种强;但设计难度较大。设计较好的如永久自行车;古井集团(见图6-8);八方电器;今日集团。

图6-9

(4) 抽象类。以抽象的符号、图形来表达标志内涵,其来源是象形图案的抽象引申。这类标志图案化强,构图优美,但难为人理解,而一旦理解,颇有回味雅趣(见图6-9)。

图6-10

(5) 象形类。这类标志是事物的图案化,以其特征形象来表达标志的含义,如用动物图案表示动物园,如图6-10所示。其标志形象生动,含义清楚。

图6-11

(6) 图画类。这类标志直接刻画实物,有时用完整的美术作品作标志。图画常用卡通画、漫画、版画、照片、剪影等。其优点是生动形象,尤其对儿童吸引力大。其缺点是画面复杂,媒介适应性差。常见的有肯德基(见图6-11)、麦当劳等标志。

(7) 综合类。综合两种或两种以上标志创新思路,创作出富有个性的、雷同率较低的标志图案。如中国长安汽车标志、浙江雅

戈尔集团公司标志等。

课堂讨论

企业标志你最认可的是哪一家，说说你的理由。

公共关系中的 CIS 设计制作需要熟悉哪些软件，你打算如何学习这些软件？

3. 标志释义

(1) "宝马"品牌释义。德国宝马汽车公司生产的宝马轿车，被誉为高级豪华轿车的典范。它风靡欧美，世界各地的车迷们对它情有独钟。

宝马，即 BMW，是德文巴伐利亚汽车工厂的缩写，它原是一家专门生产发动机的公司，同时以制造高级摩托车出名，和日本的大发公司有相同之处。BMW 今天已成为全球高级轿车领域王牌公司之一，德国双 B（Benz 和 BMW）之名威震四海，"坐奔驰，开宝马"这句话家喻户晓。

图 6-12

宝马轿车的标志（见图 6-12）选用了内外双圆圈，在双圆圈环的上方标有"BMW"字样，这是公司全称 3 个词的首位字母缩写。内圆的圆形蓝白间隔图案，表示蓝天、白云和运转不停的螺旋桨，创意新颖，既体现了该公司悠久的历史，显示公司过去在航空发动机技术方面的领先地位，又象征着公司在广阔的时空旅程中，以最创新的科技、最先进的观念，满足消费者最大的愿望，反映了宝马公司蓬勃向上的气势与日新月异的面貌。

(2) "吉利"新车标。2007 年 1 月 9 日吉利汽车启动了 360 万元全球征集新车标活动，共收到有效稿件 12205 份，来自全球 100 多个国家。同年 11 月 6 日，新车标在北京吉利大学揭晓。两名金奖候选人通过现场陈述 PK，由专家和该汽车集团用户等组成的 66 名评审团现场评审。最终来自安徽大学艺术学院的大三学生岳贤德设计的车标胜出，成为该品牌车型将正式采用的车标。在获得金奖（大师奖）的同时，他还获得了 200 万元奖金。

车标由一个简化的吉利神鸟（朱雀）图案和一个椭圆形组成，中间的朱雀尾则类似吉利的第一个字母 G，如图 6-13 所示。

图 6-13

朱雀，亦称"朱鸟"，形体似凤凰，古代神话中的南方之神。因其形似鸟状，位在南方，火属性。吉利神鸟以傲起之势雄视全世界，预示吉利汽车的美好愿景。

椭圆形在动态中是最稳定的，标志以椭圆形为基本构架，预示并祝愿企业事业稳如磐石，在风雨中屹立不倒。

椭圆也是对宇宙星云的抽象概括，但神鸟的形不局限于其中，体现企业的发展战略，和企业人的勇于开拓、敢于进取的精神。

椭圆形状呈犄角之势，意喻吉利开拓、忠诚和使命感。多重的曲线设计，像是一叠叠巨浪，一浪高过一浪，象征企业事业如长江后浪推前浪，蒸蒸日上，蓬勃发展。

几种寓意浑然一体，相得益彰，表达和谐、奋斗、自主之精髓，传递美好灿烂之愿景，代表企业有信心、有能力通过自己的努力拼搏和市场竞争的洗礼，一定会屹立在世界的东方，笑傲五洲。

标志以不锈钢材料制成,很具现代感,视觉上给人感觉圆润、丰厚、饱满、和谐稳定,有种稳定大方、气度非凡的感觉,给人以安全感和温馨感,同时也体现吉利汽车的品质、技术与工艺水平。

第三节 CS 战略

一、CS 战略的概念

20世纪80年代,特别是90年代以后,随着经济的发展和人们对市场认识的深化,CIS战略的局限性也逐渐暴露出来。人们逐渐认识到 CIS 战略是商品推销时代的产物,即企业按照自我理解和自我设计向市场和顾客宣传自己。CIS 战略的思想方法和实际操作的立足点是"以产品为中心",从"本企业"的角度来要求公众去认识企业。然而,市场营销时代的全面来临,要求企业自觉适应市场,服从市场的需求,于是在 CIS 战略体系的基础上产生了 CS 战略,并成为企业界、广告设计界和公关界的重要课题。

CS 战略是英文 Customer Satisfaction 的缩写,中文意思是"顾客满意",又被称为 CS 行销策略和顾客满意战略。CS 战略是目前国际上最流行的经营战略,具体地说是指企业围绕着顾客,以消费者为中心而展开的一系列的企业产品和企业服务的策划活动。CS 战略强调把顾客需求当作企业开发产品的源头,用全新的"顾客占有率"的行销策略代替传统的"市场占有率"的经营模式,营造适合企业生存和发展的良好外部环境,并以此来改善产品及服务,最大限度地使顾客满意。

CS 战略的指导思想是:企业的整个经营活动要以顾客满意度为指导方针,尽可能全面尊重和维护顾客的利益,"使顾客的购物风险趋于零"。这里的顾客,既包括企业产品的销售对象、企业的服务对象,也包括企业的合作伙伴。从企业角度来讲,顾客满意是成功地理解某一顾客或某部分顾客的爱好,并着手为满足顾客需求做出相应努力的结果。

在生产者主导下,价格是生产成本加上企业利润,而在顾客主导下,企业利润是价格与生产成本之差。因为有竞争,价格实际由市场决定,企业为取得利润,必须降低成本;在同样的顾客成本下,提高质量即提高产品总价值,顾客更愿接受,因此企业应不断地提高产品质量。满足顾客需求,能够促使企业更好地了解顾客、尊重顾客、改善服务、强化经营管理,从而形成以顾客满意为核心的企业文化。

二、CIS 战略与 CS 战略的比较

CIS 战略与 CS 战略的比较见表 6-1。

表 6-1 CIS 战略与 CS 战略的比较表

	CIS 战略	CS 战略
价值观	以企业为中心	以顾客为中心
企业理念	以企业利益为重	以客为尊
战略指导思想	企业主导,从内而外的思维方式	顾客主导,从外而内的思维方式
战略目的	提高企业业绩	达成顾客满意
战略核心	名牌战略(产品)	高品质服务(服务)
战略关键	识别	情感
战略方法	CIS 战略及其方法	CS 战略及其方法

通过 CIS 战略与 CS 战略的比较可以看出，CIS 战略是以"企业中心论"为出发点和战略重点的，仍然停留在推销观念阶段。重视通过有效的 CIS 表达，推销产品与服务，扩展形象，追求的是市场占有率和利润的最大化，反映的是企业价值。过分倚重 CIS，可能结果会造成"一流形象，二流产品，三流市场"的不正常局面。而 CS 战略是以"顾客中心论"为出发点和战略重点的，立足于顾客的营销策略，追求的是贡献，反映的是顾客价值，通过为顾客创造价值来实现企业价值，这些都反映了一种积极的企业营销文化。

但是，不能因此而简单地认为要舍弃 CIS 战略，要将二者结合起来，实现优势互补，应该在建立以顾客为中心的营销文化的基础上，以 CS 战略为基本策略，同时吸收 CIS 战略中有效的经营理念和传播手段，实现 CS 战略与 CIS 战略的有机结合，更好为组织服务。

谁都希望为自己的企业起一个好名字、好品牌，如何定位？如何根据对象公众为企业命名？起的名字如何保护自己的品牌？娃哈哈的经验值得借鉴。

【案例】

案例一　宗庆后和他的"娃哈哈"

当杭州娃哈哈食品集团公司还是一个规模不大的普通食品厂时，厂长宗庆后产生了开发当时市场上的冷门产品——儿童营养液的想法。

工厂一边和有关院校进行产品开发研究，一边为产品名称费尽苦心。他们通过新闻媒体向全社会进行有奖征集名称，但如雪片一般飞来的应征信中没有发现一个让人完全满意的答案。最后还是宗庆后独具慧眼，一下子看中那首广为流传的新疆民歌中的三个字"娃哈哈"。这三个字的元音都是 a，是孩子学说话时最先掌握的音，而发音响亮，音韵和谐，琅琅上口，而哈哈二字又有很高兴的意思，同时又因为它的出处而具有了浓郁的民族特色，娃哈哈不正好可以借这首传唱多年的歌一炮打响吗？从此，一个广为人知的商品名称诞生了。厂里又精心设计了两个活泼可爱的小娃娃形象作为商标图案。

在我国，假冒伪劣产品不断，任何名牌都可以成为不法商贩的仿造对象，为保护自己的利益，宗庆后先走一着，他在商品还没有走入市场时就为娃哈哈进行了商标注册。他还考虑到，商标面积小，如果有人将其他商标的产品采用相同的包装，仍然可能对消费者构成误导。于是，便将包装上的主要图案也注了册，使他人难于仿制。

产品上市后一炮而红，但宗庆后发现百密之中仍有一疏，一些企业打出了与娃哈哈相近的牌子，如"娃娃哈""娃娃笑""娃娃乐"等，造成娃哈哈出系列产品的假象，以此来吸引消费者。宗庆后一不做二不休，索性将娃哈哈的近亲们全都进行了注册，"娃娃哈""哈娃娃""哈哈娃"等都成了公司的注册商标，作为防御措施，并在相关产品上提醒消费者注意。

娃哈哈的商标一经注册，宗庆后便开始了大规模的广告攻势，以达到先声夺人、抢占市场的目的。这一招果然有用，有许多地方，一些类似产品很难打开市场，就是因为消费者早已认准"娃哈哈"品牌，宗庆后的广告费没有白花。到 1991 年底，宗庆后在"娃哈哈"上投入的广告费用高达 3000 万元，那句奶声奶气的"娃哈哈果奶"广为传唱，成了孩子们口里的新儿歌。以后每年，广告费用都相应增加。

为巩固娃哈哈品牌的地位，宗庆后不断推出新产品，1991 年投放市场的娃哈哈果奶在江浙沪等地成为紧俏商品，第二年，在成都召开的全国糖烟酒交易会上宗庆后又推出娃哈哈清凉饮和娃哈哈酸梅饮，又成为市场上的热门产品。

宗庆后认为，没有娃哈哈的商标策略就没有今天的娃哈哈集团公司。要创造一个名牌，至少要抓好打出名牌、宣传名牌、保护名牌、发展名牌四个环节，而宗庆后正是由于很好地兼顾了四个环节，才使娃哈哈取得了如此巨大的成功。

(案例摘自 http://www.3qu.com/form/liyi/web/02031905.htm)

案例二 戴尔直销背后的战略

顾客满意战略（CS 战略）根植于一个浅显的道理：让顾客满意的企业是不可战胜的。戴尔（Dell）公司在短短十几年间就发展成为个人电脑市场的领导者，但是人们过多地把目光锁定在戴尔独特的直销模式上，却忽略了其背后所蕴含的"顾客至上、让顾客满意"的核心战略思想和支持这个战略的其他一些细节性模式。正是由于它成功地运用 CS 战略，逐步形成了较为完善的产品满意、服务满意、生产满意和组织结构满意系统，从而在竞争中尽显优势。

现在人们常常讨论的各种戴尔模式，大多局限在模式层面，每一种模式都有其明确的目标和适用范围，正是 CS 战略将所有的这些模式都纳入进来，无论是直销、流程改进等广为人知的大问题，还是后面要介绍的建立 CE 小组等小问题，都是为这个战略服务的。

产品满意系统是 CS 战略的核心子系统，CS 战略要求企业站在顾客的立场去研究和设计产品，尽可能地预先把顾客的"不满意"从产品本身去除。企业要顺应顾客的需求趋势，发现顾客的潜在需要并设法用较高性价比的产品去满足这些需要。产品满意系统首先是产品功能满意，戴尔从三个方面来实施产品功能满意战略。

一是根据不同的细分市场研发产品。面对一个庞大的市场，先把其分割后再各个进入，这是人所共知的市场细分策略。戴尔的独特之处在于产品细分的同时还随着公司的成长壮大进行了充分的顾客细分，并根据顾客需求和实际购买行为的不同研发不同的产品。

1994 年戴尔创立之初，顾客只有两类：大型顾客和包括一些商业组织、消费者在内的小型顾客，当年公司的资产为 35 亿美元；到了 1996 年，就从大型顾客市场中细分出大型公司、中型公司、政府与教育机构三块市场，同年公司资产升至 78 亿美元；而到了 1997 年，戴尔又进一步把大型公司细分为全球性企业客户和大型公司两块市场，政府与教育机构市场则分为联邦政府、州政府和地方政府、教育机构三块不同的市场，小型顾客则进一步分解为小型公司和一般消费者两块业务，当年公司资产攀升到了 120 亿美元。戴尔将顾客细分为"交易型"和"关系型"二种。其中 40% 的顾客（大部分是大企业）被纳入到关系型中；30% 的顾客（大部分是小企业）被划分到交易型中；剩下的 30% 作为二者的混合。交易型顾客是那些需要不断做出购买决策的个人或者企业。这些顾客关注的是购买的经济性，盯着诸如性能、规格、特征、折扣等因素，他们从不同的厂商那里购买产品，并且在做出购买决策时，使用评测、评论、广告和口碑各种信息渠道。而关系型顾客关注的是交易的总成本，价格只是其中一部分。这类顾客大多数包括中型以上的商务、政府或者教育部门。这些顾客关注的是服务、可信度、厂商声誉和产品标准等特征。这些"比顾客更了解顾客"的市场细分，使戴尔在逐渐扩大的同时，仍然维持了稳定而持续的成长。

二是为顾客量身定做产品。戴尔在创立之始就明确规定：要敏察顾客的意见与需求，以此来设计产品和服务顾客。因此它创建了"按需配置、按单生产"的直销模式。在这种方式下，戴尔的每件产品都是按照每个用户的个别需求定做而成。这不仅充分满足了顾客个性化的需求，而且还使顾客产生了"拥有量身定做的独一无二的产品"的超值满意感。

三是根据顾客的直接反馈改进产品。戴尔在按照客户的要求设计生产并交付产品后，还想方设法地了解顾客使用产品的体验以获得修改设计或改变制造程序的灵感。公司技术支持工程师通过拜访重要客户、接听顾客打入的免费技术咨询电话获得相关信息，经过归纳整理后交给公司研发部门进行进一步的分析和研究。因而，戴尔的主导产品始终能够围绕顾客的使用体验不断改进。新产品开发也始终适应了顾客需求的发展趋势。当竞争对手仍在为预测顾客需求变化举棋不定时，戴尔已经掌握了清晰的顾客定单。

其次，产品质量满意和价格满意是产品满意系统不可缺少的支点。戴尔创立了将零部件的生产制造外包给专业化公司的合作方式。因此，供应商提供的零部件质量好坏直接决定了最终整机产品的品质优劣。戴尔公司遵循的原则是拥有尽可能少的合伙人，而这些合伙人必须长期在技术和质量方面保持行业领先地位。经过不断的筛选，戴尔公司的原料供应商已从发展初期的140多家精简到现在的50多家。戴尔一方面通过效率超常的供应链降低了产品成本，另一方面也通过"零库存"和直销增强了产品价格竞争力。这样，其价格满意战略水到渠成。

服务、生产和组织结构满意系统是CS战略的重要子系统。顾客满意的另一个重要内容是服务系统满意，它已成为企业争取顾客，求生存、求发展的关键。这里值得一提的是戴尔独创的Dell Plus服务项目。通过Dell Plus程序，在初始建立系统时就执行了用户的所有硬件和软件一体化安装，即在一个无缝的生产过程中安装。这样的"一次性"方法意味着：排除了重复的工作，减少了错误的机会，提高了生产效率。迄今为止，凡是通过Dell Plus感受过戴尔公司高质量的一体化解决方案服务的企业，都成为了戴尔品牌的忠实追随者。在生产满意系统方面，戴尔公司利用先进的计算机技术、便捷的现代通信手段和蓬勃发展的互联网络，使大规模定制生产得以完美实现。通过计算机控制的生产设备使工厂较易快速调整装配线，条形码扫描仪使技术人员能够跟踪每一个零部件和产品；数据库现有的数万亿字节的信息，使数字打印机可即刻改变不同产品的包装说明；先进的后勤和供货渠道管理服务软件使其在密切协调制造和销售的同时还保证了较低的成本。由于最大限度地满足了顾客个性化的需求，由此带来了顾客满意度和忠诚度的不断提高。特别是对于一些全球大客户，戴尔对个性化需求的满足更是做到了细致入微的程度。以福特汽车为例，戴尔公司为福特不同部门的员工设计了各种不同的配置。当通过互联网接到福特公司的定单时，戴尔公司马上可知是哪个工种的员工，订的哪种机型，且迅速组装好合适的硬件和通过Dell Plus所定制的软件，甚至包括一些专有密码，然后以最快的速度交运到顾客的手中。戴尔还专门成立了顾客服务部来统筹和顾客服务相关的一切事宜，这就是组织结构满意系统。顾客的任何感受和意见，都可以拨打800免费专线向客服部反映。经过严格专业培训的服务人员会将所有顾客反映的问题记录在案，并对能立即解决的予以答复和执行。经过客服部专业优质的服务，大多数顾客的不满都得到了补偿，补偿的力度甚至超过了顾客的期望，从而将顾客从不满意状态转化为满意状态。

为了全面了解顾客的满意程度，戴尔公司还成立了"CE"（Customer experience）小组，由销售部、技术服务部、顾客服务部、生产部、质量部等部门的代表组成，每周一次的例会将影响顾客体验的各因素进行详细分析，并各就各位地予以解决。

戴尔正是因为从上述四个系统将 CS 系统落实到了实处，并且将人们称道的一些实用模式通过这个整体战略联系起来，从而取得了令世人瞩目的成就。

请分析：戴尔公司如何进行 CS 建设的？

【思考讨论】

1. 什么是 CIS 战略。
2. 简述 CIS 战略的构成。
3. 什么是 CS 战略？CIS 与 CS 有何异同？
4. 简述如何实现顾客满意。
5. VIS 设计有哪些种类？
6. 掌握著名车标的内涵，并说说你的看法。

【实训设计】

团队 CIS 策划

一、实训目的

对团队 CIS 策划提出导入思路和方案设计。

二、实训内容和要求

(1) 内容：组建团队，给出 CIS 定位、导入思路和策略。
(2) 要求：按营销策划公司要求进行 CIS 策划。

三、实训组织

(1) 组建团队。
(2) 设计开发 CIS。
(3) 设计 CIS 导入方案。

四、实训操作步骤

把全班分成 4~6 人一组，以组为单位完成实训任务。

五、实训考核

(1) 考核策划书，从策划书的格式、方案创意、可行性、完整性等方面进行考核（60%）。
(2) 考核个人在实训过程中的表现（40%）。

第七章　公共关系专题活动

> **学习目标**
> 1. 理解公关专题活动的含义。
> 2. 掌握公关专题活动的类型。
> 3. 掌握各种公关专题活动的含义及作用。
> 4. 了解各种公关专题活动的工作程序。

【引例】

2018年4月27日，刘强东夫妇宣布向清华大学捐赠2亿元人民币，将用于支持清华大学苏世民书院、清华大学学生全球胜任力发展指导中心及清华大学量子计算、AI研究、供应链和物流等项目的建设和发展。此外，京东集团还与清华大学签署了战略合作协议，双方将在协同创新、科技研发和人才培养等领域深入开展合作，探索产学研协同发展、自主创新成果应用落地的全新路径和模式。

（案例来源：新浪网 http://news.sina.com.cn/o/2018-04-28/doc-ifzvpatq6728374.shtml）

【思考】
1. 该案例属于哪种公关活动？
2. 捐助教育事业对企业及企业家来说有什么好处？

公关专题活动策划，是公关活动的关键环节。没有很好的活动策划，公关活动就没有基本的保证。公关专题活动策划的过程，也是将公共关系的基本操作思路程序化的过程。组织应当选择适当的公关专题活动，使公关专题活动的参加者在特定的气氛中，受到组织的影响，促进公众对组织的进一步了解。

第一节　公 关 赞 助

公关赞助是指社会组织通过无偿提供资金或物质支持某项社会活动，以此提高社会声誉、树立良好社会形象的公关专题活动。目前，组织通过对公益事业、市政建设、教育等社会活动进行赞助，从而扩大组织影响、提高美誉度已成为一种非常常见的形式，因为它既可以为社会公益事业的顺利进行提供保障，同时又可以为各类组织的不断发展创造和谐的社会环境。对于提供赞助的企业来说，一方面是为了表达爱心，承担社会责任，关心社会公益事业，树立起良好的组织形象；另一方面也是一次十分有限的宣传机会，而且这比商业广告更具说服力，是商业广告所无可比拟的。因此，组织应该重视公关赞助活动。

一、赞助活动的类型

（1）赞助公益事业。这是组织和政府、社区搞好关系，扩大组织社会影响力，提高组织美誉度的重要途径，是组织对整个社会承担责任和义务的重要手段。这包括在一些地区或单位遭受灾难时提供资助，捐赠或资助社会福利院、慈善机构、公益基金等。

（2）赞助教育事业。组织通过赞助教育事业，一方面为组织与有关学校建立良好的关系打下基础，有利于组织的人才招聘与培训；另一方面更为组织树立关心教育的良好形象。赞助方式包括赞助学校建运动场、图书馆、实验楼，设置奖学金和其他有关教育方面的投资。

（3）赞助体育事业。随着我国人民生活水平和体育运动水平的提高，体育运动方式越来越多，人们对体育运动也越来越感兴趣。因此，对体育运动的赞助能够企业增强公众施加影响的深度和广度。

（4）赞助文化生活。组织进行文化生活方面的赞助，不仅可以培养与公众的良好感情，还可以大大提高组织的知名度，创造良好的社会效益。

（5）赞助市场开发。这种赞助与组织的市场营销战略有关，它通常以一种限定时间、指定具体项目的方式制定出周密计划，或是一个长期的企业发展战略的一部分。如某家生产教学仪器的公司，几年中向全国的学校系统赠送了一大批教学仪器。通过此次赞助，公司为其产品开拓了学校市场，同时还为将来的产品奠定了消费基础。

其他还有学术研究赞助、奖励基金赞助、竞赛活动赞助等等。总之，组织进行赞助的形式很多，公关人员应设计出各种新颖的赞助形式，使组织获得最佳的信誉投资。

二、公关赞助的特点

（1）公益性。公关赞助为贫困学生、残疾人、孤寡老人、学校、受灾群众等提供帮助，表明了组织作为社会成员愿意为社会的发展做出相应的贡献，体现了组织高尚的品德和主动承担社会责任的精神，能够大大提高组织的社会知名度和提升组织的整体社会地位。

（2）时效性。组织赞助的相关活动，都有特定的举办时间，参与的机构、群体以及人群在很短的时间内积聚起来，使企业的品牌在短时间内被认知。

（3）效益性。赞助活动，能培养与公众的感情，提高组织的知名度和美誉度。从长远看，组织除了可以获得良好的社会效益外，也可以通过赞助活动获得一定的经济效益。

（4）新闻性。赞助活动因关注者众多、影响大，如赞助大型体育比赛等，往往具有很强的新闻性。在活动的准备、开展、以及后期，大量的媒体报道为企业提供了免费的宣传。

三、公关赞助的意义

（1）公关赞助是一种市场传播的技巧。赞助可以用来扩大某一现有的产品市场，或向与组织密切相关的公众介绍一种新产品。赞助又是一种巧妙的投资方式，它能在做好事的同时迅速、准确地占领市场。

（2）公关赞助是一种塑造形象的方法。组织决策者可以通过个人与其他社会组织的接触，提高组织和个人的地位，加强与公众的联系，发展新的业务，塑造良好的企业形象。

（3）公关赞助是与组织内部员工沟通的渠道。公关赞助可以用来提高士气，增强组织意识并使员工为此感到自豪，强化组织的向心力和凝聚力。

（4）公关赞助是一种获得公众支持、消除敌意的手段。通过赞助活动，可以向公众传播有利于组织的信息，表明组织的诚意和实力。这种信息传播的可靠性远比单纯的广告宣传的效果好。

四、公关赞助的策划

1. 确定赞助目的

公关赞助的最终目的就是促进理解，提高声誉，树立形象。但是每一次赞助活动往往还要选定一个具体的目标。

2. 筹备与实施

（1）对于组织发起的赞助应该从以下方面着手去争取赞助：

1）主办单位要有良好的形象。在举办赞助时通常有发起者、主办者、协办者之分，无论哪种角色都应有良好的组织形象，使公众感到组织确实是在参与社会公共事务。

2）赞助活动本身要有吸引力和周密的计划。赞助的目的是什么、赞助的时间是怎样安排的、主协办单位名称是什么、赞助的性质和方式以及活动方案的设计等都必须有一整套的策划。

3）应争取得到媒介及各种权威性公众的支持。媒介和权威性公众通常会成为很好的舆论领袖，左右着其他人的思想行为。

4）赞助活动的具体负责人（直接与赞助人打交道）应该有良好的个人形象，以便在具体的游说、解释、沟通和宣传过程中得到公众的接受，并能在最大程度上影响公众的支持程度。

5）赞助活动必须给赞助人（单位或个人）颁发捐助纪念证书。这样，赞助就会成为互益性的活动，这是争取赞助的重要手段。

（2）对于组织参加的赞助应从以下方面着手进行策划：

1）要考虑所赞助的活动与本组织能否很自然地使公众联想在一起，能否对本组织产生有利的影响。

2）要考虑所赞助的活动的社会影响，如媒介报道的可能性、报道频率和报道的广泛性、受益人是谁、受影响的公众的分布情况、影响的持久程度、活动本身能否引起人们的注意、能否产生"轰动效应"等。

3）要考虑本组织在活动中与公众见面和直接沟通的机会有多少，以及赞助费用的多少和赞助的形式。

4）要考虑赞助的监督情况，如通过何种方式对赞助活动予以控制，赞助活动是否合法，发起单位的社会信誉如何，赞助费用如何落实到受益人等等。

5）应考察赞助活动对本组织的产品销售有无赞助价值。如果发现值得赞助，便可着手落实赞助。在具体落实赞助时应有专人负责，落实过程中要主动了解活动的筹备与进展情况，争取把握有利机会。

6）赞助活动结束后，还应对参加赞助的效果进行评价。一方面依据媒介报道和广告传播的情况测定，另一方面要对参加赞助的全过程进行回顾和总结。

课堂讨论 公关赞助活动的目的和意义是什么？

五、注意的问题

公关人员在赞助活动过程中应注意以下几个问题：

（1）积极寻找机会，为组织塑造一个慷慨大方、勇于承担社会责任的光辉形象，这种机会能发展组织与公众之间互利互惠的双边关系。

（2）估算出每个赞助项目的资金，确定赞助规模以及赞助的一致性和连续性；预测赞助活动对塑造组织形象、提高知名度的影响程度。

（3）利用组织现有的宣传和营销手段支持赞助活动，如利用广告、小册子、企业出版物、新闻等进行宣传。

（4）随时跟踪新闻媒介的动态、消费者的反响，及时将有关情况反馈给组织决策者。因为公关赞助活动将对组织的基本方针产生积极的影响。

知识链接

一、公益赞助促销法

公益赞助促销法是指企业在开展公共关系活动中，从为公众谋福利出发，热情赞助公益事业，以赢得公众的理解和支持，树立良好的企业形象，从而达到促进产品销售目的的一种形式。主要包括这样五个方面：

（1）赞助社会福利事业。如给养老院、残疾人保障工作提供帮助。

（2）赞助社会公益事业。如给教育事业、城市建设事业等提供支持。

（3）赞助社会体育事业。如协助有关单位举办体育比赛活动。

（4）赞助科技发展事业。如出资建立科技发展基金、设立人才奖励基金等。

（5）赞助社会文化事业。如出资举办各种知识竞赛活动、文艺演出活动、学术交流活动等。

（资料来源：https://baike.baidu.com）

二、捐赠和赞助的区别

许多人弄不清捐赠和赞助的区别，常将二者混为一谈。为了区分，有人特意将它们分别表述为"公益捐赠"和"商业赞助"。

关于捐赠，《公益事业捐赠法》规定为"自然人、法人或者其他组织自愿无偿向依法成立的公益性社会团体和公益性非营利的事业单位捐赠财产，用于公益事业"。《财政部关于加强企业对外捐赠财务管理的通知》则更加明确表述为"企业自愿无偿将其有权处分的合法财产赠送给合法的受赠人，用于与生产经营活动没有直接关系的公益事业的行为"。拿这些规定与人们熟悉的赞助相比较，二者的区别一目了然。

（1）捐赠是自愿的、无偿的。企业对外捐赠后，不得要求受赠方在融资、市场准入、行政许可、占有其他资源等方面创造便利条件，从而导致市场不公平竞争；赞助则以彰显自身、扬名立万为条件，以达到企业或者品牌营销的目的。

(2) 捐赠的类型和对象往往由国家法律法规作出明确规定,并有相关政策加以调整。公益性捐赠面向的是教育、科学、文化、卫生医疗、体育事业和环境保护、社会公共设施建设,不得用于商业活动;而对赞助,似乎没有什么刚性约束。

(3) 国家为了鼓励公民、法人捐赠公益事业,在缴纳企业所得税或个人所得税时对捐赠部分予以税前扣除;而企业为宣传形象、推介产品发生的赞助性支出,则按照广告费用进行管理。

(4) 捐赠可以直接实现,但更多的是交付依法设立从事公益事业的基金会等非营利组织,往往不针对特定对象;而赞助出于商业利益的考虑,必须与受助对象牢牢绑定。

(5) 捐赠者不拘巨细,在国外,公益事业的捐赠者大多是普通个人;而拉赞助则主要面向企业,尤其是瞄准声威赫赫的大企业。

(6) 募集公益捐赠的非营利组织时时接受善举;赞助也有长年的,不过更多的是一次性的。

(7) 国人对赞助已经习以为常,对捐赠却不大了解。正是这最后一点差别,致使公益捐赠迟迟火不起来。

(资料来源:https://wenku.baidu.com/view/568cb1d9f8c75fbfc77db2cd.html)

第二节 新闻发布会

新闻发布会,也叫记者招待会,是政府或某个社会组织定期、不定期或临时举办的信息和新闻发布活动,直接向新闻界发布政府政策或组织信息,解释政府或组织的重大政策和事件。它是组织与新闻界建立和保持联系的一种较正规的形式。

一、特点

新闻发布会是一种两级传播:组织先将信息告知记者,再通过记者所属的大众传播媒介告知公众。它一般具有以下特点:

(1) 以新闻发布会发布的消息,形式正规、隆重,规格较高,地点精心安排,邀请记者、新闻界(媒体)负责人、行业部门主管、各协作单位代表及政府官员,易于引起社会广泛关注。

(2) 在新闻发布会上,记者可根据自己感兴趣的方面进行提问,能更好地挖掘消息,充分采访组织,同时使组织也深入了解新闻界。在这种双向沟通的形式下,无论在深度还是广度上都较其他形式更为优越。

(3) 以新闻发布会发布的消息,新闻传播面广,报刊、电视、广播、网站等集中发布(时间集中,人员集中,媒体集中),迅速扩散到公众。

二、时机与主题

(1) 选择恰当的时机:在事件前一个月或两个月左右,如端午节举行的赛龙舟活动,召开提前一个月举行新闻发布会。

(2) 选择合适的主题:主题应集中、单一,不能同时发布几个不相关的信息。

三、准备

1. 标题

新闻发布会一般针对对企业意义重大,媒体感兴趣的事件举办。每个新闻发布会都会有一个名字，这个名字会印在关于新闻发布会的一切表现形式上，包括请柬、会议资料、会场布置、纪念品等。在选择新闻发布会的标题时，一般需要注意以下几点。

（1）避免使用新闻发布会的字样。我国对新闻发布会是有严格申报、审批程序的，对企业而言，并没有必要如此烦琐，所以直接把发布会的名字定义为"××信息发布会"或"××媒体沟通会"即可。

（2）最好在发布会的标题中说明发布会的主旨内容。如："××企业2018新品发布信息发布会"。

（3）通常情况下，需要打出会议举办的时间、地点和主办单位。这个可以在发布会主标题下以字体稍小的方式出现。

（4）有时，可以为发布会选择一个具有象征意义的标题。这时，一般可以采取主题加副题的方式。副题说明发布会的内容，主题表现企业想要表达的主要含义。如："海阔天空——五星电器收购青岛雅泰信息发布会"。

2. 时间

新闻发布的时间通常也是决定新闻何时播出或刊出的时间。因为多数平面媒体刊出新闻的时间是在获得信息的第二天，因此要把发布会的时间尽可能安排在周一、二、三的下午为宜，会议时间保证在1小时左右，这样可以相对保证发布会的现场效果和会后见报效果。

发布会应该尽量不选择在上午较早时段或晚上。部分主办者出于礼貌的考虑，有的希望可以与记者在发布会后共进午餐或晚餐，这并不可取。如果不是历时较长的邀请记者进行体验式的新闻发布会，一般不需要做类似的安排。

有一些以晚宴酒会形式举行的重大事件发布，也会邀请记者出席。但应把新闻发布的内容安排在最初的阶段，至少保证记者的采访工作可以比较早的结束，确保媒体次日发稿。

3. 地点

场地可以选择户外（事件发生的现场，便于摄影记者拍照），也可以选择在室内。根据发布会规模的大小，室内发布会可以直接安排在企业的办公场所或者选择的酒店。酒店有不同的星级，从企业形象的角度来说，重要的发布会宜选择五星级或四星级酒店。

酒店有不同的风格，不同的定位，选择酒店的风格要注意与发布会的内容相统一。还要考虑地点的交通便利与易于寻找。如，离主要媒体、重要人物的远近，交通是否便利，泊车是否方便等。

4. 席位

摆放方式：发布会一般是主席台加下面的课桌式摆放。注意确定主席台人员。需摆放席卡，以方便记者记录发言人姓名。摆放原则是"职位高者靠前靠中，自己人靠边靠后"。

很多会议采用主席台只有主持人位和发言席，贵宾坐于下面的第一排的方式。一些非正式、讨论性质的会议是圆桌摆放式。

摆放回字型会议桌的发布会也出现得较多，发言人坐在中间，两侧及对面摆放新闻记者坐席，这样便于沟通，同时也有利于摄影记者拍照。

5. 道具

最主要的道具是麦克风和音响设备。一些需要做电脑展示的内容还包括投影仪、笔记本电脑、上网连接设备、投影幕布等，相关设备在发布会前要反复调试，保证不出故障。

6. 资料

提供给媒体的资料，一般以广告手提袋或文件袋的形式，整理妥当，按顺序摆放，再在新闻发布会前发放给新闻媒体，顺序依次应为：会议议程、新闻通稿、演讲发言稿、发言人的背景资料介绍（应包括头衔、主要经历、取得成就等）、公司宣传册、产品说明资料、有关图片、纪念品（或纪念品领用券）、企业新闻负责人名片（新闻发布后进一步采访、新闻发表后寄达联络）、笔、本子（方便记者记录）。

7. 发言人

新闻发布会也是公司要员同媒介打交道的一次很好的机会，值得珍惜。代表公司形象的新闻发言人对公众认知会产生重大影响。如其表现不佳，公司形象无疑也会令人不悦。

新闻发言人的条件一般应有以下的几方面：

（1）公司的头面人物之一——新闻发言人应该在公司身居要职，有权代表公司讲话。

（2）良好的外型和表达能力。发言人的知识面要丰富，要有清晰明确的语言表达能力、倾听的能力及反应力、外表包括身体语言整洁、大方得体。

（3）执行原定计划并加以灵活调整的能力。

（4）有现场调控能力，可以充分控制和调动发布会现场的气氛。

8. 提问

在新闻发布会上，通常在发言人进行发言以后，有一个回答记者问的环节。可以充分通过双方的沟通，增强记者对整个新闻事件的理解以及对背景资料的掌握。有准备、亲和力强的领导人接受媒体专访，可使发布会所发布的新闻素材得到进一步的升华。

在答记者问时，一般由一位主答人负责回答，必要时，如涉及到专业性强的问题，由他人辅助。

发布会前主办方要准备记者答问备忘提纲，并在事先取得一致意见，尤其是主答和辅助答问者要取得共识。

在发布会的过程中，对于记者的提问应该认真作答，对于无关或过长的提问则可以委婉礼貌地制止，对于涉及到企业秘密的问题，有的可以直接、礼貌地告诉它是企业机密，一般来说，记者也可以理解，有的则可以委婉作答。不宜采取"无可奉告"的方式。对于复杂而需要大量的解释的问题，可以先简单答出要点，邀请其在会后探讨。

9. 媒体邀请

媒体邀请的技巧很重要，既要吸引记者参加，又不能过多透露将要发布的新闻。在媒体邀请的密度上，既不能过多，也不能过少。一般企业应该邀请与自己联系比较紧密的商业领域记者参加，必要时如事件现场气氛热烈，应关照平面媒体记者与摄影记者一起前往。

邀请的时间一般以提前3~5天为宜，发布会前一天可做适当的提醒。联系比较多的媒体记者可以采取直接电话邀请的方式。相对不是很熟悉的媒体或发布内容比较严肃、庄重时可以采取书面邀请函的方式。

在记者邀请的过程中必须注意,一定需要邀请新闻记者,而不能邀请媒体的广告业务部门人员。有时,媒体广告人员希望借助发布会的时机进行业务联系,并作出也可帮助发稿的承诺,此时也必须进行回绝。

四、影响媒体记者参加新闻发布会的几个主要因素

(1) 是否对口。综合性报纸和财经类报纸不是泾渭分明,有跨行业交叉报道的可能,但是对于大多数都市报的记者而言,这种对口性是第一要务。

(2) 是否有新闻性。中央媒体、全国性媒体和地方都市类媒体在新闻性的判断上是有区别的,在具备一切新闻要素的前题下,中央级综合性媒体更注重报道倾向于大背景、大主题、大角度的切入,而都市类媒体更多的从易于被普通百姓熟知和接受的小角度切入。因此,公关公司在准备新闻稿的时候,最少要有3~5个版本,并且新闻素材要丰富。

(3) 是否有新闻采访权。很多新闻发布会上出现最多的是平面媒体记者的身影,这是因为新浪、搜狐等门户网站没有新闻采访权,只有几个主流新闻网络像人民网、新华网等有采访权。而没有采访权的门户网站所提供的内容服务基本上都是"信息集锦"——只能转载,不能独创。所以,为了让新闻发布会内容第一时间出现在网络上,邀请网媒记者出席时应区分清楚哪些能出席,哪些可以原发,哪些只能转载。

(4) 主办单位的身份。如果是政府部门举办的新闻发布会,那么记者责无旁贷。但是由于政府部门的车马费一般较低,记者更愿意出席有实力、有知名度的大企业召开的新闻发布会。

五、注意事项

在做新闻发布会策划之前,公关公司要对新闻媒体议程(媒体的采前会、编前会)、新闻传播途径、新闻话题设置、公众舆论走向、媒体运作机制有深刻理解,同时对新闻发布会主办方所在行业背景、产业动向、竞争对手传播策略有着透彻的分析和把握,具备这些专业知识,才能策划出好的新闻事件,达到好的传播效果。但是,要吸引公众关注首先在形式和内容上要引起媒体兴趣。

(1) 借势当前公众关注的新闻事件,迎合新闻热度,释放相关性话题。

(2) 借明星、大腕助阵。

(3) 结合宏观背景、产业背景、行业背景,为新闻发布会造势,为媒体提供更多新闻由头和报道角度。

一、公关新闻稿的撰写

公关新闻稿是用于对公关事件的媒体发布,既有对事件的总体描述,也要表达对事件的观点,因此,从文章类型方面来看,可以认为是夹叙夹议的文章。

新闻稿件的篇幅一般较小,但要在较小的篇幅内既要将事件描述清楚,又要精确地表达观点,使得新闻稿的撰写成为一件不是很容易的事情。实际上,对于企业的公关新闻稿而言,主要难在"把可是新闻,可不是新闻的事件写成新闻",或者说,是"一件司空见惯的小事写成意义非凡的大事"。因此,如果把"事件描述"说成"画龙",则精确地观

点表达就是画龙的"点睛之笔"。

要写好新闻稿的"点睛之笔",首先要对企业本身、企业所在的产业和市场以及产品有较为全面的了解和理解,并尽可能形成自己的观点。因此,在每次撰写一篇新闻稿之前,应尽量多地查阅相关的产业和市场信息,只有这样才能够较为精确地把握住新闻事件的"亮点",并对新闻事件的"意义"做出恰到好处的"拔高"。

相对于"观点表达"这一新闻稿的"神",新闻稿的"形"则相对"有章可循"。

撰写公关新闻稿要遵循"三段论"。所谓"三段论",顾名思义就是在通常情况下,以三个段落完成一篇新闻稿件:

第一段,以较为简练的语言对事件做概括性的描述,通常只要说清事件的主体、客体、时间、地点,再以一句话简单概括出这一事件的意义。某种意义上,人们可以认为新闻稿件的第一段就是新闻稿的"浓缩",这种"浓缩"的好处在于便于媒体记者的删改,同时也有利于读者的阅读。

第二段,主要对第一段所描述的事件进行进一步的展开,包括交待事件发生的背景、事件相关的细节,重点在于阐述事件作为新闻的"由头"。

第三段,主要是对事件提出"观点",也就是对事件的"意义"进行"拔高"。撰写这一段的要领在于要"发散"开去写,要把这一事件放到大的市场环境、产业背景以及企业自身的发展历史中去写,只有这样,才能够在更高、更深的层面去体现事件的价值和意义。

(资料来源:https://baike.baidu.com)

二、新闻发布会的流程要点

新闻发布会的成功有几个要点:新闻发布会、媒体邀请和新闻发布会之后。其中,媒体邀请最为重要,它直接决定了新闻发布会的效果。新闻发布会也是公关营销的好武器。一场新闻发布会,它有助于引导社会舆论,并在公众组织中树立良好形象。它不仅能传递信息,还能给媒体提供信息。

策划一场新闻发布会能够取得的效果可能比预期的更好,所以必须掌握新闻发布会的流程要点。

(1) 确定新闻发布会日期、地点、新闻点等。

注意事项:与希望发布事件日期相配合,促进自身对外宣传,挖掘新闻点,制造新闻效应,注意避免与重大新闻事件撞车。该步骤应在正式新闻发布会前20天完成,最迟15天,并在邀请函发布前预定会场,否则会影响下一步工作。

(2) 确定组织者与参与人员,包括广告公司、领导、客户、同行、媒体记者等,与新闻发布会承办者协调规模与价格,签定合同,拟订详细邀请名单、会议议程、时间表、发布会现场布置方案等。

注意事项:该步骤主要由主办者提出要求,承协者具体负责。

(3) 按照邀请名单,分工合作发送邀请函和请柬,确保重要人员不因自身安排不周而缺席发布会。回收确认信息,制定参会详细名单,以便下一步安排。

注意事项:该步骤一定要计划周密,有专人负责,适当放大邀请名单,对重要人物实施公关和追踪,并预备备用方案,确保新闻发布会参与人的数量和质量。

(4)购买礼品、选聘主持人、礼仪人员和接待人员并进行培训和预演。设计背板,布置会场,充分考虑每一个细节,比如音响、放映设备,新闻发布会主持词,领导的新闻发布会发言稿,新闻发布会会后媒体新闻通稿,现场的音乐选择、会议间隙时间的娱乐安排等。

(5)正式发布会前提前一到两个小时,检查一切准备工作是否就绪,将会议议程精确到分钟,并制定意外情况补救措施。

(6)按计划开始发布会,发布会程序通常为来宾签到、贵宾接待、主持人宣布发布会开始和会议议程、按会议议程进行、会后聚餐交流、有特别公关需求的人员的个别活动。

(7)监控新闻发布会媒体发布情况,整理发布会音像资料、收集会议剪报,制作发布会成果资料集(包括来宾名单、联系方式整理,发布会各媒体报导资料集,发布会总结报告等),作为企业市场部资料保存,并可在此基础上制作相应的宣传资料。

(8)评测新闻发布会效果,收集反馈信息,总结经验。

(资料来源:http://www.7v21.com/liucheng/5735.html)

第三节 庆典仪式

庆典活动是组织利用自身或社会环境中的有关重大事件、纪念日、节日等所举办的各种仪式、庆祝会和纪念活动的总称,包括节庆活动、纪念活动、典礼仪式和其他活动。通过庆典活动,可以渲染气氛,强化组织的影响力;也可以广交朋友,广结良缘;成功的庆典活动还可能具有较高的新闻价值,从而进一步提高组织的知名度和美誉度。

一、主要类型

1. 典礼仪式

典礼仪式包括各种典礼和仪式活动,如开幕典礼、开业典礼、毕业典礼、颁奖典礼、项目奠基和竣工典礼、就职仪式、授勋仪式、签字仪式、捐赠仪式等。在实际工作中,典礼仪式的形式多样,并无统一模式。有的仪式非常简单,如某个企业办公楼的开工典礼,放一挂鞭炮,企业老总喊一声"开工",仪式便宣告结束;有的仪式非常隆重、庄严,如英国女王登基、国外皇室婚礼及葬礼等,甚至还有一套严格的程序和繁文缛节。

2. 节庆活动

节庆是利用盛大节日或共同的喜事而举行的表示快乐或纪念的庆祝活动。不同国家甚至同一国家不同地区,都有自己独特的节日。节日又有官方节日和民间传统节日之分。常见的官方节日有元旦、妇女节、国际劳动节、国际儿童节、国庆节等,民间传统节日有春节、元宵节、清明节、端午节、中秋节等。还有些地方根据自身文化传统、风俗习惯等,组织举办一些具有地方特色的节庆活动,如北京地坛庙会、湖南的龙舟节、山东潍坊风筝节等。

3. 纪念活动

纪念活动是利用社会上或本行业、本组织的具有纪念意义的日期而开展的公关活动。

可供组织举办纪念活动的日期和时间有很多，如历史上的重要事件发生纪念日、本行业重大事件纪念日、社会名流和著名人士的诞辰或逝世纪念日；而本组织的周年纪念日及重大成就的纪念日，更是举办纪念活动的极好时机。通过举办这样的活动，可以传播组织的经营理念、经营哲学和价值观念，使社会公众了解、熟悉进而支持本组织。

二、作用

（1）引力效应：指组织通过庆典活动吸引公众的注意力。

（2）实力效应：指通过举办大型庆典，显示组织强大的实力，以增加公众对组织的信任感。

（3）合力效应：开展大型庆典，能增强组织内部职工、股东的向心力和凝聚力，提高公众对组织的信任感。

三、举办庆典仪式的程序

（1）庆典策划。确定来宾及发放请柬；来宾组成：政府官员、地方实力人物、知名人士、新闻记者、社区公众代表、客户代表或特殊人物等。总之，来宾要具有一定的代表性，请柬提前7~10天发放。重要来宾请柬发放后，组织者当天应电话致意，庆典前一天晚上再电话联系。

（2）设计庆典活动程序。一般程序：主持人宣布开典；介绍来宾；由组织的重要领导或来宾代表讲话；安排参观活动；安排座谈或宴会；邀请重要来宾留言或题词。

（3）落实致辞人和剪彩。致辞人和剪彩人分己方和客方。己方为组织最高负责人，客方为德高望重、社会地位较高的知名人士。选择致辞人和剪彩人应征得本人同意。

（4）编写宣传材料和新闻通讯材料。列出庆典主题、背景、活动内容等相关材料，将材料装在特制的包装袋内发给来宾。对记者，还应在其材料中添加较详细的资料，以方便记者写作新闻稿件。

（5）庆典活动的接待工作。设置接待室；对所有来宾，都应热情接待，耐心服务；对重要来宾，要由组织领导亲自接待；他们的签到、留言、食、宿均应由专人负责。

四、注意事项

庆典活动既是社会组织面向社会和公众展现自身的机会，也是对自身的领导和组织能力、社交水平以及文化素养的检验。因此，举办庆典活动时，公共关系人员应做到准备充分，接待热情，头脑冷静，指挥有序。一般说来，庆典活动应注意以下事项：

（1）确定庆典活动主题，精心策划安排，并进行适当的宣传。

（2）拟定出席庆典仪式的宾客名单，一般包括政府要员、社区负责人代表、同行代表、员工代表、公众代表、知名人士、社团。

（3）拟定庆典程序，一般为：签到、宣布庆典开始，宣布来宾名单、致贺词、致答词、剪彩等。

（4）事先确定致贺词、答词的人名单，并拟好贺词、答词。贺词、答词都应言简意赅。

（5）确定关键仪式人员，如剪彩、揭牌、托牌等；除本单位领导外，还应邀请德高望重的知名人士。

（6）安排各项接待事宜，事先确定签到、接待、剪彩、摄影、录像、扩音等有关服务礼仪人员。

(7) 可在庆典活动中安排节目,如舞龙等;还可邀请来宾题词,以作为纪念。

(8) 庆典结束后,可组织来宾参观本组织的设施、陈列等,增加宣传的机会。

(9) 通过座谈、留言形式,广泛征求意见,并综合整理、总结经验。

开业庆典的注意事项

在当今社会上,每天都有不计其数的企业开业,企业在开业庆典中如何才能脱颖而出,真正实现开门红,既扬名又得利,而不至于流于平庸呢?应该注意一下几点问题:

(1) 在开业策划之初,企业应该进行充分的市场调研,精心选择开业的时间和参加庆典的人员名单。开业的当天,企业需要聚集足够的人气,参与的人越多,场面越热烈,效果越好。因此,企业要精心选择开业的时间。选择适当的开业时间可以吸引更多的客流量。

(2) 在开业策划当中,富有特色和创意独特是成功的关键。创意是营销策划的灵魂。在开业庆典中很多仪式是必不可少的,比如,剪彩、开业致辞、鸣炮奏乐等。

(3) 企业的开业策划活动,应该量力而行,注意编制策划预算。企业的开业策划活动,也是企业开展的一项经济活动,是经济活动就应该考虑经济效益问题,就应该编制费用预算,来约束开业策划中的每一项工作,尽可能少投入多产出。不能片面追求轰动效应而不考虑公司的整体营销活动的预算。

(4) 充分发挥新闻媒体推波助澜的作用,广为宣传。企业在开业策划中,一定要安排得力的人手专门负责和新闻媒体的联络及新闻报道工作,要注意安排好每一个细节,以满足新闻界朋友挑剔的眼神。

(5) 开业策划应该和企业其他的营销策划活动配套展开。开业策划不应该是孤立的,它必须和企业的整体营销活动配套展开,使企业在一定时期内的活动环环相扣,来逐步强化在消费者心目中的形象。

(6) 注意做好开业庆典活动的善后工作。开业庆典结束之后,每个员工还必须提起精神,不能够松懈,这样会给人们留下一下很好的印象。

如果一个企业成功地举办了一场开业典礼,那么说明这个企业很有发展能力,很出色,至少作为新企业的第一场仗打的是很成功的。

(资料来源:https://wenku.baidu.com/view/8da6d112a9114431b90d6c85ec3a87c240288ae2.html)

第四节 举办展览

展览会是一种综合运用各种媒介、手段,推广产品、宣传企业形象和建立良好公共关系的大型活动。展览会具有一定的知识性、趣味性,通过实物、文字、图表展示成果来吸引公众的注意力,给公众较强的心理刺激,从而加深公众的印象,提高组织和产品在公众心目中的知名度和美誉度。

一、展览会的类型
(1) 根据展览会内容的不同,展览会可分为大型综合展览和专题性展览会两类。

综合展览指包括全行业或数个行业的展览会,也被称作横向型展览会,如工业展、轻工业展等。专业展览指展示某一行业甚至某一项产品的展览会,如钟表展。专业展览会的突出特征之一是常常同时举办讨论会、报告会,用以介绍新产品、新技术。

(2) 根据展览会规模的不同,展览会可分为国际、国家、地区、地方展,以及单个公司的独家展。

规模是指展出者和参观者所代表的区域规模而不是展览场地规模。不同规模的展览有不同的特色和优势,应根据企业自身条件和需要来选择。

(3) 根据展览会时间的不同,展览会可分为定期和不定期两种。

定期的有一年四次、一年两次、一年一次、两年一次等。不定期展览会则是视需要和条件举办,分长期和短期。长期展可以是三个月、半年、甚至常设,短期展一般不超过一个月。在发达国家,专业贸易展览会一般是三天。

(4) 根据展览会场地的不同,展览会可划分的标准更多。大部分展览会是在专用展览场馆举办的。展览场馆是按室内场馆和室外场馆划分。室内场馆多用于展示常规展品的展览会,比如纺织展、电子展。室外场馆多用于展示超大超重展品,比如航空展、矿山设备展。

在几个地方轮流举办的展览会被称作巡回展。

二、展览会的特点
在展览会上,组织可利用图片、实物和音像资料生动地介绍产品和组织的理念及成就,在公众中留下深刻、美好的印象,可见展览会是一种推广产品、树立形象的有效公关活动。展览会具有以下特点。

1. 传播方式多样

展览活动是一种复合型的传播方式,它通常用多种媒介进行交叉混合传播,往往以实物展出为主,配以文字宣传资料、图片、幻灯、视频等媒介,再加上动人的解说、友好的交谈、优美的音乐、生动的造型艺术。因为综合了多种媒介的传播优势,展览会具有很强的吸引力。

2. 沟通交流直接

展览活动是一种非常直观、形象的传播方式。它把实物直接展现在公众面前,并有现场操作表演,给人以亲眼目睹、耳目一新的感受。

3. 新闻性强

展览活动是一种综合性的大型活动,除本身能进行自我宣传外,往往能够成为新闻媒介追踪的对象,成为新闻报道的题材。通过新闻媒介的报道宣传,展览活动的宣传效应将大大扩展。

4. 传播效率高

展览活动可以一次展示许多行业的不同产品,也可以集中同一行业的多种品牌来展示,是一种高度集中和高效率的沟通方式,它为参观者提供了更多的机会,并节省了大量的时间和费用。

三、设计布置

1. 有关展台的规定

高度限制：展览会对展架及展品都有限制规定，尤其对双层展台、楼梯、展台顶部向外延伸的结构等限制更严，限高往往不是禁止超高，如果办理有关手续并达到技术标准，有可能获准超高建展台、布置展品。

开面限制：很多展览会禁止全封闭展台，如果展台封闭，展览会就失去展示作用，参观者就会有抱怨，但是展出者需要封闭办公室、谈判室、仓库等，因此，协调的办法一般是规定一定比例的面积朝外敞开。这个比例一般是70%，允许30%以下的面积封闭。

2. 有关展览用具的规定

展架展具材料的限制：在很多国家，展览会规定必须使用经防火处理的材料，限制使用塑料，限制危险化学品。

电器的规定：绝大部分国家的展览会对电器都有严格的规定，所用电器的技术指标必须符合当地规定和要求。

3. 有关人流的规定

走道限制：主要是对走道宽度的规定和限制，为保证人流的畅通，展览会规定走道宽度，禁止展出者的展台、道具、作品占用走道；电视、零售商品往往造成堵塞，因此也有相应的要求，比如电视不得面向走道，柜台必须离走道一定距离等。

4. 有关消防的规定

消防环境的规定：如果是大面积的展台，必须按展馆面积和预计的观众人数按比例设紧急通道或出口并设标志。

消防器材的规定：必须配备消防器材。

人员的规定：有些展览会要求展台指定消防负责人，并要求全体展台人员知道消防规定和紧急出口等。

5. 有关展品的规定和限制

主要是对异常展品包括超高、超重展品的规定。只要采取适当措施一般都可以解决。比如限高，只要展馆高度足够，就可以与展馆商量解决；超重展品可以使用地托，分散单位负荷。比较常见、难解决的问题是展馆卸货大门的尺寸，这是自然限制。超高超重展品一般需要先于其他展出者的展品进馆。如果遇有任何难以解决的问题，要尽早与展览会组织者或展馆所有者商量。这类展品对展览会通常有宣传价值，因此，组织者会愿意积极协助。有些展览会考虑安全，会限制操作机器。

6. 有关环境的规定

音量限制：背景音乐由展览会组织者安排，展出者的声像设备的音量必须控制在不影响周围展出者的范围内。

色彩限制：若展览会组织者想取得协调效果，往往会提出色彩要求。要求展出者使用某种基本色调或标题色调。展览会还可能会提出标题字型、大小，这方面的规定大多比较宽松。展出者只要遵守规定，并不干扰周围展台（比如噪声太大），展出者一般可以任意设计展台形状、摆置展品、使用颜色。

7. 有关手续的规定

展览会大多要求展出者将设计送审,并要求展出者施工前办理手续。

四、参展注意事项

在确定了参展后,有必要成立一个参展工作小组来负责展会前期的准备、展会现场实施、以及展会后的跟踪评估等工作。该工作小组由相关人员组成,并指定一个主要负责人。工作小组需要制作一个参展计划,将参展的相关事项一一列出,以免有所遗漏。

1. 展前准备的各种材料

产品资料:产品宣传手册、产品资料(详细产品目录,包括图片、规格、技术指标、质量认证等)、样品、宣传广告、宣传光盘、纪念品等。

贸易资料:价格,规格,包装箱、海运运价表,格式合同等。

2. 展前参展人员的培训

(1) 情况介绍,包括人员、备展、参展情况的介绍。情况介绍的目的是使展台人员了解参展背景、参展目的、展览会和展台情况。展览会情况包括名称、地点、展出日期、开馆时间、场地平面、展馆位置、出入口、办公室、餐厅、馆日活动、贵宾接待等活动。

(2) 产品知识和市场情况。展台人员必须熟悉所有展品的知识,包括规格、功能、性能、使用方法等。展台人员掌握产品知识是为了促进销售。如果对产品不熟悉,展台人员不仅不能全面介绍产品,还可能会给观众留下展出公司档次不高的感觉。如果必要,还应掌握操作示范技巧。有些产品复杂,展台人员必须熟悉说明资料,在需要时,能迅速找到答案。展台人员还要掌握市场情况,包括渠道、营销制度和价格、竞争者情况等。

(3) 人员分工。展台工作包括观众接待、贸易洽谈、资料散发等,要进行合理的分工,提出要求和标准;要明确工作时间、轮班安排、每日展台会议时间、记录管理、宿膳行日程等。

现场接待:外形要好,性格外向主动,英语熟练,主要是负责接待到达展位的客户,讲解和解答,这些工作人员的数量应多一些,可根据展位的大小和布局(有几面口、几个接待台、几个重点展示的产品)来确定人数。现场接待要求彬彬有礼,不卑不亢,笑脸迎人,口齿清晰,专业知识扎实。另外应特别注意的是,现场接待指定负责区域,不能有客人来询问,就一拥而上,你也解答他也解答,显得现场比较乱,另外,若遇到不会解答的问题,可大方地介绍给能解答的人。

现场总协调:应是经理一级,主要管理所有"现场接待",解决"现场接待"所不能应付的问题。现场总协调领导能力要强,重要的是专业知识一定要精深,级别高一些,因为现场会有重要客户应约来访,在展会现场,自然不如企业里条件好,因此接待的级别通过接待人员来提高,给客户愉快的感受。

杂工:现场难免会有一些体力活、杂活、突发事情,比如临时买个胶带或工具、搬搬资料等,需要有两三个腿脚灵活、眼明手快、对展馆地形熟悉的人来完成这些细碎工作。

总后勤:负责所有员工的衣食住行,可能需要一两个助手,视参会工作人员的数量来定。

(4) 接待技巧和工作态度。展台工作与其他环境下的工作有所不同,即使是有经验的推销人员也应接受展台接待技巧和礼仪的培训。另外,还要对展台人员就工作态度、协作精神和团队意识进行教育。

3. 展会中的展台记录

（1）记录的重要性。主要记录的是接待和洽谈情况。比如参观展台的观众数量、询问观众数量、样品索取数量、建立新客户关系的数量、意向成交数量和金额、成交笔数和金额等，因此对展台记录要予以充分的重视。

（2）记录方式。记录方式有多种，常见的有收集名片、使用登记簿、记录表格等。

收集名片和观众登记簿是两种简便和比较传统的记录方式。其缺点是内容少，一般只包括观众的姓名、地址、联系方式及职务，因此不是理想的记录方式。

记录表格是一种常用记录方式，有多种形式。使用最多的是展台人员在接待后填写的表格。另一种表格是对有兴趣但是来不及或不愿意等候接待的观众填写。这种表格可以装在印有参展企业地址和邮资已付的信封，供观众带走，填好后寄回。记录表格最好是复写式的，一式多份；一份留给当地机构和代表，一份尽快发给总部，一份留在展台，用于存档和后续工作。复写式表格的每份要说明去向和用途。如果是单页式表格，可以在一天结束或指定时间将表格中的内容摘要发回总部以便迅速处理。记录表格内容比较丰富，除了观众的姓名、地址、联系方式及职务之外，还有观众的背景、兴趣、要求，展台人员的评判及后续工作的建议，对参展效果评估、参展后续工作有比较大的参考价值。

4. 展会中的市场调研

（1）以自己的展台为阵地，面向观众做调研。了解观众对产品和服务的意见和建议，询问观众对市场和产品发展走势的看法等。

（2）参展商可以参观其他展台，尤其是主要竞争对手的展台。收集竞争对手资料，提一些问题，了解竞争对手的展示手段、销售方式、广告方式、新产品、新技术、产品质量、价格、包装、性能等方面的情况。

（3）参加展会期间召开的研讨会。研讨会是一个了解市场和行业发展趋势的好机会，一方面发言人可能会做出推论、预测，另一方面参加者所表现出的兴趣（如人数的多少、提的问题等）也可以作为预测的标准之一。

（4）阅读有关展会的新闻报道、官方报告等。在展会期间做市场调研，方式方法要巧妙，并在法律允许的范围内进行。

5. 展后信息跟进工作

（1）建议每个展日结束，晚上开当日展览总结会议，标记当日的重点客户。

（2）根据现场收集的客户名片和与客户沟通的记录，将客户分类归档。可按公司以往的习惯分类方法，或按重要性程度或按买家类型——终端用户、进口贸易商、分销商、批发商、零售商。

（3）争取客户工作：回答客户的问题，明确客户的需求等等。

第五节　开放参观活动

开放参观活动是指组织或企业为了让公众更好地了解自己或为消除对本组织的某些误解，通常由公关部门负责组织和邀请有关公众前来本组织参观。

组织的开放参观活动既是一种很好的公关活动，也是一项很繁杂的工作。组织部门应做好以下几方面的工作。

一、开放参观活动的目的

任何一次开放参观活动都应有明确的目的。公关人员要清楚通过开放参观活动希望达到怎样的效果,让参观者留下怎样的印象,是否有真正值得报道的材料。

二、开放参观活动的时间

首先不但要考虑开放参观的时间,也要考虑整个参观活动所需的时间。开放参观的时间最好安排在一些特殊的日子,如周年纪念日、企业开工日等。

其次要有足够时间准备对外开放参观活动。规模较大的开放参观活动需要3~6个月的准备时间,如果还要准备大规模的展览会,编印纪念册或其他特别节目,则需时间更多。这时就需要注意时间安排的合理性,要尽量避开假期,并考虑好天气、季节的变化等。

三、开放参观活动的规模

参观活动开展之前要确定规模的大小,从而作出相应的安排。如果只是少数几个人参观,可以陪同他们到几个部门去,并介绍情况,赠送资料和纪念品等;如果是较大规模的团体参观,最好制订一个计划,安排好接待次数、每次参观人数和开放时间等。一次接待15个人比较恰当,每天接待2~3次,有专人伴随进行讲解介绍,回答参观者所提出的问题。

四、对外开放参观的人员安排

从有开放参观的构想起一直到活动的结束,都应有高层主管人员参与其事。组织大型的参观活动,最好成立一个专门的活动筹备委员会。委员会成员应包括:企业领导、公关人员、行政和人事部门人员等。还要根据参观的不同目的,选择不同人参加,如果参观的目的是强调服务或产品,还要请销售部门人员参加。

五、宣传材料

要想使开放参观获得成功,最重要的是做好各种宣传工作,准备一份简单易懂的说明书或宣传材料,发给参观者。

六、划分参观线路

提前划好参观线路,防止参观者越过参观所限范围,出现不必要的麻烦和事故。有些组织的主管人员往往顾虑开放参观活动会使某些秘密技术或某些制造过程的细节泄露,其实,只要安排得当、向导熟练,就可以防止泄露事件。因此,不必在这方面有过多的顾虑。

七、做好接待服务工作

对参观者应热情周到地做好接待工作,如安排合适的休息场所和备好茶水饮料;需要招待用餐的,也要事先做好安排;如果邀请的对象有儿童,更要特别小心,要准备点心、休息场所、必要的盥洗设备等,也可送一些印有介绍组织材料的玩具。

八、对外开放参观的工作方案

(1)确定主题。对外开放参观活动的主题可以从以下几个方面考虑:一是从提高组织知名度、美誉度出发,二是从增进企业与社区的关系出发,三是从增加企业员工与家属的荣誉感出发。

(2) 安排内容：
1) 制定参观活动的内容与流程。
2) 合理安排开放参观的时机。
3) 确定邀请对象。
(3) 确定参观路线，落实解说与准备工作。

【案例】

案例一　消除误解的对外参观策划
——英国化工企业联合会的开放日

尽管现在对化学工业已经习以为常、司空见惯，但在20世纪90年代以前，社会公众对化学工业却并不那么熟悉，而且存在着种种误解，评价也很差。1985年，英国市场和舆论调查国际公司的调查表明：全英人口只有10%的人对化学工业有一定的了解，而这些人中对化工产品有好感的比例仅有29%。为了改变这种状况，英国化工企业联合会策划组织了一系列公关活动，其中之一就是"开放日"活动。

联合会专门编辑了一份对"开放日"活动有详尽说明的通稿，发给企业经理，并聘请一名退休高级化工工程师作为"开放日"活动顾问，前往各开放点进行专门指导。联合会还为企业经理们组织了小型研讨会，为其提供交流的机会。另外，联合会也及时向新闻界通报情况，以保持交流渠道的畅通。联合会鼓励各企业运用各种手段搞好这个活动，并协助各企业做了大量宣传工作。

"开放日"的前一个月，有关活动的新闻发布会分别在哈德斯菲尔德、格拉斯哥、利物浦、米德尔兹布勒、利兹、布里斯托尔和伦敦等城市举行，通过新闻媒体的报道，社会公众对这个活动产生了很大的兴趣。联合会通过全国性电视台播出了14个宣传这个活动的节目，地方电台和报纸的报道则更多。据统计，全英国有4万人参加了"开放日"活动。其中仅哈德斯菲尔德的一个开放点就接待了1.8万名来访者，米德尔兹布勒的一个开放点也吸引了1万名参观者。

"开放日"的活动安排并非一味强调教育公众，而是寓教于乐。各开放点的企业除了设置丰富多彩的展馆供来访者参观，向他们介绍化工产品的生产情况和讲解企业的安全防护措施外，还准备了一些娱乐节目，并安排了儿童娱乐场所和茶点处供大家游玩和休息。

为了消除公众的不了解，企业以坦诚的公开的态度与公众交流。各开放点企业使用的宣传品，探讨化工产品安全生产和运输、环境保护等公众普遍关心的问题，陪同来访者参观的企业管理人员则热情地向大家介绍各种情况，联合会制作的录像片《社区中的化工产品》也被许多开放点企业所采用。

事实表明，全英化工企业的这一"开放日"活动，在很大程度上消除了公众对化工企业的疑虑和恐惧心理，1986年11月，市场和舆论调查国际公司的调查表明：自1981年以来，社会公众对化学工业的态度首次有了明显好转。调查还显示，居住在化工厂附近的居民对化学工业表现了一种更关心的姿态，被调查者有12%的人承认，"开放日"的参观活动是促使他们对化学工业态度转变的一个关键因素。

英国化工企业联合会策划的"开放日"活动，是1987年英国公关协会最佳公关案例之一。它的成功,主要在于"社区公关"方面。它为社区公众树立了一个"化学工业造福人类"的良好形象。开放日的活动,使社区公众了解到化工企业的成就,密切了化工企业与公众的联系,有效地消除了对化工企业的误解;在公众中树立了崭新的形象。他们在活动中强调趣味性、娱乐性,使社区参观者既了解到化工产品的情况,又获得某种娱乐,这也是这次活动获得成功的一大因素。

【案例】

再小的力量也是一种支持
——农夫山泉赞助活动分析

农夫山泉是一个擅长于策划的公司,从"农夫山泉有点甜"到"纯净水天然水之争",几乎每一次都成为媒体的焦点,现在则热衷于"体育赞助"。

从1998年赞助世界杯足球赛央视五套的演播室、1999年的中国乒乓球队惟一指定用水,到2000年中国奥运代表团训练比赛专用水,再到现在的阳光工程,这些活动无一不与体育有关。其中最让人印象深刻的是"一分钱"活动,这些持续的活动,既促进了农夫山泉的销售,又提升了品牌形象。

养生堂公司自2001年年初开始举办"喝农夫山泉,为申奥捐一分钱"活动,同时,央视一直播放的"买一瓶农夫山泉,就为申奥捐一分钱"广告,巧妙地将商业与公益融为一体。"再小的力量也是一种支持",这是一句煽动力极强的广告语,伴随着刘璇、孔令辉的笑脸,在申奥的日子里农夫山泉不知不觉地渗透到了消费者的生活之中。

营销专家就此发表评论,企业不以个体的名义而是代表消费者群体的利益来支持北京申奥,"以企业行为带动社会行为,以个体力量拉动整体力量,以商业性推动公益性",这个策划在所有支持北京申奥的企业行为中,无疑极具创新性。

申奥成功后,农夫山泉的"一分钱"故事继续进行,还玩出来了更新的版本——阳光工程。农夫山泉阳光工程由国家体育总局器材装备中心和农夫山泉有限公司联合主办,工程计划从2002年到2008年,为期7年。在2002年度活动期间,农夫山泉推出"一瓶水,一分钱"活动,即每销售一瓶农夫山泉水,农夫山泉公司就代表消费者捐出一分钱用于阳光工程。2002年5月4日,农夫山泉阳光工程捐赠仪式在云南、湖南、安徽、河北、黑龙江等5个省份同时展开。通过"五一"长假的捐赠活动,有80多个市县的96所中小学校得到了盼望已久的体育器材,各地媒体的广泛报道更是给阳光工程增添不少公益的色彩。

同时,中央电视台"您每购买一瓶农夫山泉,就为贫困地区的孩子捐出一分钱"的广告不断地在消费者耳边响起。农夫山泉的这个广告为喧闹的电视广告增加了"爱"的内容,甚至有人会将"阳光工程"与"希望工程"联系起来,这无疑对企业形象的提升又起到一般"自吹自擂"广告所达不到的效果。

通过小小的一分钱,农夫山泉建立起与赞助对象之间的良好联想,在消费者心目中建立起良好的品牌形象。

分析:

农夫山泉通过小小一分钱,与赞助对象、消费者建立了良好的关系,原因如下。

（1）在产品和品牌的推广中，更多地考虑非广告行为，例如公关、赞助、新闻、口碑等手段。这是市场的决定。在如今的市场营销领域，随着产品同质化程度的发展，只通过常规广告传播方式提升品牌知名度比较困难，为此，许多企业都把目光集中到了非常规广告上。在众多的手段中，赞助活动成为广大企业的新宠，特别是对体育活动更加青睐。

（2）赞助不是一时兴起，它需要的是理性分析和长久的坚持。农夫山泉对于体育的赞助已经成为公司文化和信念的部分，正如养生堂总裁在一次活动发言中谈到：我们的梦想是与体育精神完全一致：金牌与健康。或许这是一种自我标榜，但我们从农夫山泉的行为中也得到了同样的信息，对体育的长期大手笔的投入，横跨8个年度的"阳光工程"，拉近了与赞助活动的距离和联想。

（3）赞助在品牌创建过程中有其独特的要点，它不可以随意而为之，应当在战略分析的前提下实行赞助策略。对于企业来说，通过赞助社会的公益活动可以向公众表明，该组织除了制造产品以外，还有其他的价值观和信念。但是我们必须注意，并不是任何的活动都会与企业的价值观天然契合，如果赞助的活动与企业的相关度较低，往往效果不佳。

（4）成功的赞助需要积极主动的管理赞助业务，整合现有资源，运用各种营销宣传手段，力求达到将其他对手逐出场外的最好效果。

美国品牌大师大卫·艾克讲到，一次成功的赞助所花费的预算成本应是普通赞助费用的3~4倍；这些多花费的资金用以建立品牌和活动的联系，并尽可能地发掘活动潜在的利用价值。事实上，赞助活动应该说只是给了企业一个宣传自我的机会，真正想达到应有的效果，企业必须花费更多的钱来做宣传。

（5）当品牌与赞助活动之间的相适性不强时，我们就必须借助于高强度的互动和深度的介入。这就要求我们必须抢占先机，抓住大肆宣传的机会、长期不懈地坚持。此外，如果公司与所赞助的活动建立了成功的联系，那么放弃该活动的赞助权是一种浪费。坚持长期稳定的赞助，从逻辑上讲可以使品牌与活动的结合更为紧密，可以用较少的投资在长时间内取得良好的效果。

（资料来源：http：//www.doc88.com/p-6778258084653.html）

本章小结

公共关系专题活动是公共关系提高知名度、美誉度的重要手段。如果说日常活动是为组织形象打基础的，那么专题活动就是组织的亮相，因此十分重要。本章介绍了几种最常用的专题活动，这些活动虽然步骤不同、工作内容不同，但都应该注意处理好人流、物流、信息流的关系。

公关赞助活动前一定要认真调查研究，做到目的明确，师出有名，通过比较选择，争取最佳效果。新闻发布会必须要有恰当的由头，选择最佳的时机，尽量满足记者们的合理要求。庆典是提高组织知名度、扩大影响的活动，应遵循"热烈、隆重和节约"的原则，从拟定名单到馈赠礼品，每一个步骤都应精心设计。展览会要展、销结合，形象、直观，使固定的物和灵活的人有机结合，要办得生动活泼、别具一格。参观活动要主题突出，要配合资料讲解，安排紧凑而不紧张。陪同参观的人员要能体谅参观者的心情，为参观者着想。

这些专题活动是公关调查、策划、企业文化、传播技巧等的综合展示,应融会贯通,运用好相关技巧,而不应就事论事。

【思考讨论】

阅读下列材料,讨论该饭店开业典礼的成功具体表现在哪几个方面?

某外资饭店筹划开业庆典,公司经理突发奇招,决定开业典礼上的致辞由饭店年龄最大的中国员工担任,剪彩嘉宾由当地福利院残疾儿童担任。这一奇想通过新闻媒介的传播,在社会上引起广泛影响。开业当天,人山人海,当残疾儿童拿起剪刀剪彩时,引起全场经久不息的掌声。外资经理当场把5万美元赠送给福利院时,立刻又引起全场的喝彩。

【实训设计】

模拟某企业举行新闻发布会

一、实训目的

通过实训进一步帮助学生了解新闻发布会的基本流程以及发现新闻发布会需要考虑到的技术细节,训练学生主办新闻发布会及传递信息的能力。

二、实训要求

(1)通过多种媒介收集该企业的资料。

(2)记者发言要踊跃、尖锐,新闻发布人的回答要及时、全面、透彻、有针对性。

三、实训组织

(1)将学生分成若干小组,每组5~6人,选择企业或记者等不同角色,选出组长,与组员一起做好分工工作。

(2)以小组为单位收集企业资料,企业角色完成新闻发布会现场布置、发言人讲话稿、设想记者提问等工作,记者角色深入研究企业资料,准备问题。

(3)举办新闻发布会。

(4)老师对各组进行指导。

第八章　网络公共关系

> **学习目标**
> 1. 理解网络公关的含义。
> 2. 了解网络公关的特点。
> 3. 了解不同形式的网络公关活动。
> 4. 认识舆情监控在网络公关中的重要性。
> 5. 掌握舆情监控的基本原则和常用办法。
>
> **课前思考**
> 　　在正式学习本章内容前，请大家结合具体公关案例思考下你所熟悉的网络公关形式有哪些？

【引例】

案例一：2010年7月14日，香港《壹周刊》报道，霸王旗下中草药洗发露、首乌黑亮洗发露以及追风中草药洗发水，经过香港公证所化验后，均含有被美国列为致癌物质的二恶烷。消息一出，危机的狂潮即刻掀起，各大主流媒体、各大网站均开始进行疯狂地报道。各种批判性很强的网络专题也随之推出。霸王集团股价受此影响，早盘放量大跌15.14%。应对汹涌而来的质疑，霸王集团当天下午就开始了密集的危机公关。霸王集团在官网上发布《关于香港〈壹周刊〉失实报道的严正声明》表示，指产品所含的微量二恶烷远低于世界安全指引，绝对不会对人体健康构成影响；集团对《壹周刊》该篇失实报导及其所带来的影响保留采取进一步法律行动的权利。霸王还在新浪开通微博账号"霸王洗发水"，短短两个小时，"霸王洗发水"发布了15条微博消息，从不同角度对二恶烷进行了知识普及。虽然强大的危机激流将霸王打了个措手不及，但事件很快又柳暗花明。7月16日晚，国家食品药品监督管理局通报：经过抽检，霸王（广州）有限公司制售的洗发水中，二恶烷含量不会危害健康。对于霸王产品的合法性来说，质监部门的检测报告代表了官方对事件的定调。但对于市场和消费者信心来说，质检部门的报告却并非灵丹妙药，无法在短时间内迅速重振消费信心。7月19日，药监局发布通报后霸王公司也开始"还击"，发声明称将起诉相关媒体。其后又爆出"霸王员工打媒体人事件"立即将企业与大多数媒介对立起来。

案例二：自2015年2月26日开始，一条将成龙代言霸王洗发水的广告和网络神曲《我的滑板鞋》做了无缝衔接的视频在网络上一夜火起来。而就在短短2天后，霸王洗发水官方便第一时间推出了"原装正版的Duang视频"。这一举动不仅将"Duang"的热潮推向又一波高峰，同时霸王洗发水"自黑"的娱乐心态也获得了不少业内人士及消费者的高度认可。坐等躺枪不如"自黑",霸王洗发水火速出"大招"。自2月26日以来,"Duang"在微博上已出现840万次,并由此催生了一个同义词标签。直到2月27日,"Duang"仍是微博的最热门话题,被提及了近10万次,新一轮的发布和转发依旧滚滚而来。2月28日,主人公霸王洗发水以一则《我是拒绝盗版的,正版Duang降临》视频做出了回应,又掀起了一轮热搜。

【思考】
试分析在这两则案例中霸王分别采用了何种网络公关策略?指出其在开展网络公关中的可取之处?又存在哪些问题?

第一节 网络公关概述

一、网络公关的概念

公关随着网络的普及以及社会公众对网络的使用越来越频繁,网络对社会的舆论导向,对公共事件的评价都有巨大的影响力。网络已经成为消费者对某一品牌或商品影响、评价的第一来源,而且网络上信息传播迅速,短时间内就能产生巨大的影响力,网络日益成为企业日常公关活动的主阵地,发挥着扩大对外宣传,树立企业品牌的作用。于是基于互联网信息传播手段而开展公关活动的新型公关——网络公关出现并兴盛起来。

二、网络公关的特点

1. 便捷性

网络公关打破了时间和空间的限制,可以随时随地的进行公关活动。传统公关活动往往受到客观环境的制约而无法实现或影响最终效果。在常见的公关活动中的新闻发布会、记者招待会、展览会、活动赞助等形式都对地点的选择、时间的安排提出了较高的要求,需要耗费很多的时间、精力进行协调。一旦双方就某一点无法达成一致,那么公关活动将很难继续。

而网络公关依赖于如今无处不在的互联网,可以说只要有网络的地方就可以进行公关活动。可以利用机场候机的时间通过智能手机回复记者邮件;也可以身处异地通过微信进行一场即时精彩的答记者问;即使是面对最为头疼的危机事件,也可以在第一时间在网站、微博、微信上做出回应。

2. 多样性

网络公关的多样性体现在以下两个方面。

(1)内容来源的多样性。根据中国互联网信息中心发布的《第36次全国互联网发展统计报告》显示,截至2015年6月中国互联网普及率达到48.8%,网民总数达到6.68亿人,手机网民规模达到5.94亿,而网民中使用手机上网的的人群占比达到88.9%。而如此庞大的网民队伍他们既是信息内容的接收者,同时也是信息内容的生产者和传播者。作为内容生产者,不同身份、不同专业、不同背景的网民为网络媒体提供了海量的信息内容。根据新浪2015年第一季度财报显示,2015年3月新浪微博月活跃用户数为1.98亿户,其中移动端占比高达86%。2015年3月新浪微博的日均活跃用户数达到8900万户,平均每日生产上亿条微博内容。

不可否认,海量内容虽然极大地满足了人们对信息的渴求,但却增加信息筛选的难度。如何在扑面而来的信息大潮中捕获所需的最有效内容,这无疑是在网络公关过程中需要格外注意的一点。

(2) 内容呈现形式的多样性。

首先就内容形式看,网络公关内容既有向传统内容看齐的巨内容,这一部分往往提供的是全面、深入、详尽的信息内容;也有网络环境下独具的微内容,140字以内的微博,短到只有几分钟的微电影或自制视频,都在有限的篇幅或时间内精确凝练地表达了核心内容。

其次就内容呈现方式看,网络公关可以通过文字、图片、视频、音频等多媒体方式进行信息传播。除此之外,还可以通过超链接将不同空间的信息内容整合在同一网络空间下。

3. 个体化

网络公关的对象既可以是某个媒体组织,比如新浪、搜狐这样的门户网站;也可以是掌握话语权的个人,也就是人们常说的"意见领袖",比如加V认证的微博账号、微博达人等。"意见领袖"一词最早由传播学先驱拉扎斯菲尔德提出,是指那些在人际传播中经常为他人提供信息或意见,并对他人施加影响的活跃分子。

这一点在主流媒体中几乎不可能实现,传统的大众传播媒介,例如电视、报纸、广播等都是以媒体组织的形态存在,享有绝对的话语权,充分地行使其信息"把关人"的角色,个人的声音很容易就被淹没在媒体的强势之下。而在网络环境下,尤其是在自媒体高度发达的大环境下,一些在网络世界拥有一定影响力的个人可以通过微博、微信、博客等形成自己的个人媒体,成为意见领袖,推动舆论发展。比如网络红人、名人和一些草根大号的微博,往往会在几分钟内吸引上万人的关注、评论、转发。而这种在短时间内一传十、十传百的病毒式的传播扩散又进一步加强了这些意见领袖的影响力,其传播速度之快、影响范围之广是很多主流媒体都难以企及的。

4. 交互性

公关过程的交互性体现在两个方面。

首先,网络公关的参与者之间的信息传播活动是双向的。传统的大众传播媒体的信息传播活动基本都是单向的,是自上而下的,是需要多层审核与把关的。这样一来信息的反馈就会延迟,甚至受阻。网络信息传播具有低门槛传播快的特点,只要拥有网络和终端,信息的传播与反馈可以很容易实现。

其次,网络公关的参与者享有平等的话语权。传统的大众传播形态是"一对多"的,主流媒体控制话语权成为信息生产者和传播者。网络媒体传播形态是"多对多"的,公关活动的参与者平等的享有倾听的机会和倾诉的权利。

基于网络公关的以上特点,在公关活动实施过程中可以有针对性的开展多种类型的网络公关活动。

【案例】

大众汽车网上推广

大众汽车为了推广2000辆最新款甲壳虫汽车,决定在网上发布销售信息。公司花了数百万美元通过电视和印刷媒体大量投放广告,推广的广告语为"只有2000,只有在线"。推广活动持续了近两个月时间，网站采用 Flash 技术推广新车，建立虚拟的网上试驾，将动作、声音融入活动中，让用户觉得他们实际上是整个广告的一部分。网上试驾活动使得网站浏览量迅速上升。网站以往平均月浏览量在 100 万人，而在推广的第一天就有超过 8 万的访问量。在活动期间，每天独立用户平均达到 4.7 万个，每个用户平均浏览时间翻倍，达到 9 分钟。

网上试驾活动得到了更多的注册用户，用户能在网上建立名为"我的大众"的个人中心。在推广期，有超过 9500 人建立了个人中心。他们能更多地了解自己需要的汽车性能，通过大众的销售系统检查汽车库存情况，选择经销商，建立自己的买车计划，安排产品配送时间。推广活动产生了 2500 份在线订单。有更多消费者通过网上推广了解产品后，选择在线下 4S 店购买。

思考：通过案例分析网上推广与其他大众传播媒介推广相比有何优势？

第二节 自媒体公关

一、博客公关

博客作为第一代自媒体，是一种信息交互、人际交流的自主性网络综合平台，通常意义上的博客结合了文字、图像、音乐、视频、链接等要素，是以公开发布消息、介绍情况、阐明观点、表达思想、传播知识等为主题内容的一种便捷的网络日志。

博客公关基于博客平台的产生发展演进而来，是借助博客这一特定网络应用媒介接触公关，开展网络公关活动的公关形式。用户个人、社会组织等通过强势的博客平台即时更新信息、传播相关资讯、开展线上活动、宣传工作事宜务、破解危机难题、建立公众联系、强化沟通互动，以此来协调利益关系、塑造组织形象。这些公关博客平台自主撰写或聘请职业写手发布专业、系统、权威的博客帖子，吸引一批忠实关注者，掌握话语权，发挥影响力，以期达到良好的公关目的。

1. 博客公关的特点

（1）灵活性。与社会组织的门户网站相比，博客公关不再严格要求中规中矩。通过博客平台发布的公关博文拥有更广阔的自主发挥空间，主题内容、形式类型等方面也更为灵活，且富有新鲜创意和个性化色彩，时效性更强。公关博客平台将博文依照发布的时间汇总于一个整体网页，同时也可以将重点博文置顶显示，便于网络公众搜寻浏览。此外，由于公众对博客信息的信任度超过对企业官方信息的信任度，因而博客公关往往更容易取得公众的好感。

（2）低成本。博客是一柄低成本、高效应的公关利器，在无壁垒、零费用进入博客领域后，组织能以更低的成本完成对目标公众的调研，以更低的宣传费用代替大额广告投入，以更少的用户费用扩大公关活动的知名度与美誉度。某些情境下，公关博客平台大胆利用互联网新媒体进行公关创意活动，吸引更大范围用户的兴趣与关注，创造热点新闻，宣传费用投入。

（3）交互性。博主与读者在博客平台上实现了一定程度上的直接的双向交流。博主发表博文使得读者被告知，读者接受信息后，能够通过留言、评论等方式发表个人的思想观点，而博主也能及时有效地做出互动与回复，轻松完成双方传播与反馈。

课堂讨论　博客和微博有何不同？

2. 博客公关的应用

（1）博客用于官网宣传推广。企业可以充分利用博客进行品牌形象的推广宣传，建立目标对象与企业间的联系。在博客内容方面要尽可能地为客户提供具有深度价值的文章；博客版面上要显示企业的联系方式；博文内容要保持定期更新；同时提前做好规划，将博文内容与企业信息、产品信息结合起来。

（2）博客作为官网的辅助。博客作为第一代自媒体，内容多样，语言风格也偏口语化。在内容上，要注意提高公众的阅读兴趣，可以增加一些公众感兴趣的热点资讯、娱乐休闲类的信息，加强与公众的日常互动和沟通，充分利用网络语言拉近与公众的距离。

（3）博客用于广告。大部分博客平台都提供广告服务，尤其是个人博主都喜欢通过广告的方式获得收益。比如卢松松的博客在短短一个月的时间内就获得了上万元的广告费；王晓峰的博客则直接售卖产品，售卖的DIY T恤销量也很可观。

（4）博客用于危机公关。在发生公关危机可以利用博客澄清事实或道歉。如果是虚假传言可以在博客及时澄清，如果危机属实，可以主动真诚道歉，借助博客进行正面积极的处理，将处理措施发布到博客上，接受公众的监督，最大限度的获得公众的谅解。

二、微信公关

微信是腾讯公司在2011年推出的一款快速发送语音、视频、图片和文字的为智能手机提供即时通信服务的免费应用程序。基于微信平台的网络公关具有以下特点：

（1）潜在客户数量巨大。自2011年微信首次推出起，7年间用户数不断攀升。截至2018年3月微信全球月活动用户数量突破10亿。如此巨大且在持续刷新的用户数量，成为网络公关的首选市场。

（2）公关成本低。微信平台的使用是免费的，其附带的各种功能也都不收费。不管是企业还是个人都可以申请自己的微信公众号，打造属于自己的媒体平台，并在平台上实现和特定对象的文字、语音、图片、视频等多种方式的互动。其公关成本相对较低。

（3）公关方式多元化。对微信自带的各种功能，比如摇一摇、附近的人、漂流瓶、二维码、朋友圈等都可以很好地加以利用，用来开展网络公关活动或为其他类型的公关活动助力。

（4）公关对象精准定位。微信和微信公众号可以实现一对一或一对多的消息推送，也可以针对某一个地域和某一个点进行消息推送。微信让粉丝的分类更加细化，可以通过后台的用户分组和地域控制，实现精准的消息推送，更有针对性地开展公关活动。

课堂讨论

作为腾讯新一代全民化的即时通讯工具，微信的兴起会成为QQ衰亡的序幕吗？

微信一对一的交流方式具有良好的互动性，在精准推送信息的同时更能形成一种朋友关系。基于微信的种种优势，企业或组织可借助微信这个平台开展客户服务与公关活动，它也成为继微博之后又一新兴的公关渠道。

微信出现以后，许多企业或者组织也都尝试着用不同的方式来利用微信为自己的产品和品牌进行宣传推广、塑造形象。在此介绍几种公关方式。

（1）查看"附近的人"。打开微信栏目"发现"，点击其中"附近的人"，根据自己的地理位置可以查找到周围的微信用户,并显示这些用户签名栏的内容。因为这里签名栏的内容不仅是朋友圈可见,陌生人也可以看到,因此,这一功能被许多人利用在签名栏中植入广告宣传的内容,为自己的产品或企业打广告。一个免费的移动广告牌就这么诞生了。

(2) 漂流瓶。随着微信的用户逐月增加,不少大品牌也在尝试利用微信推广自己。其中,漂流瓶是商家看重的一个微信公关活动应用。漂流瓶主要有两个功能:扔一个和捡一个。"扔一个"是用户将编辑好的语音或文字发布,然后投入"大海"中,如果有其他用户"捞起"就可以进行互动;"捡一个"则是"捞起"其他用户投放的漂流瓶,即可和对方进行交流,每个户用每天有20次捡漂流瓶的机会。利用这一功能可以与陌生人进行简单的对话。招商银行曾开展过类似的活动。活动期间,微信用户通过漂流瓶功能捡到招商银行的漂流瓶,回复后招商银行会通过"小积分,微慈善"平台为自闭症儿童提供帮助。由于要保证漂流瓶被受众捡到概率,往往要进行微信后台参数修改,这将是一笔不菲的费用。因此,它适用于有着一定基础的成熟品牌。

(3) 二维码扫描。二维码扫描原本只是用来识别对方身份进而添加好友的,发展至今商业用途越来越多。通过扫描二维码可以添加会员、获得企业信息、折扣优惠、享受会员服务、网页跳转、广告推送、手机支付等等,成为当下流行的O2O模式的一种。

(4) 小程序。小程序是一种不需要下载安装即可使用的应用,它实现了应用"触手可及"的梦想,用户扫一扫或者搜一下即可打开应用。也体现了"用完即走"的理念,用户不用关心是否安装太多应用的问题。应用将无处不在,随时可用,但又无需安装卸载。对于开发者而言,小程序开发门槛相对较低,难度不及APP,能够满足简单的基础应用,适合生活服务类线下商铺以及非刚需低频应用的转换。小程序能够实现消息通知、线下扫码、公众号关联等七大功能。其中,通过公众号关联,用户可以实现公众号与小程序之间相互跳转。企业、政府、媒体、其他组织或个人的开发者,均可申请注册小程序。小程序、订阅号、服务号、企业号是并行的体系。

2018年3月,微信正式宣布小程序广告组件启动内测,内容还包括第三方可以快速创建并认证小程序、新增小程序插件管理接口和更新基础能力,开发者可以通过小程序来赚取广告收入。除了公众号文中、朋友圈广告以及公众号底部的广告位都支持小程序落地页投放广告,小程序广告位也可以直达小程序。

(5) 朋友圈分享。在刷朋友圈的过程中,会被动接受到朋友所分享的内容。因此很多公关抓住朋友圈分享的功能,进行软文推广。事实上,朋友圈属于一个相对封闭的社交环境,朋友圈内的个体间的关系比现实环境下公关活动的主客体关系更亲近,有一种天然的亲切感,易形成良好的口碑效应。在信息传播行为方面,既可以进行图文并茂的信息传播也可以将其他网络平台上发布的精彩内容在朋友圈进行分享,支持网络链接方式打开。同时可以针对分享内容进行精炼的文字评论。

(6) 微信公众号。微信公众号全称是微信公众平台,其功能主要是利用公众账号平台进行自媒体活动,简单来说就是进行一对多的媒体性行为活动,如商家通过申请公众微信服务号通过二次开发展示商家微官网、微会员、微推送、微支付、微活动、微报名、微分享、微名片等,已经形成了一种主流的线上线下微信互动营销方式。

公众号的类型主要分两种:订阅号和服务号。两者间的差别见表8-1。

表8-1 微信订阅号与服务号对比

对比项目	订阅号	服务号
信息显示位置	订阅号夹	微信首页
信息提示方式	小红点	数字提示
推送信息次数	每天一次	每月4次
注册身份	个人、企业	企业
接口权限	自定义菜单栏、获取用户信息	

这里可以通过两个例子对这两种类型的公众号进行比较。比如服务号"小薇健康"在其功能介绍中明确提出"提供医院信息、预约挂号、咨询医生、特价体检、特惠陪诊、慢病管理等就医与健康管理服务。"而著名的订阅号"央视新闻"则在其功能介绍中明确提出"提供时政、社会、财经、体育、突发等新闻信息以及天气、路况、视频直播等服务信息。"对比这两者可明显发现，前者更像一个小型服务网站，而后者更接近一份报纸的功能。

微信公众平台无法主动添加好友，只能被他人添加为关注，通过认证的用户可以在微信公众平台被搜索到。因此如何"吸粉"成为公众号运营的关键。粉丝关注企业公众号的动机之一就是获得实惠。如果企业运用微信公众平台及时推送优惠、打折信息，或者以抢红包、抽奖、派发优惠券或会员卡这种游戏的方式让利给粉丝，往往能收到较好的吸粉效果。在拥有一定数量粉丝后，将其进行自定义分类，如按性别、地区、语言等，这样可以增加群发消息的针对性。有了粉丝基础，就可以根据需要定期推送相关信息，不管是开展日常公关活动还是处理危机公关事件都能够及时、充分的发挥公众号的作用。

微信公众号还可以通过回复功能为用户提供客服。回复功能包括人工服务和自动回复两种。人工服务一般由官方的客服通过登录微信公众平台察看实时消息，从而获得一些用户反馈，或者发现自身问题，从而形成与互动、解答和跟踪各类相关的问题。自动回复是在公众平台上进行设置，将用户的常见问题通过设置回复关键词的形式引导向相对应的回答内容。

（7）微信活动。微信活动是一种非常实用的方法，也是增加粉丝数量最有效的方法，分线上、线下两方面。线上活动：活动内容只在线上进行，包括晒照片、送祝福、积点赞、积转发等；线下活动：与实体店家相结合的活动。

1）电子优惠券：想要参与商家的打折活动必须有优惠凭证，商家可以在微信中利用回复连接和网页设计做电子优惠券，用户只有看到电子优惠券才能享受优惠。

2）电子会员卡：利用微信开发模式，制作电子会员卡。顾客使用时进行简单注册，顾客信息才如数据库，还可以根据需求进行电子积分，和店家实体活动相结合开展营销和公关活动。

自媒体与新媒体

四大传统意义上的媒体是指报纸、杂志、广播、电视。新媒体是新的技术支撑体系下出现的媒体形态，如数字杂志、数字报纸、数字广播、手机短信、移动电视、网络、桌面视窗、数字电视、数字电影、触摸媒体等。自媒体是随着新媒体的发展而产生的。自媒体包括但不限于个人微博、个人日志、个人主页等,其中最有代表性的托管平台是美国的 Facebook 和 Twitter,中国的微信和微博。首先,自媒体继承了新媒体的传播特点。同样依赖网络 Web2.0 的支持,自媒体几乎完成了新媒体能完成的所有任务(Web2.0 则更注重用户的交互作用,用户既是网站内容的浏览者,也是网站内容的制造者)。其次,自媒体独自发扬了自有的特点。自媒体拥有了更大的话语空间与自主权,使用者可以自由的构建自己的社交网络等。自媒体成为了草根平民大众张扬个性、表现自我的最佳场所。所以从中文的字面意思来讲,自媒体的"自"还可以理解成"自由度"较之过去的"新媒体"有了明显的改善。

三、微博公关

微博,其实是微型博客的简称。它作为一种分享和交流平台,用户可以通过 Web、WAP 等各种客户端组建个人社区,以 140 字(包括标点符号)的文字更新信息,并实现即时分享。微博的关注机制分为可单向、可双向两种。其更注重时效性和随意性。与博客相比,微博更能表达出每时每刻的思想和最新动态,而博客则更偏重于梳理自己在一段时间内的所见、所闻、所感。

所谓微博公关,是指社会组织和个人,利用微博进行信息传播、沟通交流、塑造形象、整合资源、调配利益,从而实现公关目标的一种行为。目前被普遍应用于公关传播的有两类微博,一种是各类组织微博,如各级政务微博和企业官方微博;另一种是个人微博,如名人微博和网络红人、草根达人的微博。通过微博的互动、转发功能,能够实现传播内容在短时间内的迅速扩散,达到理想的公关传播效果。它具有如下特点:

(1)信息获取具有很强的自主性、选择性,用户可以根据自己的兴趣偏好,依据对方发布内容的类别与质量,来选择是否"关注"该用户,并可以对所有"关注"的用户进行群分类。

(2)微博宣传的影响力具有很大弹性,与内容质量高度相关。其影响力基于用户现有的被"关注"的数量。用户发布信息的吸引力、新闻性越强,对该用户感兴趣、关注该用户的人数也越多,影响力越大。只有拥有更多高质量的粉丝,才能让微博被更多人关注。此外,微博平台本身的认证及推荐亦有助于增加被"关注"的数量。

(3)内容短小精悍。微博的内容限定为 140 字,内容简短,不需长篇大论,门槛较低。

(4)信息共享便捷迅速。可以通过各种连接网络的平台,在任何时间、任何地点即时发布信息,其信息发布速度超过传统纸媒及网络媒体。

(5)低成本。微博的申请和运营都是免费的,而且维护的门槛和难度也很低,不需要投入较多的人力、物力和财力,成本相对低廉。

1. 微博公关的应用

(1)构建品牌形象,传播品牌影响力。微博公关对于品牌形象的构建作用不是立竿见影的,但通过微博,尤其是企业官方微博的内容传播可以逐步树立品牌个性,在潜移默化中构建品牌形象。传播品牌影响力。

(2)加强用户互动,拉近用户距离。前文提及微博的关注机制既可单向也可双向,通过这种双向互动,可以有效地开展微博公关活动。用户不仅可以关注企业官微的最新动态,还可以对微博内容进行评论、转发、点赞等,甚至可以参加相关的话题讨论。多样化的互动拉近了企业与用户的距离,进而形成一种稳定的、可信赖的企业形象。不光企业官微如此,一些名人的个人微博在这一作用上可谓发挥的淋漓尽致。

美国总统特朗普,就是一个推特(世界上最早也是最著名的微博,Twitter,美国版微博)的狂热爱好者,在他开通推特近七年来总共发布了近四万条内容。大到国际政治小到家庭生活,在他的推特上都可以看到。也因其在推特上极具个性的言论,使其树立起独树一帜的个人形象。他说过的金句,他的表情包都火爆网络;他在推特上怒怼黑粉,也曾晒过外孙女的中国话,种种接地气的行为无形中拉近了高高在上的美国总统和全球网民的距离,使其成为美国历史上前所未有的网红总统。

(3)实时监测,及时介入。企业可以通过微博对用户的提问、反馈以及企业形象做维护和处理。微博在对企业品牌和口碑进行实时监测的同时,对一些因突发情况引发的品牌危机,也可以实施及时介入,开展危机公关。比如每年的央视3.15晚会过后,各大上了黑榜的企业都会在第一时间通过官方微博针对3.15晚会上曝光的问题做出回应,要么澄清事实,要么承认错误,总之都是通过微博公关力图挽回形象,转危为安。

(4)辅助其他公关行为。随着微博用户的不断增加,微博的影响力在不断扩大,越来越多的企业通过微博来辅助其他公关活动。最常见的形式之一就是通过微博对线上线下活动进行宣传推广。

课堂讨论 谈谈你所知道的微博公关的经典案例。

2. 微博公关的技巧

(1)巧妙借势策略。2016年8月29日播出的《鲁豫大咖秀》中王健林语出惊人"先定一个能达到的小目标,比方说我先挣它一个亿"。这句话迅速刷爆网络成为最火的网络金句,热情的网友创作出多个改编版,国美在线官方微博迅速反映,马上发布了与之相关的微博内容:睡觉前刷微博,看了看王健林1亿小目标的新闻。我想如果我是首富,我给自己要定个小目标我开始存钱买辆兰博基尼,1秒,2秒,……,5秒,好了,存够了!啪,一巴掌把我从梦中惊醒,旁边的老婆说:孩子的安全座椅还没买呢,还想兰博基尼呐?别做梦了!!!博文后面通过网络链接可跳转至国美在线安全座椅的购买页面。

(2)意见领袖策略。有些微博帐号通过新浪微博官方认证加"V",还有一些是微博大号,主要包括文体明星、公众人物、草根名人、网络红人等。这些人在微博上保持着较高的活跃度,拥有数量可观的粉丝群,其微博言论对粉丝有着较大的影响力,我们称之为意见领袖。在微博公关中可以充分发挥意见领袖的作用。通过这些意见领袖的微博转发、互动等活动扩大企业品牌的影响力和知名度。比如小米手机就曾通过微博发起寻找国民级代言人的活动,从国民女神刘诗诗到国民弟弟刘昊然,都成为其品牌代言人。这些代言人,也通过各自的微博转发了小米的这次线上活动,得到明星粉丝的强烈响应,整个活动在短时间内被迅速传播。意见领袖的效应充分显现。

(3)黄金时间策略。微博公关讲究时间效应,特别要把握好黄金时间原则,也就是微博发布的时间极有讲究。很多企业官微都喜欢选择在周一发布重要的微博信息,事实上周一是一周内的首个工作日,工作任务相对集中,工作压力大,没有太多的闲暇时间用于刷微博。整体来看,一周内的周三周四微博用户相对活跃,用户参与互动的意愿更高。就一天来看，用户活跃期包括：上下班时段、午休时段和晚上睡前时段。选择在这些时段发布微博，可以保证尽可能多的覆盖目标用户。

第三节　网络公关其他常见形式

一、搜索引擎公关

个人或组织通过有意干预，使谷歌、百度等搜索引擎尽可能显示有利于自己的信息，减少负面信息，使个人或组织处于比较有利的位置。其中最典型的方式就是搜索排名。用户在搜索引擎中输入关键词进行信息搜索，所得到的搜索结果存在先后顺序的排列，在公关传播中，就需要让对组织有利的信息尽量排在前面，以获取更多的用户访问。

为了占据搜索排名的前列，组织需要向搜索引擎公司支付一定的广告费用这就是著名的百度竞价排名。用户出于对搜索结果的信任，往往更多的访问排名靠前的网站。事实上，搜索结果的排名顺序与组织本身的知名度、影响力并无太大关系，这在客观上对用户造成一定程度的误导，著名的魏则西事件就是由百度竞价排名所引发的悲剧。

【案例】

魏则西事件

2016年3月30日，魏则西在知乎网上记录了自己求医的经历，其中关于武警二院和百度搜索的内容引发广泛关注。

据华西都市报报道，魏则西的父亲魏海全告诉记者，当初在北京的一家肿瘤专科医院里，他听了一位医师的推荐，在通过百度搜索和央视得知"武警北京总队第二医院"后，魏则西父母前往考察，并被该医院李姓医生告知可治疗，于是魏则西开始了在武警北京总队第二医院先后4次的治疗。从2015年9月份开始，魏则西在父母的带领下先后从陕西咸阳4次前往北京治疗。

2016年4月12日上午8时17分，魏则西在咸阳的家中去世。

2016年4月27日早上，新浪微博网友"孔狐狸"发布了一则消息称，其在逛知乎网时，看到了魏则西的患癌帖子，进一步了解到魏则西已经病故的消息，"然后百度了这个疾病，发现那家竞价排名的医院依旧在首位。"

孔狐狸真名孔璞，是《新京报》原知名调查记者，现为一家与购物相关网站的内容运营总监。孔璞说，这条微博第一时间没什么人转，一位医生转载后，才引起了医生群体的注意。"想过微博可能会引起热议，但后期舆论发酵的过程出乎意料。"

这条微博转载上万后，被孔璞设为仅自己可见，但网友认为微博"神奇消失"，顿时激起了好奇心，舆论的矛头也由此一步步指向百度。在微信上，相关话题也被迅速点爆。4月29日之后，《医疗竞价排名，一种邪恶的广告模式》《一个死在百度和部队医院之手的年轻人》等文章开始热传。第二天，此话题逐渐形成热度。随着这些阅读数上十万的文章纷纷涌现，矛头又逐渐指向了"莆田系"及武警医院科室外包问题。在舆情发酵过程中，百度共进行了两次回应。

2016年4月28日百度对此回应称，武警二院是一家公立三甲医院，资质齐全。百度还称，得知此事后，他们立即和魏则西爸爸取得联系。

2016年5月1日百度再次回应称，正积极向发证单位及武警总部相关部门递交审查申请函，希望相关部门能高度重视，立即展开调查。

5月9日晚间，"魏则西事件"终于有了一个初步结果。由国家网络信息管理办公室、国家工商总局、国家卫生计生委联合成立的调查组，正式公布了调查结果，对百度提出三大类、多项整改要求。百度随即回应，提出从六个方面全面落实。李彦宏还发了内部信，提醒百度人"勿忘初心，不负梦想"。

思考：结合魏则西案，谈谈搜索引擎这种竞价排名制度的弊端。

二、社群公关

这里所说的社群指的是网络社群，它是通过各类网络应用连结在一起，在建立的网络群体中，每个用户的行为都有相同而明确的目标和期望的群体。社群的形式包括论坛、微博、QQ群、微信群等。

社群公关就是将有共性特征的目标群体聚集起来，组建社群，更有针对性的开展企业公关活动。

社群公关的优势：

（1）通过专业的优质内容输出形成社群圈层，并建立中心化的信任关系，依靠专业度建立信任度。

（2）依靠社交平台积累社群关系，确保与群内公众间的高频互动。

（3）为群内公众提供更有针对性的产品和服务，满足公众需求，从而为树立品牌形象、打造品牌知名度服务。

三、网络直播公关

2016年被称为网络直播的元年。这一年花椒、映客等众多直播平台上线，国内在线直播平台超过200家，网络直播用户规模飞速发展，其中视频直播市场的日用户活跃量达到2000多万，全民直播的时代到来。直播平台因为其拥有的海量用户、飞速发展的势头、低门槛低成本的特点，被一些品牌运用于公关活动中，并取得了不错的效果。

1. 直播公关的几种模式

（1）直播+整合传播。以线上线下相结合的方式，组织直播平台上的粉丝参与直播活动，满足大众对直播这一新兴形式的好奇心。例如，网易为推广网游《天下3》，携手映客直播平台的六大人气主播发起直播活动"寻找天下最佳男友"。主播从民政局出发一路到闹市区对路人进行随机采访，在线下互动的同时向直播间游客推荐网游，整场直播吸引了数十万《天下3》的游戏用户观看和讨论。通过直播将线上线下结合起来，整合传播模式初见成效。

（2）直播+发布会。新品发布会携手直播平台成为品牌推广新品入市的一个常见办法。例如，罗永浩的新一代锤子手机坚果R1的新品发布会2018年5月在鸟巢举办，包括斗鱼、全民直播、腾讯视频等多家直播平台对发布会进行了直播，吸引了近百万网民的围观。为新产品的推广成功的进行了第一波的宣传造势。

（3）直播+品牌推广。熊猫TV联手《鲁豫有约》策划的"亚洲首富王健林的一天"的直播活动，意在宣传南昌万达文旅城项目。直播过程中有近30万人在线观看，为整个万达文旅城品牌的宣传推广起到了一定的推动作用。

（4）直播+广告。这种模式是在直播的场景下，配合观看者的评论，进行产品和品牌的推广，触动消费者的购买心理，进而促进购买。2016年6月，联想在美国举办了创新主题会议Tech World，联想CEO杨元庆为配合联想美国的Tech World科技大会，推广联想的新产品，在映客直播上开启了长达5个小时的直播活动。吸引了200多万人在线观看，赢得粉丝的良好口碑，也为联想的新产品做了一次成功的广告宣传。

（5）直播+意见领袖。这里的意见领袖既包括明星艺人、社会名人，也包括网络红人。这部分意见领袖在公众中享有较高的知名度，在原有粉丝基础上，通过直播平台可以扩大个人影响力，加强粉丝维护。2016年7月，网红papi酱携手签约的8大直播平台献出直播首秀。与美即面膜合作发布的第一支视频直播广告，吸引了近2000万人次观看，获得1亿点赞量，充分彰显出其庞大的个人影响力。

课堂讨论

直播平台自诞生起就争议不断，媒体上多次曝光未成年人利用家人银行账号给网红主播巨额打赏；公司会计盗用公司财务打赏女主播；个别主播因传播低俗内容被封杀等等。多个直播平台因此被网信部约谈，勒令整改。应该如何正确的看待直播，如何利用直播开展公关活动？

第四节 网络活动公关

网络活动公关是组织以互联网为媒介，借助重要的网络媒体平台，开展或组织网上公关活动。各类网络活动公关打破了时间和地域的限制，具有良好的即时性和互动性，提高了公众参与度。通过与公众、媒体的及时互动，能够精准定位目标公众，及时准确的了解并满足公众需求。更重要的是，网络活动公关在满足公关传播需求的同时能够实现低成本运作。具体形式包括：

1. 建设公共关系型的企业网站

企业网站也是企业形象的彰显。网站上的企业咨询、企业文化、企业广告等公关信息都在持续不断地向公众输出。公众通过网站不仅可以获得相关资讯，还可以通过在线客服、留言板等渠道提问、投诉，及时得到答复。企业也可以通过网站搭建起一个与公众间互动沟通的桥梁。

2. 召开网络新闻发布会

传统形式的新闻发布会需要提前策划、周密安排、有力组织，要求投入大量的人财物。而网络新闻发布会不受时间空间的限制，通过一些常用的聊天工具和视频软件就可以进行，大大降低了成本提高了效率。

3. 及时发布网络新闻稿

传统媒体有严格的新闻审核制度，在新闻时效性上明显要弱于网络媒体。针对一些突发事件，特别是突发危机事件，作为企业来说时间就是生命，要在第一时间抢占舆论高地。这个时候网络新闻稿的优势就凸显出来。可以在第一时间做出澄清，挽回组织形象。比如一直为业内称道的海底捞公关案例。2017年8月25日央视新闻曝光了海底捞后厨卫生状况堪忧，当天下午海底捞就通过官微、官网等网络渠道发布新闻稿，作出回应。在新闻稿中，海底捞直面问题，承认错误，详细说明公司针对此问题采取的整改措施。这篇快速、坦率的新闻稿一经发布，原本沸腾的民怨发生扭转，得到公众的谅解，及时挽回了组织形象。

4. 网络公益

由公共关系主体以网络媒体为活动平台，联合政府组织、非政府组织和其他合作单位，发起公益活动，吸引相关受众参与，以达到树立公关主体良好形象、提高美誉度的线上公关活动。具体形式包括网络捐赠、网络公益片、网络志愿者行动等。

5. 赞助网络活动

企业通过赞助一些有影响力的网络活动，可以扩大自身的品牌影响力，为企业赢得良好的声誉。2017年火爆全网的网综《中国有嘻哈》不仅带火了一众嘻哈音乐人，还带火了抖音、小米、农夫山泉维他命水等一众品牌赞助商，在节目播出的几个月间品牌热度高居不下。

第五节　网络公关与舆情监督

一、网络公关存在的问题

网络是把双刃剑。由于网络自身存在着虚拟化、自由化、开放化的特点，使得基于网络平台的公关活动也存在着不可忽视的弊端。

1. 内容的真实性存疑

网络媒体没有传统意义上的"把关人"，这一方面保证了整个媒体环境高度自由与开放，但另一方面不可避免地要面对虚假信息甄别困难的问题。在新媒体平台上每日向受众提供着海量信息，这些信息的发布者多为匿名，无从核实，信息审核又远没有传统媒体那么严密，言论也缺少有效监管，因此信息的真实性很难得到保障。而普通受众缺少甄别虚假信息的能力，因此很容易被一些炒作者利用，成为谣言散播的工具。纵观近几年的发生的网络谣言案件，从秦火火谣言案、郭美美炒作事件，到马航失联案、康师傅地沟油案，不管是个人、企业还是政府都深受网络虚假信息的侵害，一旦处理不好反而会使事态恶化，爆发群体性事件。

2. 信息保密性差

新媒体高度开放的媒体特性势必存在着信息泄露的隐患。在一系列的网络公关活动中类似账号注册、实名制认证、物流信息、网上购物等行为都存在着信息泄露的风险。以个人信息泄露事件为例，几乎每个手机用户都收到过垃圾短信的骚扰。除了受黑客攻击导致的被动泄密事件以外，甚至出现企业或企业内部工作人员为了牟利，主动向房产公司、金融理财公司等有需要的对象售卖用户数据。这一类型的网络安全案件层出不穷，仅2014年就先后曝出"火车票购票网站12306出现用户数据泄露漏洞""携程网信息安全门事件""快递官网遭入侵，1400万用户信息遭转卖"等多起网络个人信息泄露事件。如何增强网络公关过程中的信息保密性，防止类似事件的再度发生成为亟待解决的问题。

【案例】

百度被黑

2010年1月12日上午7点钟开始，中国最大中文搜索引擎"百度"遭到黑客攻击，长时间无法正常访问。主要表现为跳转到雅虎出错页面、伊朗网军图片、出现"天外符号"等，范围涉及四川、福建、江苏、吉林、浙江、北京、广东等国内绝大部分省市。

百度被黑已非首次。2006年9月12日，有网友称从当天17时30分开始，百度无法正常使用,网站出现仅首页能正常登录,但搜索内容时速度极慢的情况。而且这样的现象同时出现在北京、重庆、广州、长沙等地。直到半个小时后,百度网站才恢复正常。此后,百度声明,其遭受了有史以来最大的不明身份黑客攻击。当时半个小时无法正常访问已经引起网友的热议,而今日(2010年1月12日)的事件,是自百度建立以来,所遭遇的持续时间最长、影响最严重的黑客攻击。

这次百度大面积故障长达5个小时,也是百度自2006年9月以来最大一次严重断网事故,在国内外互联网界造成了重大影响,后百度公告称域名在美注册商处遭非法篡改,正在处理。CEO李彦宏在百度贴吧回应"史无前例",表达了对于事件的震惊。

(资料来源:百度百科 百度被黑事件 http://baike.baidu.com)

问题:在网络安全问题日益凸显的今天,可以采取哪些措施确保信息安全?

二、舆情监控与风险应对

1. 什么是舆情监控

在介绍舆情监控之前,我们首先要知道什么是"舆情"。舆情是"舆论情况"的简称,是指在一定的社会空间内,围绕社会事件的发生、发展和变化,作为主体的民众对作为客体的社会管理者、企业、个人及其他各类组织及其政治、社会、道德等方面的取向产生和持有的社会态度。它是较多群众关于社会中各种现象、问题所表达的信念、态度、意见和情绪等等表现的总和。舆情监控则是对民众公开发表的言论、观点等进行监督、预测、控制和引导的行为。

以报纸、电视为代表的传统媒体,准入门槛高,民众无法借助这样的媒体完全自由自主的表达意见,政府对传统媒体及其舆论的监管也更严苛。而在网络媒体中舆情的监管难度更大,风险更高,因此本节我们主要针对网络舆情监控与风险应对展开讨论。

图8-1 网络舆情的形成过程

2. 舆情形成的过程

如图8-1所示,在事件发生后,需要一段时间进行信息传播活动,根据事件的性质和严重程度持续时间有长有短。接下来通过信息传播活动会有越来越多的网民和网络媒体接收到事件信息,不同的人、不同的网络媒体对于事件会形成不同的意见、看法,这些意见经由网络平台传播出去影响更广泛的受众,于是形成舆情。政府或事件涉及到的相关机构需要掌握舆情动态,通过各种手段引导舆情朝着良性的方向发展。

分阶段来看,整个网络舆情的发展可以分为四个阶段,包括:酝酿期、形成期、爆发期和衰退期。接下来就结合在2014年8月兴起并盛极一时的"冰桶挑战"事件来分析一下在这四个阶段网络舆情的发展变化情况。

冰桶挑战全称ALS冰桶挑战赛(ALS Ice Bucket Challenge),要求参与者在社交网上发布自己被冰水浇遍全身的视频内容,然后该参与者便可以点名其他人来参与这一活动。

活动规定，被邀请者或在24小时内接受挑战，或就选择为ALS（肌肉萎缩性侧索硬化症，又称"渐冻人症"）协会捐出100美元。该活动旨在让更多人知道并关注ALS这一罕见疾病，同时也达到募款帮助治疗的目的。

（1）酝酿期：2014年8月17日前，一些网友利用微博、微信等自媒体平台零星转发国外名人大佬参加冰桶挑战的视频和新闻，部分网友希望也能参加挑战。据天涯舆情监测中心监测，国内冰桶挑战活动最早由微博用户"吴丹扬"在8月9日发起，但由于个人粉丝数量有限并未引起众人的关注。随后，这则源于国外舆论场的社交话题经由国内自媒体传播后，渐渐开始进入国内舆论场，引发网民的关注。

（2）形成期：2014年8月17日，小米创始人兼CEO雷军接受国外DST老板Yuri的冰桶挑战，并点名奇虎360CEO周鸿祎、锤子科技CEO罗永浩、华为荣耀业务部总裁刘江峰等企业大佬参与挑战，随后不少企业大佬相继被点名。在企业大佬的"带头示范"下，该项挑战活动一进入中文互联网便呈裂变式传播，就像病毒一样瞬间引爆国内网络舆论场。

8月18日—20日，该挑战活动开始向演艺界、体育界扩散。被点名的人越来越多，名人效应进一步扩散，很多普通网友除了围观大佬们被水浇的囧态外也纷纷参与进来。与此同时，传统媒体也开始大面积报道。该话题进入全媒体传播时间。

（3）爆发期：2014年8月20日后，该话题呈多元化扩散传播，网络舆论除了继续关注各界人士参与挑战外，也对渐冻人现状、创新公益、罕见病救助等方面进行关注和解读。也有舆论指责一些名人或机构的冰桶挑战系表演作秀，违背了慈善初衷。另外，政府部门也参与进来，卫计委被点名，民政部表态。在名人效应及主流媒体大面积报道下，该话题在网络舆论场全面爆发，舆情热度呈几何级指数增长，网络舆论持续热议。

据天涯舆情监测中心的统计，截至2014年8月21日24时，相关话题论坛贴文超过1000条，相关话题网络新闻超过13000篇，相关话题微博超过300万条，引发20.9亿人次阅读。来自各方面数据显示此话题舆情热度正处于持续热议阶段，其后势发展值得社会各界密切关注。

（4）衰退期：2014年8月底冰桶挑战相关舆情开始出现降温的趋势。

从冰桶挑战的案例可以看出，整个事件从酝酿到衰退的过程时间非常紧凑，可以说整个舆情发展在极短的时间内就形成一种井喷的态势。这跟这次事件的大众性、娱乐性有着紧密的关系。还有一些事件由于其本身的严肃性和可能产生的重大影响，使得舆情发展过程相对就没有这么迅速，例如马航MH370失联事件，从2014年3月8日事件发生一直到2015年8月发现飞机残骸，随着新情况、新进展的出现，整个事件在一年多的时间里多次成为舆情热点，掀起一个又一个的舆论高潮。

3. 如何进行舆情监控

（1）舆情监控的原则。舆情监控的基本原则可以概括为十六字方针，即"预防为主，适时干预，把握分寸，持续追踪"。

1）预防为主。舆情监控，首先要做的就是监督和预测，以达到未雨绸缪、防患于未然的目的。具体来说，可以通过专门的机构、部门和人员从事舆情监督工作，长期监督网络舆情的发展变化情况，掌握整体趋势，为及时干预做好准备。其次，要建立网络舆情预警机制，通过舆情数据收集统计，进行定量与定性分析；研判事件可能产生的影响和传播的效果；设置预警等级，根据事件的热度、强度和影响程度，设置蓝色、黄色、橙色、红色四级预警。

制定网络舆情处理预案，要根据蓝、黄、橙、红四个等级的舆情特点分别有针对性的制定预案，预案内容包括：舆情收集、舆情研判、舆情报告、舆情处理和引导等环节。预案实施过程中可根据具体情况进行灵活调整。

2）适时干预。适时干预的"时"有两层意思，一层是强调及时，要在第一时间发现舆情，做出反应。发现越早，干预越及时，处理效果越好。结合我们在前文提到的舆情发展四阶段看，在酝酿期的及时介入往往更能取得理想的引导效果。另一层意思指的是抓住最佳的处理时机，人民网舆情监测室提出"黄金四小时"法则，此法则主要针对网络舆情传播速度快，传播范围广的特点，如果不做任何干预，舆情发展很可能在四小时之内就演变为铺天盖地、无法收拾的局面。

对于舆情的干预，包括控制和引导两个方面，其中引导为主。提到"控制"很多人第一时间想到的是在网上经常出现的删帖、禁止发言等强制性措施，这是我们在面对很多网络暴力事件时不得已采用的一种强制手段，在短时间内可以起到明显的效果，但一定要谨慎使用，使用不当会激起网民的逆反心理，引发更大的负面舆论。

舆情干预最重要的还是引导，一方面要积极组织力量对网络上的帖文、报道、评论，及时作出回应、跟帖、互动，引导网上言论；另一方面积极联系主流媒体，利用他们的影响力和权威性占领舆论高地，获得网民信任。

3）把握分寸。一方面要把握好尺度，既要充分尊重网民言论自由，但面对有损国家利益和侵害他人权益的言论也要坚决制止。另一方面要把握好态度，立场要鲜明、态度要坚决，但同时也要允许不同声音的存在。

4）持续追踪。正如我们前文提及的马航MH370失联事件一样，很多网络舆情的发展随着事件的推进具有持续性的特点，那么网络舆情的监控也相应的要做好长时间追踪的准备，既要实时关注舆情新动向，又要根据变化，不断发布新声音引导舆情。

（2）舆情监控的常用方法。

1）利用技术手段提高硬件水平。目前国内普遍使用的舆情监控技术手段是舆情监测系统，通过该系统可以实现对网上信息的数据化处理，包括信息的抓取、筛选、分析、处理等，实现全面、精准、实时的舆情监控，达到及时预警的效果，有些平台还可提供详细的预案支持。服务的对象既包括政府、行业、企业、媒体等组织，也包括个人用户。

目前常见的舆情监测系统有这样几类，一种是以媒体为主体，包括人民网舆情监测室、天涯舆情监测中心等，这一类舆情监测系统立足于媒体，享有先天的资源优势，数据的获取更全面、便捷。第二类是以RANK舆情监测系统、红麦舆情研究实验室为代表的专门性的舆情监测机构，这一类舆情监测系统专业性更强，监测分析结果也更加客观。最后一类是以高校和科研机构为依托的学术机构，比如天津社会科学院舆情研究所、复旦大学传媒与舆情调查中心，这类型的舆情监测学术型更强、理论水平更高。

2）新旧联动占领舆论高地。这里的"新"和"旧"分别指的是以互联网、手机为代表的新媒体和以报纸、电视为代表的传统媒体。在网络舆论环境下，传统媒体依然享有高度权威的裁判权。网络信息的来源多样，传播迅速，而对网络信息把关的环节被极大的弱化，因此就有了我们在前文提及的网络虚假信息多，网络泄密事件频发等问题。在面对各种各样的声音时，网民很容易被误导，成为不良舆论传播的工具，这时候就需要报纸、电视等传统的权威媒体出面发出正面声音，占领舆论高低。《人民日报》《新京报》《中国青年报》，新华社、中央电视台、各大省级卫视等都是传统的权威媒体，这类媒体信息把关严格，影响力大，公信力高，能够有效的引导舆论导向，纠正错误信息，遏制不良信息的传播。

以 2015 年 8 月 12 日发生的天津港爆炸案为例，由于新媒体在传播速度方面的先天优势，整个事件由爆发起，各种新情况新进展，新媒体都进行了及时的发布。与此同时，一些未经核实的不实信息也借助网络平台散布开来，"恐怖活动说""毒气扩散说""副市长之子涉案说"等言论严重混淆视听、扰乱舆情。在民众开始不安、猜测时，各大报纸、电视等主流媒体开始发声，政府辟谣、专家证言、现场报道等及时有效地抑制了不实信息的扩散，获得民众的信任。同时，这些传统媒体也开始利用自己的新媒体平台及时发布信息，比如央视微博、央视新闻的微信公众号，都在第一时间发布了来自传统媒体的权威报道，既保证了信息的真实性，又发挥了新媒体快速传播的优势，取得了良好的效果。

3）弘扬正能量倡导网络道德。舆情监控不能一味的靠防靠控，而是要从根本上提高网民的道德水平。通过议程设置引导社会舆论，建立正确的价值观。增强网民的自律意识，提升网络道德修养，发挥道德情操的约束作用，引导网民切实规范自身的网络行为。

4. 如何应对风险

如果舆情监控效果不理想，那么如何应对有可能发生的风险呢？可以从如下几个方面入手。

（1）第一时间反应。很多网络舆情的发展都是因为没有在第一时间做出反应而演变为无法收拾的局面。抓住事件曝光后的"黄金四小时"是能否将风险降至最低的关键点。以在 2013 年闹得沸沸扬扬的张艺谋超生事件为例，事件于 2013 年 5 月被媒体曝光，引起网友火速围观，当事人张艺谋方面一直未做任何回应，而主管计划生育工作的各级计生委也多以"正在调查核实"，甚至是"找不到当事人"作为回应。由于没有来自当事人和政府部门的权威回应，一时间网上各种声音四起，有传闻张艺谋有七个孩子，网友戏称其为"葫芦娃他爹"；也有人质疑计生委不作为，并在网上发出"帮助计生委寻找张艺谋"的呼吁；还有人称这是"名人特权"，多位育有多子的名人被网友扒出，其子女信息遭人肉。整个事件愈演愈烈，越来越多的人被卷入其中。直到 2013 年 12 月，事件曝光 5 个多月后张艺谋工作室才正式做出回应，承认超生，并公开道歉。事件以张艺谋如实缴纳 700 多万元的罚款为结局，一场持续了半年多的舆论热点总算是落幕了。试想如果在事情发生的第一时间张艺谋就能做出回应，那么有关"超生门"的舆情也就不会一再发酵，造成如此大的负面影响。

（2）统一口径。除了要第一时间作出回应外，回应的内容也要注意保持一致。特别是一些重大事件，涉及的人员多身份杂，不同人在面对媒体作出回应时要做到口径一致，同一个人在不同时间不同媒体前作出的回应也要前后一致。一旦出现口径不一、前后矛盾的情况会严重影响到组织的公信力。还是以马航 MH370 失联事件为例，从马航、马来西亚军方、马来西亚民航局、马来西亚政府在回应相关事件时都多次出现口径不一，前后矛盾的情况。先是有政府官员确认飞机被劫确凿无疑，后又有民航局长出面否认，强调只是存在劫机可能；关于失联前的飞行航线，先是有空军司令表示失联前飞机有折返迹象，但很快遭到总理办公室发言人的否认，可是没过两天总理纳吉布又表示可能往西北方向折返。这种口径不一，前后矛盾的情况，遭到来自民众、媒体和他国政府的质疑，这无疑是给焦头烂额处理马航事件的马方雪上加霜，甚至后面马方再有新的消息发布很多网民都持怀疑态度。

（3）理性应对。面对网络舆情压力既不能一味躲也不能强制压，而是要理性地应对。首先要坦然面对，不藏不瞒。承认事情的存在，并如实汇报目前的情况和后期的安排。一味的躲藏会引发民众不安情绪的发生，而一时的隐瞒可能会得到短暂的太平，但一旦被揭发将会掀起更大的波澜。2011 年微博名人锤子科技 CEO 罗永浩曾掀起一场声讨西门子冰箱门关不严的网络事件，其实事件爆发初期只是罗永浩本人在其个人微博上抱怨自家的西门子冰箱门关不严，很快得到了众多粉丝的评论转发，也有人表示自己的西门子冰箱也遇到过同样的问题。可是西门子却拒不承认是其质量问题，并在其官方微博上做出了否认。甚至试图通过微博私信尝试私了。在遭到拒绝后又疑似雇佣网络水军以言语暴力攻击罗永浩微博。一时间网友们奋起而攻之，纷纷在其官方微博下发表评论，在强大舆论压力下西门子非但没有做出进一步的表态，反而关闭了评论，删除了部分内容。而罗永浩组织西门子冰箱用户在西门子总部门口维权，并现场砸坏三台冰箱的事件将整个网络舆情推向了高潮。最后，在事情发生两个多月后西门子中国区总裁终于发表公开道歉信，承认冰箱质量存在问题，并承诺维修。

其次要态度诚恳，真诚沟通。同样是在央视 315 晚会上被曝光，苹果手机是因为实行双重标准，在中国的售后政策涉嫌歧视；江淮汽车则是陷入"生锈门"的负面舆论。两家公司都就事件先后在各自的新媒体平台上做出回应，但回应的态度和具体行为却截然不同。苹果公司在公司官网上连发三篇声明，但声明内容被指态度傲慢，缺少诚意，不仅没能达到遏制负面舆论的作用，反而激起媒体和用户的愤怒，掀起长达半个月的媒体口诛笔伐。相反，江淮汽车第一时间在其官方微博中诚恳道歉，承诺召回问题汽车，并在新车发布会上由企业代表现场向用户和媒体鞠躬道歉，可谓诚意十足，一举获得媒体好评和民众谅解。

【实训设计】

一、实训目的

掌握网络公关的几种常见形式，针对不同形式的网络公关设计公关方案。

二、实训要求

结合本章内容，为本专业的招生宣传设计一套网络公关方案。

三、实训组织

（1）班级同学分组，一般 5~8 人一组，小组内部进行任务分工。

（2）收集资料、设计方案、完成方案撰写。

（3）班级内交流分享，教师点评，小组间评分，选出最优方案。

第九章 危机传播管理

> **学习目标**
> 1. 理解危机公关的含义。
> 2. 熟悉危机公关的程序。
> 3. 掌握危机公关的原则。
> 4. 掌握化解危机的基本方法。

【引例】

2011年7月10日、7月17日,中央电视台《每周质量报告》栏目先后播出报道《达芬奇"密码"》《达芬奇"密码"2》,指出达芬奇家居股份有限公司达芬奇天价家具洋品牌身份造假;销售的部分家具存在质量不合格等问题;部分产品原产地为中国,并非100%原装进口。达芬奇家具方面通过微博表示,达芬奇在国内销售的意大利品牌家具,均为在意大利生产并原装进口至国内。上海工商部门于7月10日对达芬奇位于上海的母公司、两家分公司、三个展示厅以及两个仓库进行了紧急检查,对涉嫌侵犯消费者权益的产品进行调查取证。执法人员在位于上海市青浦的仓库内查获了部分涉嫌伪造产地的家具产品,所有证据均进行了登记、保存。7月13日,因未取得消防安全许可证,达芬奇家居杭州店被杭州市上城区公安分局消防大队责令停业。7月14日起,该店关门停业并贴上了消防部门的封条。达芬奇家居18日晚发布《致消费者的公开道歉信》,称公司已开展内部清查整顿工作,并表示正在积极配合有关部门核实情况,将依照相关法律法规承担责任,绝不推卸。达芬奇家居在道歉信中称,有关媒体对该公司部分国际品牌家具提出了质疑,主要集中在某些产品产地标注问题、质量问题以及不规范宣传问题。

(案例来源:https://zhidao.baidu.com/question/876032906755326732.html)

【思考】

1. 分析该企业在组织运营过程中出现的问题及原因。
2. 危机发生后,该企业该如何应对?

第一节 组织危机与危机传播管理

公共关系危机,是指由于组织自身或者组织外部社会环境中某些事情的突然发生,打破了组织正常有序的运转状态,对企业产生负面影响甚至带来灾难的事件和因素,对组织声誉及其相关产品、服务声誉产生了不良影响、导致组织在公众心目中的形象受到严重破坏的现象。

一、公关危机的特征

综合已有的研究成果,从危机事件产生发展的基本过程看,危机传播主要呈现以下几个方面的主要特征。

1. 必然性和普遍性

危机的必然性是指危机是不可避免的，只要有公共关系就会有公共关系危机。原因如下。

首先，由于人们主观认识的局限性和客观规律的隐蔽性，使人们认识规律，驾驭规律的能力必然会存在偏差，所以任何的错误都可能变为现实。

其次，公共关系是一个层次众多的大系统，包括了许多彼此联系的复杂的子系统，是一个多输入、多输出、多干扰的主控系统，不确定因素的复杂性增加了危机产生的必然性。

再次，信息传播是公共关系不可或缺的因素。公共关系过程是一种信息传播过程，更是一种控制过程，从信息论的角度看，就是信源通过信道向信宿传递并引发反馈的过程。信息传递的过程中由于噪音的干扰势必产生失真现象，失真即有误差，误差导致错误，错误导致危机。

最后，任何策划和决策都以信息为基础，而且方案的执行过程也是一个信息传播的过程。信息经过多层次、多渠道、多阶段的传输之后，其失真现象必趋严重，导致系统的稳定性减弱，一旦震荡度加大，危机便接踵而至。

所以任何一个社会组织在它的发展过程中都遇到性质不同，表现形式各异的危机。

2. 突发性和渐进性

危机事件往往具有突然性和不可预见性。例如对地震等灾害还无法准确预报，对SARS这样的新型传染病也无法预先认识，对类似美国9·11事件那样的恐怖袭击也很难绝对严密防范。而这种事件本身的突发性决定了危机传播过程的突发性。在很多时候，危机的发生常常是在意想不到、没有准备的情况下突然爆发的，它是不可预见的或不可完全预见的。

公共关系危机事件是一种突发性事件，但往往是渐进式的形成。由于公共关系大系统是开放的，每时每刻都处在与外界的物质、能量、信息的交换和流动之中，任何一个薄弱环节都可能因某种偶然因素而致失衡、崩溃，形成危机。从本质上讲，公共关系危机的爆发是一个从量变到质变的过程。危机从其自身发展来说，一般有四个阶段：前兆期——加剧期——处理期——消除期。

（1）前兆期：危机的隐患初露端倪，向组织发出警告。大量事实表明，它是一个转折点，这时危机处在一个不稳定的状态，此时重要的是如何使这种状态向好的方面转化，扼制住它向坏方向转化的可能，化险为夷，转危为安。如果对前兆期的危机信号熟视无睹，它就会膨胀，到一定程度后，就会形成组织公共关系危机的爆发，并迅速蔓延，产生连锁反应，使公众与组织关系突然恶化，使企业措手不及。

（2）加剧期：危机的加剧期已经到来，就不会自行消失。这时，问题暴露，公众投诉，媒介追踪，声誉大降。这个时期，企业或社会公众已较清楚地了解到到底发生了什么事情。有关当事人介入行动，同时安排抢救工作。一旦进入危机加剧阶段，只能使任何控制危机的努力变成对损失程度的控制。

（3）处理期：处理期是危机灾难发展到顶峰的时期，抢救工作进入关键阶段。在此时期，公关机构设立信息中心，按时把抢救工作的最新消息传送给媒介人士。抢救期短则一两天，长则持续几个星期或更长时间。在发表各种消息时，一定要坚持"公开事实真相"的原则，以避免新闻媒介和社会公众的猜疑、质询。危机的处理期一般包括调查情况，自我分析，安抚公众，联络媒介等工作。

（4）消除期：消除期是指评估工作开始，抢救工作告一段落。在这一时期，除着手准备详细的调查报告外，主管部门和公关部门都还需要做一些具体的事，妥善处理危机后期工作，安抚人心。同时，依靠公共关系手段消除影响，矫正形象。

3. 严重性与建设性

危机事件作为一种公共事件，任何组织在危机中采取的行动和措施失当，将使企业的品牌形象和企业信誉受到致命打击，甚至危及生存。由此，为了应对各种突发的危机事件，西方现代企业一般都将其纳入管理的内容，形成了独特的危机管理机制。例如，伦敦证卷交易所为避免企业危机对股市的冲击，就提出了新规定，要求上市公司必须制订危机管理计划，建立危机管理机制，并要定期提交危机预测分析报告。

危机在本质上或事实上对社会组织产生的破坏性是巨大的，必须尽力防范和阻止。但是既然危机爆发了，暴露了组织存在的问题，更是给组织提供了一个检视自我应对风险能力的机会，危机的恰当处理也会带给组织新的收获。从辩证法的角度来看：危机＝危险＋机遇。

公共关系危机爆发之后，组织的公共关系系统处在不稳定的状态中，有效的公共关系工作必定会在原本无序的公关状态中建构更牢固的公共关系大厦，使无序走向有序。认识危机的建设性，才会采取主动姿态，沉着冷静，满怀信心地面对危机，从中寻找和抓住任何可能的机会；认识危机的建设性，才有可能认识到公共关系危机在破坏公共关系良好状态的同时，也为组织建立富有竞争力的声誉，树立组织的形象和为组织的重大问题的解决创造了机会。

4. 紧迫性和关注性

公共关系危机总是在短时间内突然爆发，使组织立刻处于备战状态，这就要求公关人员在第一时间全面掌握事实真相。危机爆发所造成的巨大影响，又令人瞩目。它常常会成为社会和舆论关注的焦点和讨论的话题，成为新闻界争相报道的内容，成为竞争对手发现破绽的线索，成为主管部门检查批评的对象。

危机虽然就其本意来说是危险和机会并存的一种状态，但危机早期所呈现的则是其破坏性甚至是灾难性，如果不能及时控制，将可能演变为更大范围的社会危机，影响社会稳定和发展的全局。当前，危机事件存在着规模和频率上升，组织性、暴力性、危害性加强的趋势。俗话说：好事不出门，丑事传千里。危机的传播，常常会导致事态严重恶化，并且呈现热点聚合的效应。与该危机事件有关的方方面面的情况都会成为人们关注和议论的热点。

5. 迅捷性和牵连性

由于交通、通讯技术的高度发达，人类交流活动日益频繁，使得危机的扩散往往非常迅速，危机一旦爆发，常常势不可挡，既具有突发性，又具有快速扩散性。特别是现代社会网络的高速发展，使得地球上任何一个地方的新闻都能为世界其他地区的人们所知晓，借助网络媒体的介质，现代社会危机传播中的信息传递速度和广度超越了以往任何的时代。

危机的牵连性是指危机之间具有相互依存、互为因果的关系，对于某一个危机事件的报道往往会影响到相关的领域，一个危机的爆发可能由于多米诺骨牌效应引起连锁反应。牵连性表现为三方面：一是同质牵连，是指与危机具有相同和类似品质的人、事或者产品受到牵连；二是因果牵连，是指某一种危机导致相关危机的爆发；三是扩散牵连，是指由于危机造成的心理恐慌使得人们把危机人为扩大到那些根本不存在危机的领域。例如，2003年5月加拿大顶级牛肉的出产省阿尔伯特省确认一头牛患有疯牛病后，整个加拿大的养牛业遭受重创，当年牛肉出口下降90%。

总之，组织公共关系危机一旦出现，它就会像一颗突然爆炸的炸弹，在社会中迅速扩散开来，对社会造成严重的冲击；它就会像一根牵动社会的神经，迅速引起社会各界的不同反应，令社会各界密切注意。

二、公关危机的类型

从不同的角度划分，公共关系危机有以下几种类型。

1. 从存在的状态划分

从存在的状态看，公共关系危机可划分为一般性危机和重大危机。

一般性危机主要是指常见的公共关系纠纷。从某种意义上说，公共关系纠纷还算不上真正的危机，它只是公共关系危机的一种信号、暗示和征兆。只要及时处理，做好工作，公共关系纠纷就不会转向公共关系危机，甚至于造成危机局面。

所谓重大危机，主要是指企业的重大工伤事故、重大生产失误、火灾造成的严重损失、突发性的商业危机、大的劳资纠纷等。它是公共关系从业人员面临的必须及时处理的真正危机。如产品或企业的信誉危机、股票交易中的突发性大规模收购等，公关人员必须马上应付处理。

2. 从同企业的关系程度以及归咎的对象划分

从同企业的关系程度以及归咎的对象看，公共关系危机可分为内部公关危机和外部公关危机。

发生在企业内部的公共关系危机称为内部公关危机。内部公关危机发生在企业之内，或者，这种危机的发生主要是由该企业的成员直接造成的，危机的责任主要由该企业内部的成员承担。

外部公关危机是与内部公关危机相对而言的。它是指发生在企业外部、影响多数公众利益的一种公关危机。本企业只是受害者之一。

从这一角度具体划分公关危机的类型时，内部和外部是相对的。因为有些公关危机的发生，内部和外部原因都有，所承担的责任大小也相差不多。故对具体公关危机的划分与处理必须具体分析，恰当处理。

3. 从给企业带来损失的表现形态划分

根据危机给企业带来损失的表现形态看，公共关系危机可以分为有形公关危机和无形公关危机。

有形公关危机给企业带来直接而明显的损失，肉眼可见。如房屋倒塌、爆炸、商品流转中的交通事故等造成的人员伤亡或财产损失。

无形公关危机给企业带来的损失表现得不明显。给任何一个企业的形象带来损害的危机，皆属于无形公关危机。如果不采取紧急有效的措施阻止，已受损害的企业形象将使企业蒙受更大的损失。

4. 从公关危机的性质划分

根据公关危机的性质来看，公共关系危机可以分为灾变危机、商誉危机、经营危机、信贷危机、素质危机和形象危机。

灾变危机是由于自然灾害和不可抗拒的社会灾乱而造成的组织危机。例如受到地震、山体滑坡、暴风等自然灾害的侵袭。灾变危机多是不以组织意志为转移的、突然发生的。灾变危机一般会引发公关危机，会带来公众关系和组织形象方面的问题。灾变危机往往通过破坏组织的生产经营实力来损害公众关系和组织形象。

商誉危机是指企业信誉和企业形象受到严重损害的危机。这种危机往往是由于企业不能履行合同或商品质量、服务质量低劣、危害消费者利益造成的。商誉危机在公众中的直接影响表现为企业失去公众的信任，显然这种危机使得企业行为失去了公众的支持，企业的生存岌岌可危。

经营危机往往是由于企业领导决策失误或管理不当造成的。有些企业经济效益差，生存步履维艰，很多是因为长期隐藏着经营决策方面的失误。若不立即做出决定性的变革，企业的生产经营将会严重恶化，最终导致企业破产。

信贷危机主要是指企业失去金融机构的信任，无法得到必要的周转资金，致使企业生产经营活动无法正常进行而导致的危机。企业信贷危机多是一种次生性危机，往往是在经营危机或商誉危机之后爆发的。

素质危机是指组织素质过低，竞争力差，无论人员素质、设备素质或管理水平在同行中均属下乘。企业的新技术引进、新产品开发和服务项目跟不上，在激烈的市场竞争中一筹莫展，处于十分被动的状态，路子越走越窄，面临着被兼并或破产的命运。

形象危机是指企业发生丑闻而使其形象严重破损的危机。组织形象危机是本质危机，如不采取重大措施，危机是难以渡过的。

一般情况下，各种危机是相互联系的。一种危机发生之后，往往会引发另一种危机。因此，对组织而言，一旦发生意想不到的危机或发现危机的苗头，应立即采取遏制危机的措施，避免其蔓延并引发其他的危机。

三、公关危机产生的原因

企业公关危机是企业经常会遇到的问题，如何解决企业公关危机，首先就要了解企业公关危机的发生的原因，在这里介绍几种常见的引起企业公关危机的原因。

（1）组织决策失误引发的危机。重大决策失误是造成经营性危机的重要原因。组织如果不能根据内外部条件的现状及变动的趋势制订正确的经营战略和公关战略，组织的生产经营行为就得不到公众的支持。

（2）组织管理不善引发的危机。由于组织管理基础工作差、管理的规章制度不健全、管理方法及手段不科学等原因造成的商品质量和服务质量的重大问题，也容易引发公众纠纷和突发性事件。

（3）日常消费者的投诉或员工与公司不和状告公司引发的危机。代表案例如宝洁SKⅡ危机，江西消费者将宝洁告上法庭，原因是使用SKⅡ产品后，非但没有出现宣传的神奇功效，反而导致皮肤灼伤。又如宜家危机，由于一位北京消费者向媒体反映，其在宜家购买的商品两周都没有送到，随后众多类似的投诉引发了宜家来华后的首次危机。

(4)国外发生的问题通过新闻报道引发国内外资企业产生的危机。代表案例如高露洁危机。有报道称,美国科学家发现高露洁牙膏中含有可能致癌的物质,而实际上这个报道来自英国一份不入流的小报。又如强生危机,起因是印度食品药物管理部门在婴儿油等多种强生产品中发现了对婴儿有害的石蜡油等化学成分,要求强生公司取消部分产品的"婴儿使用"标志。

(5)工商、税务、质检等政府机构发现企业质量问题或违法行为引发的危机。代表案例如光明牛奶危机:郑州市食品药品安全委员会发表书面调查文件称,郑州光明对在保质期内的库存奶进行再加工。而肯德基的"苏丹红"危机也是质检部门在其新奥尔良烤翅和新奥尔良烤鸡腿堡中检出"苏丹红"成分。

(6)民族情结引发的危机。如麦当劳播出的一则电视广告中含有消费者向商家下跪乞求优惠的镜头,因此在网络上掀起批判风潮。又如有媒体报道朝日啤酒等日本大企业资助日本右翼修改历史教科书、篡改日军侵华历史,长春市的部分超市和餐饮店开始停售朝日啤酒。

(7)安全生产方面引发的危机。代表案例有山西煤矿爆炸和富力地产建筑工人事故等。

除了上述原因外,产生组织危机的原因还有许多。一般来说,企业内部原因是造成公关危机的主要原因,特别是常见的经营危机、商誉危机、形象危机等。

三、危机传播管理

危机管理中的传播,是遵循组织危机管理计划,在组织、受害者和社会公众等三方面利益协调一致的前提下,坦诚地承认错误,虚心接受公众的批评,并采取积极地挽救或改进措施,求得组织、受害者和社会公众的理解,为组织制造舆论、恢复声誉、再建与公众之间的信任关系的工作过程。可以说,危机管理的成败很大程度上源于危机传播管理的成功与否。

危机传播管理是指针对组织的危机现象如何采取大众传播及其他手段,对危机加以有效控制的信息传播活动。它的目的在于,按照社会传播和新闻传播的规律,对危机处理过程进行干预和影响,促使危机向好的方向转化,恢复组织生存和发展的常态,重新缔结与目标公众的良性互动关系,将危机转化为组织的机遇,取得成功的希望。

危机传播管理重心在"传播管理",其任务是处理事故,控制事态,协调关系,重塑形象。

做好危机中的传播工作,一般来说,组织可以遵循7个"W"的传播方略,即按照Who——谁来出面,Whom——向谁传播,When——危机管理传播的时间选择,What——传播的内容,Why——危机的真相,How——如何传播诸方面的内容向公众传播。

国外对于危机传播的研究有着相当长的历史,积累了比较丰富的经验。危机传播研究发端于1962年古巴导弹危机,它被用来预测假设的政治形势,其目的是防止类似危机的发生,并预测采取措施的价值。1962年在泰勒(TY101)案例中,危机传播研究领域从政治领域拓展到商业、企业领域。1989年埃克森(ExxonValdez)石油泄漏事件使危机传播计划广泛应用在商业和企业管理,并开始进行危机传播的次一级学科研究。在整个20世纪90年代,危机传播研究迅速发展起来。其中,1996Valujet飞机案例是综合应用各种理论的代表。伦斯(Reinsch)形象地把危机和组织传播研究称为多样的、正在进化的领域。

我国对危机传播的研究,在2003年SARS疫情爆发前,主要局限于企业公关领域,更多地是以管理科学为核心的多学科研究。而在SARS危机出现后,每一个中国人亲历了政府主管部门从被动应对到主动化解危机的过程,从而亲身感受到了处理危机传播的重要性。正是从这个时期开始,以传播学为核心,系统探讨危机传播的基本规律及应对策略的成果如雨后春笋般涌现,一些成果也直接应用于政府、企业和社会相关单位应对危机的实践,极大丰富了危机传播的实证研究。其中2004年第四届亚太地区媒体与科技和社会发展研讨会在北京召开,来自美、澳、英、中等15个国家和地区的300多位专家、学者和管理界人士,就科技和媒体在重大危机应对中的地位、作用、规律和有效措施展开研讨,有力地促进了我国危机传播研究的系统化和规范化。

互联网高度发达的今天,危机传播的速度之快、范围之广远远超过了想象。企业、组织或者政府如何减少危机损坏程度的沟通信息,重新树立正面形象,对公关而言都是极大的挑战。

当危机传播开,公关部门或者公关公司使用怎样的公关策略,对于危机管理有着直接的联系及影响。危机传播研究领域的学者提出了很多的相关理论和模型,如威廉·班尼特(William Benoit)认为个人或组织是追求声誉最大化的,它们总是不断提高声誉、减少负责影响,而公众可能会包括各种不同的利益主体,需要对他们实施不同的战略措施,而媒体作为沟通一个组织和公众的中间因素,对引导舆论及公众观念有至关重要的作用。基于此,美国学者威廉·班尼特(William Benoit)提出了危机处理的五大战略:"不论"战略、逃避责任、减少敌意、超越及自责。美国学者托马斯·伯克兰(Thomas Birkland)认为那些突然发生的、不可预知的事件,在促进公共政策讨论方面起着重要作用。伯克兰理论是建立在议程设置功能和对危机传播事件的公共政策运用上的,他相信焦点事件在设置公众议题方面具有扮演主要角色的能力,能够引起或者引开公众的注意力,为媒体对焦点事件的采访能够引起广泛关注并促使采取改善行为。英国危机公关专家迈克尔·里杰斯特(M. Regester. Michael)认为危机管理的核心就是危机沟通,提出了著名的"3T"原则。

知识链接

一、伯克兰的焦点事件理论

所谓"焦点事件",伯克兰将其主要分为两类:

1. 常规性的焦点事件

常规性事件为一种具有一定可预测性的自然灾害,如飓风、地震等,因为这类事件大多是孤立的,对人们话题日程的影响有一定程式可循。另一种则为以前从未发生过或发生时间已经很长快被人们忘记的事件,这种新型焦点事件往往是因为技术和社会的变化所引起的。

2. 违反常规的"意外"

这类事件往往出乎人们的意料,其产生具有极大的不确定性或不可预测性,对日常媒体传播的常规的、可预知活动来说,带来一定的冲击性,很快就能成为各方人士发表意见的焦点。

伯克兰指出这两种"焦点"产生的效果及社会影响有一定的差异：如果全社会都一致认为这事是因为非人力所抗拒的力量所产生，如自然灾害，人们的注意力往往集中在我们能够为受害者做点什么这样的焦点上；而在第二类新型事件上，人们更关注事故的责任人，容易吸引舆论的讨论。

二、威廉·班尼特（William Benoit）的形象修复理论

班尼特的理论建立在这样的假设之上：个人或组织最重要的资产是它的声誉。他认为，就像其他有价值的资产一样，声誉或公众形象应该从战略高度去维护。任何社会组织必须最大限度地提高其声誉和形象。修复形象的危机应对模式分为五大战略方法。第一个战略是否认。他把否认分为简单否认和转移视线两种。第二个战略是逃避责任。此战略又包括四种不同的战术：不可能性、刺激、偶发性、良好意图。第三个战略是减少敌意。为使组织减少责任，保护声誉和形象，可采用援助、最小化、区分、超脱、反击、补偿等方法，目的是从各个方面减少错误行为传播的范围和程度。第四种战略是亡羊补牢。此战略通过制定相关法律、规定来减少以后类似事件的发生。第五个战略是自责。自责的内容包括道歉、忏悔和寻求公众的宽恕。

第二节　危机传播管理的组织落实

一、危机管理框架结构

危机一旦发生就会对企业造成不同程度的影响，因此要对危机进行一定的管理。危机管理框架结构（Crisis Management Shell Structure，CMSS），是一个能够支持大型社团和缺乏弹性的工商业危机的结构。

CMSS有一个信息部分和决策部分。这两个因素又分为咨询和信息系统、决策和操作系统。咨询系统由咨询形象管理部和主要咨询团体（Principal Advisory Group，PAG）组成。信息系统由信息整理部（Information Collation Office，INCO）、公众与媒体部（Public and Media Office，PUMO）和咨询形象管理部（Advisory Image Management Office，IMMO）组成。决策系统是风险管理者（Crisis Manager，CM）与高层权威的接口。操作系统由指挥协作部（Coordination and Command Office，CACO）及专业的战术反应部（Tactical Response Units，TUR）组成。

风险管理者和他的来自于管理联络部（Managerial Link Office，MLO）的支持者，可扩展四个组织部分的任何范围。

危机管理者是危机中的主要管理者。一个主要的风险管理者或许负责一个独立运作的CMSS。不同的、独立的、客观的危机同时发生时，允许每位CM负责一个紧密的CMSS。CM的主要任务是制订所有的策略决策。

管理联络部由一小部分人负责，这一部分人负责CM的需要与CMSS内其他部门所需相连的纽带。MLO的任务就是保证CM与CMSS内其他部门之间以及CM与组织的其余部门之间的持续的信息交流。

信息整理部在危机反应团体内提供信息交流设施，分类、整理、评估和记录关于危机的信息。其人员应该接受收集与评估信息方面的训练，也应掌握其他的技能，如记录信息以帮助操作部限定危机和进行危机反应。

公众和媒体部的工作人员的任务是应付媒体、利益团体和危机之外的人。因此其工作人员应接受如何应付危机受害者要求的训练。他可以向 INCO 的人发布信息，但却不能从对方那里获取信息。他提供的所有信息必须由风险管理者提前批准。

咨询形象管理部的人员负责分析危机的影响和风险管理造成的大众及相关利益团体对组织的看法，并作出改善建议。IMMO 是一个特殊的"公关"单元，帮助管理者和主管制订更加平衡与恰当的声明，这使当事人从繁杂的琐事中解放出来。一般来说，在小型的组织中，CM 或许也行事 IMMO 的职能，但当 CM 有许多其他事情要处理或督导时，就不合适了。

主要咨询团体主要是为 CM 提供专家建议，这使得 CM 有更多的时间和观点应付危机反应中的问题，从而减少思维定势和组织惯性。他使得 CM 在处理危机时不必是一个多面手，PAG 成员有更多的时间和经验去考虑信息及可供选择的方案。

指挥协作部能帮助将来自 CM 的策略计划"翻译"成实战的反应策略，以进行现场管理。他的任务主要有两个，一是将策略决定转换为现场的具体任务，并把任务分配给战术反应部；二是监控局势及资源配置。

战术反应部要与 CACO 相联络，以进行信息沟通和指挥传递。

CMSS 过程是一种将组织结构转化为危机反应的简单灵活的某种形式，将具体的任务集合在专门的部门内。不管危机的类型、规模与性质如何，CMSS 都能清楚地限定每个团队或部门的作业及目标。

CMSS 将组织的内部沟通信息和提供给外部反应团体的信息分开。这种分离减少了对抗、误解，并降低了形成不良形象的可能性。通过一种整合的"单一"信息源，并考虑到信息整理的重点，CMSS 有助于更好地记录危机事态。

组织结构可以根据特定危机的需要重新架构，也可设置灵活、适宜的"处""部"等管理层次。此组织结构重点在于适当的风险管理能力上，而不是建立在非危机时工作头衔、业务流程或工作模式上，因此，这一组织结构适用于不同规模的组织。

二、危机管理组织架构的设置

危机管理组织一般设置为三级组织三级管理。

1. 第一级为"危机管理委员会"。

危机管理委员会是组织危机管理的最高决策机构，由组织主要领导直接挂帅，并从组织有关部门各抽调成员组成。其职责是：

（1）制定和审核组织危机管理政策和有关决策。

（2）审批和决定组织危机管理办公室人员配备。

（3）审批和决定组织危机管理办公室经费预算。

（4）检查组织危机管理办公室各项工作的落实。

（5）审核确定危机期间组织新闻发言人的人选。

（6）直接研究和处理某些特别重大的危机事件。

2. 第二级为"危机管理办公室"。

危机管理办公室是组织危机管理的直接执行机构，在组织危机管理委员会的领导下，具体处理组织有关危机管理的一切事务。其职责是：

（1）制订或修订组织危机管理的有关实施细则。

(2) 负责组织危机管理各项工作的贯彻和落实。
(3) 搜集和整理有关信息，监控市场环境变化。
(4) 直接处理属于三级事件的突发性危机事件。
(5) 负责指导各大区一二级突发事件的处理。
(6) 对大区有关人员进行危机管理培训和指导。
(7) 健全公关网络，做好公关网络的维护工作。
(8) 定期向公司危机管理委员会递交的维护工作。
3. 第三级为"危机管理工作小组"。
危机管理工作小组在组织危机管理办公室的具体指导下开展工作，其职责是：
(1) 及时搜集信息，监控组织环境变化。
(2) 直接处理属于一、二级事件的突发性事件。
(3) 协助处理属于三级事件的突发性危机事件。
(4) 健全公关网络，做好公关网络的维护工作。
(5) 定期向组织危机管理办公室递交工作汇报。

课堂讨论 公关危机管理人员需要具备哪些方面的知识和技能？

三、危机管理人员的配备

1. "发言人"制度的确立

危机事件的初期，往往是传言四起，消息混乱。为了保证对外宣传的高度一致性，主动引导舆论，危机管理委员会必须设立"发言人"制度，"一个声音，一个观点"，以正视听，掌握危机处理的主动性。

新闻发言人负责对外沟通联络。发言人可以是公司的副总，也可以是公关经理、产品经理、运营经理、法律顾问等。发言人一旦确定，就要接受如下训练：

(1) 重温并演练核心信息；
(2) 如何回答常规和刁钻的问题；
(3) 如何把不希望出现的问题转移到传达核心信息上来；
(4) 如何避免陷入无法招架的局面；
(5) 如何答复那些此时不应回答的问题；
(6) 如何改进肢体语言的应用；
(7) 如何对付记者的穷追猛打。

2. 危机管理人员的组成

其余危机管理人员由企业领导、公关专业人员、生产、销售、品质保证人员、法律工作者、热线接待人员等组成，这些人员最好具有以下特点：

(1) 出主意的人：点子多，创意多。
(2) 善于收集情况的人：信息最重要。
(3) 提反面意见的人：多角度多方位考虑，才可万无一失。
(4) 管理档案的人：材料是最好的见证。
(5) 重视人道主义的人：是处理危机时各方信赖、注意的人。

危机管理强调企业内每个关键环节都有人参与。这些成员平时必须接受严格的危机管理训练。

【案例】

雀巢碘超标事件

2005年5月29日,中央电视台经济半小时播出"雀巢早知奶粉有问题"这一新闻。看完节目,消费者对其中的7个场景印象深刻:

(1) 采访过程中,雀巢中国有限公司公关部经理孙女士先后3次摘下话筒要求结束采访,先后三次用沉默来回答记者的提问。当记者称采访还没有结束时,孙女士说"我该说的已经说了""我认为已经结束了"。

(2) 孙女士接受记者采访说:"按国家标准,这批产品是不合格",但又说:"我们的产品没有问题,是非常安全的",因为她认为自己的奶粉符合《国际幼儿奶粉食品标准》。但当她翻开了声明中提到的这个国际标准时,在碘含量的上限这一栏数字是空着的。这也就意味着,无论雀巢奶粉的碘含量有多高都是符合这个国际标准的。

(3) 孙女士说,雀巢公司是在浙江省工商局作出决定之后,才通过媒体了解到自己的产品碘含量超标的。但实际上有关部门在对外公布检测结果前曾给了雀巢公司15天的时间让他们说明情况。也就是说雀巢公司早在15天前,即5月10日左右,就知道不合格奶粉流向市场,但他们并没有及时警示消费者。

(4) 在碘超标的雀巢奶粉外包装袋上看到标明的碘含量是30～150μg,而这个数字是符合国家标准的。但实际检测结果是191～198μg,与包装上的标注完全不吻合。消协认为"这属于误导,向消费者提供了一个不真实的信息,侵害了消费者的知情权"。

(5) 当记者问"你们有没有查过造成碘含量超标的原因?"时,孙女士说:"我们查过,是原料奶的碘含量不太平衡,原料奶是从千家万户收过来的,碘含量的幅度比较难控制,这是事实。"但随后又说"可以控制。"但对记者"既然可以控制为什么还出现了超标的情况?"的问题,孙女士以沉默作答。但实际上记者在生产各环节进行实地采访后发现,牛奶中脂肪和蛋白质的含量被雀巢公司列为鲜牛奶是否合格的重要指标,而碘的含量并不在取样检测范围之内。

(6) 当记者在哈尔滨双城的生产工厂进行采访时,雀巢的工作人员带领记者参观生产流程,但是拒绝回答任何关于碘超标的问题,而当记者走出车间时工作人员告诉记者,采访到此结束。

(7) 当记者问"消费者很想知道出问题的这些奶粉究竟销往什么地方了,你们查清楚了吗?"时,孙女士称"我们都有掌握",但又称"这个数字由公司掌握,我本身不是搞生产的""我作为公关部经理,目前掌握的信息就是我们新闻稿发布的信息,如果有进一步的消息我会再告诉你们。"而当记者问"现在消费者希望知道一些消息,他们的知情权能否得到保障?"孙女士用沉默回应记者。

2005年5月30日,在接受浙江卫视的采访时,雀巢公司的孙女士称"非常遗憾,这一批次的,被检出来微量超过了,这也是事实。我们在此对消费者带来的不必要的麻烦我们表示道歉",但针对消费者提出的退货要求,孙女士回答"它超了这么一点,它这个产品是不是就不能用?所以,我刚才跟你讲过,29种微量元素有一种超了一点,微超是不是就不能用了？这个问题这是个关键。我们认为这个产品是没有问题的，所以我们认为安全。这是非常清楚的。"

分析：案例中新闻发言人的错误主要有哪些？

（1）发言人屡次漏洞百出、前后矛盾、不着边际的回答，显然和生产工厂、生产部、销售部、市场部及公关部各部门之前沟通不顺畅。

（2）在媒体广为流传的发言人接受央视采访的照片，是低着头在摘耳麦的画面，那种神色和姿态，让人感觉就是做了错事理亏心虚但又不想认错的表现。

（3）先后三次中断采访并以沉默来应对，更显其缺乏专业素养。

（4）动不动摆出公事公办的架子，称"如果有进一步的消息我会再告诉你们""采访到此结束"，那种傲慢与冷漠，尽显无遗。

雀巢危机的失败之处：

（1）不敏感，缺乏判断。
（2）内部沟通不畅通。
（3）缺乏诚信，价值观缺失。
（4）不愿意承担责任。
（5）公关人员素质太差。

第三节　危机传播管理的基本程序

一、危机管理的阶段

根据危机的发展过程，可将危机管理分为三个阶段：危机防范、危机处理和危机总结。

1. 危机防范

企业危机的前兆表现多个方面：管理行为方面，如不信任部下，猜疑心很强，固执己见，使员工无法发挥能力，对部下的建议听不进去，一意孤行；经营策略方面，计划不周、在市场变化或政策调整等发生变化时，无应变能力等；经营环境方面，如市场发生巨变，市场出现强有力的竞争对手、市场价格的下降等；内部管理方面，如生产计划需要调整，员工不遵守规章制度等；经营财务方面，如亏损增加，过度负债，技术设备更新缓慢等。故此，企业可从以下几个方面来预防危机：

（1）组建企业内部危机管理小组。
（2）强化危机意识，观察发现危机前兆，分析预计危机情境。
（3）企业要从危机征兆中透视企业存在的危机，并引起高度重视，预先制定科学而周密的危机应变计划。
（4）进行危机管理的模拟训练。定期的模拟训练不仅可以提高危机管理小组的快速反应能力，强化危机管理意识，还可以检测已拟定的危机应变计划是否充实、可行。

2. 危机处理

危机发生后，企业应当：

（1）危机发生后，当事人应当冷静下来，采取有效的措施，隔离危机，不让事态继续蔓延，并迅速找出危机发生的原因，进行化解处理。

（2）以最快的速度启动危机应变计划。如果初期反应滞后，将会造成危机的蔓延和扩大。

（3）要想取得长远利益，公司在控制危机时就应更多地关注消费者的利益而不仅仅是公司的短期利益。应把公众的利益放在首位，善待被害者，尽量为受到危机影响的公众弥补损失，这样有利于维护企业的形象。

（4）随机应变。由于危机情况的产生具有突变性和紧迫性，因此尽管在事先制定出危机应变计划，由于不可预知危机的存在，任何防范措施也无法做到万无一失。在处理危机时，应针对具体问题，随时修正和充实危机处理对策。

3. 危机总结

一般可分为三个步骤：

（1）调查。对危机发生的原因和相关预防及处理的全部措施进行系统的调查。

（2）评价。对危机管理工作进行全面的评价，包括对预警系统的组织和工作内容、危机应变计划、危机决策和处理等各方面的评价，要详尽地列出危机管理工作中存在的各种问题。

（3）整改。对危机涉及的各种问题综合归类，分别提出整改措施，并责成有关部门逐项落实。

二、公关危机处理的基本步骤

1. 赶赴现场，了解事实

中外成功的危机公关案例都有一个共同的特点，领导人亲赴第一线，给人一种敢于负责、有驾驭能力、有诚意解决危机的形象。

2. 分析情况，确立对策

这一步实际上是制定危机处理的方案，即如何对待投诉公众、如何对待媒体、如何联络有关公众、如何具体行动等。

3. 安抚公众，缓和对抗

陷入危机的组织即使有千条万条减轻自己罪错的理由，值此紧急的或困难的关头，也应该先去安抚受害公众，真心诚意地取得他们的谅解，争取积极创造化解危机的可能和最佳结局。

4. 联络媒体，主导舆论

危机事件发生后，各种传闻、猜测都会发生，媒体也会纷纷报道。这时组织应委派发言人主动与媒介联络，特别是首先报道事件的记者，以填补信息真空，掌握舆论主导权。

5. 多方沟通，迅速化解

这一步主要是争取其他公众、社团、权威机构的合作，协助解决危机。这是增加组织在公众中的信任度的有效策略和技巧。

6. 有效行动，转危为安

成功的危机处理不仅能消除危险，而且还能创造机遇，迅速获得公众的理解和谅解，进一步加强和优化公共关系。

三、危机传播管理的流程

从被动应对突发事件到主动采取行动，危机传播管理的流程包含了3个环节：高层决策、立即反应、主动行动。

1. 高层决策

危机爆发时，如果高层领导不能及时下达决策，则执行员工很可能在实际处理过程中表现出畏首畏尾、犹豫不决，甚至由于怕说错话而顾虑重重，在媒体面前表现出遮遮掩掩、前后不一致的情形，反倒骤然提升了媒体的好奇心。这时应该迅速启动危机传播预案，最高领导暂时放下手边其他工作，对事态严重程度作出判断，确定统一口径和处理方案。具体事务包括：

（1）高层领导判定危机传播的等级，启动危机传播预案。
（2）召集危机传播管理小组成员，指定新闻发言人。
（3）确定处理危机的基本思路，统一口径。
（4）按照危机可能造成的最坏结果准备较为具体的处理方案，确定实施步骤。
（5）以上工作应该24小时内完成。

2. 立即反应

它包括第一时间发布权威信息和建立起畅通的信息流通渠道。

（1）第一时间将已知的基本事实发布出去，表达关切，表明应急措施已经启动。这样才可能减轻恐惧心理，缩小谣言生衍的空间，确立权威信源的形象。

如果已经建立健全新闻发言人制度，发言人被授予信息发布的最高权力，则在突发事件发生时，发言人可以最快的速度发布新闻，而不需要等待层层审批后的结果。错过第一时间发布的好时机才是领导者犯下的最大错误。

（2）立即收集现场信息，通过内部网站、电话会议等协调、动员、统一全体员工。
（3）沟通相关部门、主管机构，了解其处理程序和动态。
（4）搜集电视、报纸、网络等各类媒体信息，从中提取焦点问题，准备答案。
（5）采集公众信息，通过现场对话、热线电话、民意调查等了解公众关心的问题，准备解决方案。

3. 主动行动

它包括整合人力资源、聚集多部门力量，主动对外发布信息，转移并设置议题。

（1）动员相关部门、主管机构、部分媒体、熟悉的专家参与协助危机的解决。
（2）召开新闻发布会，解答媒体和公众关心的问题，宣布日前采取的行动，承认事态发展的不确定性，承诺不断更新信息。
（3）修复形象。通过对未来的展望增强公众的信息；或是转移议题，将媒体的关注点吸引到可控的问题上来，从而增强危机传播管理的主动性，最终达到修复形象的目的。
（4）对出现的新情况，回到第一个环节，反复以上做法。按照事态发展不断地调整危机传播处理的策略。

高层决策、立即反应、主动行动这三个环节紧紧相扣，只有领导高度重视、抓住信息沟通的最佳时机、适时采取主动，危机传播管理才能够达到期望的效果。

知识链接

斯蒂文·芬克的危机传播四阶段模型

斯蒂文·芬克的危机传播四阶段模型，也称为"F模型"，是指斯蒂文·芬克在1986年提出的危机传播四阶段论模式的分析理论，揭示了企业危机的生命周期，即征兆期

(Prodromal)、发作期(Breakout)、延续期(Chronic)、痊愈期(Resolution)。

第一阶段:危机潜在期。潜在期是危机处理最容易的阶段,但却是最不为人所知的阶段。

第二阶段:危机突发期。突发期是四个阶段中时间最短但却是感觉最长的阶段,它对人们心理造成的冲击也是最严重的。

第三个阶段:危机蔓延期。蔓延期是四个阶段中时间较长的一个阶段,如果危机管理运作恰当,将会极大地缩短这一阶段的时间。

第四阶段:危机解决阶段。解决阶段是从危机的影响中完全解脱出来,但是仍须保持警惕,因为危机可能会去而复来,这提示了危机管理的循环往复的过程性。

斯蒂文·芬克对危机生命周期的划分方式,强调的是危机因子从出现到处理结束的过程中会有不同的生命特征。就如同人的生命周期,从诞生、成长、成熟到死亡,都有不同的征兆显现。芬克的危机生命周期理论是对于危机的症候学研究或过程学研究。

第四节 危机传播管理的原则

一、危机传播管理的原则

企业在运营过程中,公关危机是十分常见的。面对危机,有的企业谨言慎行、循序渐进,有的企业处变不惊、应对果敢。当然,也有企业在危机来临时莫衷一是、进退失措。其实企业应对正确地看待危机,只要处置得宜,危机可以转变为契机。应用传播策略处理公关危机时,企业应遵循以下原则。

1. 第一消息源原则

当危机发生时,组织应立即成为第一消息来源,掌握对外发布信息的主动权;确定信息传播的公众对象;确定危机传播的媒介及其联系人;拟定统一的传播内容和传播口径;准备一份应急新闻稿,留出空白,以便危机发生时可直接填写具体数据并及时发出;准备好组织的背景材料,并不断根据最新情况进行补充;公关机构的第一负责人或高级公关顾问须参加危机管理小组,并担任首席发言人;设立危机新闻中心,作为新闻发布会和媒介索取材料的场所;在危机期间为新闻记者准备好所需的通讯设备;建立24小时热线电话,以训练有素的人员来回答新闻媒介和外部公众的询问;确保在危机期间电话总机人员知道谁可能会打来电话,应接通至何部门;及时分析公众的反应,跟踪舆论动态,保证组织的信息渠道畅通。

2. 及时性原则

危机处理的目的在于尽最大努力控制事态的恶化和蔓延,把因危机事件造成的损失减少到最低限度,在最短的时间内重塑或挽回企业原有的良好形象和声誉。为此,危机一旦发生,不仅是公共关系危机管理小组的成员,而且是企业的所有成员都应立即投入紧张的处理工作。赢得时间就等于赢得了形象。有专家说:"高效率和日夜工作是做到快速反应不可缺少的条件。"

3. 理性原则

危机事件发生后,处理人员应冷静、沉稳和镇静,不要因头绪繁多、关系复杂的事件使自己变得急躁、烦闷、信口开河等等。只有在遇到危机时冷静、沉稳和镇静,只有积极的心理,才能在处理危机事件的过程中应付自如,左右逢源。

4. 准确性原则

危机事件发生后，特别是在事件初期，由于种种原因，传播的信息容易失真。为了避免公众的猜测、误解和有关危机事件的谣言造成新的危机事件，公共关系危机管理小组选出的发言人不仅要及时传递有关信息，而且还要使传递的信息十分准确，不隐瞒或省略某些关键细节。

5. 公正性原则

要公正处理与受到危机事件影响或危害的公众之间的关系。在处理危机事件的过程中，要排除主观因素，公平而正确，坦诚对待受损害的公众。

6. 客观性原则

处理危机时要客观，遵循事实。处理公共关系危机事件的客观性原则包含了很多方面的内容，如事实的真实性、评估的客观性、传递信息的准确性等。

7. 全面性原则

公共关系危机事件可能会涉及或影响企业内部和外部的诸多方面。在处理具体的公共关系危机时，应遵循全面考虑的原则。既要考虑内部公众；又要考虑外部公众；既要注意对公众现在的影响，又要注意对公众未来的或潜在的影响；等等。

8. 灵活性原则

要随客观环境的变化而有针对性地提出有效的措施和方法。由于公共关系危机事件随着情况的发展而会不断地发生变化，可能原定的预防措施或抢救方案考虑不太周全，因此，为使企业的形象和声誉不再继续受到损害，处理工作必须视具体情况灵活运作。

9. 针对性原则

由于公共关系危机具有不同的类型和特征，即使类型和性质相同或相似，所面临的环境也会是不同的。因此，提出的解决措施、处理程序应具有较强的针对性和适应性，使提出的措施、方法符合危机事件的类型、性质和特征以及不同的环境要求。

10. 公众性原则

既要考虑企业自身利益，又要考虑公众的利益。在公共关系实务中，往往容易只考虑企业自身的利益，忽视公众的利益。为此，我们强调公众性原则，把公众的利益放在首位。

11. 人道主义原则

在多数情况下，危机会造成生命财产的损失。因此，危机处理中首先要考虑人道主义的原则。

12. 维护声誉原则

公共关系在危机管理中的作用是保护组织的声誉。在危机管理的全过程中，公共关系从业人员都要努力减少危机对企业信誉带来的损失，争取公众谅解和信任。

二、"3T" 原则

此外，英国危机公关专家里杰斯特（M. Regester. Michael）认为危机管理的核心就是危机沟通，帮助社会公众认识并理解影响他们的生命、感觉和价值观的事实，进而影响他们做出理智的判断。里杰斯特强调信息发布对处理危机的重要性，在《Crisis Management》一书中提出了著名的危机处理的"3T"原则。"3T"原则是危机处理的一个法则，有三个关键点，每个点以"T"开头，所以称之为3T原则。

（1）Tell You Own Tale（以我为主提供情况），强调组织牢牢掌握信息发布主动权，必须由管理者自身提供的情况成为危机信息传播的主要信息来源，社会公众和利益相关者就会将一个组织提供的信息作为危机管理过程中的主要信息源，进而使得其他的声音变得不再重要。牢牢掌握信息发布的主动权，其信息的发布地、发布人都要从"我"出发，以此来增加信息的保真度，从而主导舆论，避免发生信息真空的情况。

（2）Tell It Fast（尽快提供情况），强调危机处理时组织应该尽快不断地发布信息；信息发布应全面、真实，而且必须实言相告。一个组织能够及时而有效地提供有关危机进程的全部情况，谣言自然不攻自破。

（3）Tell It All（提供全部情况），强调信息发布全面、真实，而且必须实言相告。强调危机管理小组应在一个设备齐全的危机控制中心办公。中心应有：充足的通话线路，无线电设备，处在危险状态下的各种装置的显示图，危机影响的波及范围及危险区域显示，应急车辆和雇员等人员调度，重要人物的地址和电话等。危机处理时组织要尽快地不断地发布信息，如果一个社会组织能够在第一时间内迅速提供危机管理进程的情况，就能占据信息的强音，进而压制其他对组织不利的信息。

总之，公关危机处理的总原则应是真实传播，挽回影响，减轻损失，趋利避害，维护声誉。

三、公关危机发生后的传播实施

（1）准确界定危机的性质、类型和程度，尽快对外宣布危机的真相和处理的措施。从上到下及时进行自检自查，看看有没有如媒体报道的情况存在。如果有，组织不回避不推脱，尽快出台解决问题的办法，对受伤害公众给予补偿和慰问。

（2）迅速掌握有关的事实，准备好有关危机的新闻稿及其背景材料，及时回答公众关心的问题。

（3）与地方政府和工会组织及时沟通，取得当地各政府机构的谅解，并告知整改方案并争取时间。

（4）主动与新闻界取得联系，争取新闻界的合作，及时对新闻界的合作表示感谢。建立广泛的消息来源，告之最新事件发展动态和企业的应对措施。如果媒体有不实报道存在，则以有理有据和恰当的方式进行沟通和表达。

（5）公开宣布发布新闻的时间，并按照规定的时间发布新闻，尽可能减轻公众电话询问的压力。不要发布不准确的消息，不对危机的原因和结果作缺乏根据的猜测；回答敏感问题之前须向决策层请示报告，严格按照统一的口径对外发布信息。

（6）充分利用新闻媒介与公众沟通，引导和控制舆论局势；如果有关危机的新闻报导与事实不符，应及时予以指出并要求更正，但应保持冷静和理性的态度。

（7）邀请公正、权威的机构或人士发表意见，以提高传播的公信力；游说与危机有关的公众对象站到组织一边，尽量化解敌对情绪和猜疑气氛。

（8）与合作伙伴沟通，以使合作关系不受危机事件的影响，确保供应关系的存续。

（9）积极进行危机的修复工作，比如推进企业文化建设，邀请媒体参观厂区，赞助一些公益活动等方式。

（10）及时向有关方面通报危机处理的进程和结果，以稳定人心。

四、注意事项

（1）处理危机时易犯的错误：犹豫、困惑、报复、推诿搪塞、模棱两可、装模作样、对抗、诉讼。

（2）危机传播面对媒体切忌：不要公开假设你不了解的事实。对于记者旨在诱人进行猜测的问题不要回答；不要缩小问题或者企图淡化某一严重问题，因为新闻界很快就会查清真相；不要让故事挤牙膏似地挤出来。因为每次新的披露都会成为一个潜在的大字标题或头条新闻；不要发布会侵犯他人隐私或者因为任何原因指责别人的信息；不要说"无可奉告"的话或发表以记者不得公开引用为前提的评论。如果你不能就某事公开发表评论，你可以解释原因并告诉记者何时能有望获得信息；如果信息根本不能得到，就照直说，并且向记者保证只要一有可能就尽快提供信息；不要在媒体和记者中间邀宠。要尊重记者的工作，不要贬低他们抢先报道新闻的劲头和敬业精神；不要试图利用媒介的注意力与兴趣来推销组织、事业、产品或服务。在处于危机聚光之下的时候，不要做那些会被看作自我服务的宣传游说。

【案例】

案例一　中电通信 HELLO CHOW 问候语事件

中电通信（CETC）是一家从事手机设计和生产的大型通讯企业。2003年2月，一款以卡通狗开机画面为卖点的928机型引发了消费者的不满，伴随开机画面的问候语"HELLO CHOW"是其关键。CHOW 的原意指中国特有的犬种"松狮犬"，但部分英文字典直译为"中国狗"。这一含义引发了部分消费者的不满，被视为对中国人的侮辱。2月18日，事件经南京《现代快报》报道后迅速引发公众关注，包括《北京青年报》在内的各地媒体开始对事件进行连续报道。中电通信在承受舆论指责的同时，受到来自消费者和经销商的双重压力。该款手机的消费者在看到报道后纷纷致电中电通信要求退机，部分消费者提出索赔需求。各地经销商也极为关注此事，要求中电通信迅速解决，部分经销商开始提出退货要求，某地经销商甚至以"爱国，拒卖中电手机"为卖点开始炒作自己。事件开始引发普遍的公众关注，中电通信面临巨大的危机。

2月22日，中电通信委托时空视点公关顾问有限公司为本次危机公关事件的项目顾问。当日，时空视点与中电通信磋商后迅速成立了危机公关小组，小组由策略中心、新闻中心、监测中心三部分人员组成。危机小组首先结合媒体已有报道对危机事件进行了充分分析，并由此确立了危机处理的基本策略，包括传播策略和执行策略。

在执行过程中，一方面，HELLO CHOW 事件危机公关小组制定了严密的内部沟通规范。时空视点与中电通信随时保持无缝隙的合作与交流。另一方面，危机公关小组执行了严密的行动规范。首先是统一口径、统一行动。之后，举行核心媒体沟通会。公关危机小组成立当晚，小组主要成员即紧急约见中央及北京主要媒体相关版面的编辑记者，着重就厂商的初衷进行了解释与沟通，并了解媒体对此事的反应和传播口径。随后，在沟通会的第二天，中电通信关于此事件的声明出现在主要媒体上。作为中国自主研发的手机，"中国人不会自己侮辱中国人"的立场成为中电通信在这一危机事件中首次登场即明确的观点。同时，在声明中，中电通信还对这一研发过程中的失误及造成的伤害郑重道歉。最后,采用转移性稿件的安排,从危机事件入手,强化传播中电通信致力产品自主研发,将话题转移至对国产手机竞争力和民族风格的讨论,并隐含传播信息为:中电是国产手机制造商中最具竞争力的企业。

24日至28日,危机话题在全国范围内逐渐消退,大量的话题转移报道开始出现在舆论重灾区的媒体,同时,以新浪为主的网络媒体大量转载了这些正面报道。至28日,话题报道已经停止。整个舆论环境向良性发展。在10天时间里,中电通信成功解决了这起因产品设计失误导致的充满民族化情绪的危机公关危机。

中电通信公司在面对危机时,主动承担了责任,积极向消费者道歉,并承诺:购机用户如果不喜欢该界面,CETC可提供免费软件升级服务。同时,在事发当日,公司市场部总监就飞往南京与消费者沟通,并取得了该名消费者的谅解,反应速度十分快。由于危机处理及时、策略得当,中电通信的品牌未受到冲击,反而得以通过此事,使更多消费者了解了中电通信,了解了其在提高国产手机核心竞争力方面所做的努力,进而更加确立了中电通信"中国的、世界的"这一企业形象。

案例二 海底捞勾兑门

2011年8月22日信报报道《记者卧底"海底捞"·揭秘》,直指骨汤勾兑、产品不称重、偷吃等问题,引起社会轩然大波。

2011年8月22日15:02海底捞官网及官方微博发出《关于媒体报道事件的说明》,语气诚恳,承认勾兑事实及其他存在的问题,感谢媒体监督,并对勾兑问题进行客观澄清。此微博被转发1809次,评论690次,用户基本接受海底捞的态度。

2011年8月22日16:18海底捞官网及官方微博发出《海底捞关于食品添加剂公示备案情况的通报》,笔风更加诚恳,"多年厚爱,诚惶诚恐"之类的词语都用了。

2011年8月23日12:00海底捞官网及官方微博发出《海底捞就顾客和媒体等各界关心问题的说明》就勾兑问题及员工采访问题进行重点解释。

2011年8月23日20:00海底捞掌门人张勇的微博说:"菜品不称重、偷吃等根源在于流程落实不到位,我还要难过地告诉大家,我从未真正杜绝这些现象。责任在管理不在青岛店,我不会因此次危机发生后追查责任,我已派心理辅导师到青岛以防止该店员工压力太大。对饮料和白味汤底的合法性我给予充分保证,虽不敢承诺每一个单元的农产品都先检验再上桌,但责任一定该我承担。"此篇微博瞬间转发近4000次,评论1500次,在如今遇事自保、互相推诿、丢车保帅的职场中,张勇的敢担当,人情味十足,与某些事件部分领导的作风形成鲜明对比。张勇的人格魅力化解掉此次事件80%的危机。

随后,海底捞邀请媒体记者,全程记录骨汤勾兑过程,视频、照片瞬间布满网络,事件就此暂时画上圆满句号。

不同的企业,由于产品和服务的不同,所面临的危机各不相同,但成功的危机公关,都有以下特点:

(1)主动承认错误比解释更加有效。危机触发的时候,解释=狡辩,事实会被理解为歪理。

（2）主动放低身段比高高在上更加有效。你越低，对方自我感觉就越高，这就是为什么大人从来不和小孩子一般见识，总能包容孩子。

（3）主动承担责任比推诿更加有效。"丢帅保车"在现代社会品牌危机时，更加有效。

（4）主动透明流程比规避更加有效。看的越清楚，就会更少的猜疑，而且消费者如果猜疑，就不会向好的方向猜疑。如果遮遮掩掩，公众猜测得更加要命。

（案例来源：https：//www.zhihu.com/question/19574802/answer/13290515）

 本章小结

危机一般是因为某种非常因素引发组织与消费者、新闻媒体、政府、社区等公众之间的对于组织的声誉、形象或发展造成不良影响的非正常状态。这种危机可导致组织与公众关系迅速恶化，正常业务受到影响，生存和发展受到威胁，组织形象遭受损害。

任何一个组织都可能会遇到危机事件，正确认识危机进而系统预防、正确处理危机就尤为重要。本章简要介绍了公关危机的类型和特点，并从管理系统的角度概要介绍了危机管理的三个阶段。

危机管理框架结构（CMSS），是一个能够支持大型社团和缺乏弹性的工商业危机的结构。组织可以根据特定危机的需要重新架构，也可设置灵活、适宜的"处""部"等管理层次。

危机传播管理的流程包含了三个环节：高层决策、立即反应、主动行动。这三个环节紧紧相扣，只有领导高度重视、抓住信息沟通的最佳时机、适时采取主动，危机传播管理才能够达到期望的效果。

总之，组织应从多方面早做安排，有备无患。当危机突然爆发时，有了危机管理的扎实的准备工作，危机公关就可以有条不紊地开展了。此时最重要的是要本着几项基本原则正确地与媒体、社会公众、内部员工、外界顾客等打交道，在恰当的时机说恰当的话、做恰当的事。

【思考讨论】

1. 在危机事件发生后，有的企业直接由企业一把手作为发言人与外界沟通，向媒体和社会公众表态并通报进展。你认为这样做是否合适？

2. 在危机事件发生后，媒体的强大与可怕可以用"一言以毁之"来形容。那么，媒体在报道危机事件时，是否应该全面地报道当事组织还是有所取舍？在这一过程中，作为受害者的社会公众的知情权和利益是否收到侵害？

3. 以学习小组为单位，在网上查找最近发生的危机事件。在梳理危机事件的来龙去脉之后，根据所学的危机处理知识，站在社会组织的角度，提出危机公关的原则和对策。

【实训设计】

危机对策与技巧

一、实训目的

通过实训,使学生能够应对各种危机,并灵活运用各种技巧,化解危机,协调矛盾;提高学生随机应变的分析问题、解决问题的能力。

二、实训场景

有人投诉本公司产品含有危害人体的物质,并威胁说若不给解决将曝光给媒体,如果你是公关部经理,如何来应对这场危机?

三、实训组织

(1) 将学生分成若干个小组,每组 5~6 人。
(2) 模拟冲突现场。
(3) 以组为单位,成立危机管理小组,制定危机管理方案。
(4) 开展危机公关工作,重塑企业形象。
(5) 老师对各组进行指导并点评。

第十章　公共关系礼仪

> 【学习目标】
> 1. 掌握礼仪及公关礼仪的概念。
> 2. 了解礼仪及公关礼仪的特征。
> 3. 熟知公共关系礼仪的作用及原则。
> 4. 了解握手、名片、手机礼仪。
> 5. 了解公关宴请礼仪及公关交往技巧。
> 6. 知晓公关人员的仪容、仪表、仪态。
> 7. 掌握大学生求职礼仪。

【引例】

煤老板的社交礼仪

小张是山西省的一位煤老板，虽然年龄刚满30岁。可是却已经家财万贯，由于自己十分富有，身边自然不乏溜须拍马之人，阿谀奉承的话常常伴随耳边。这些话语，使得小张觉得自己已经是上流社会的人了，然而他自己却没意识到，自己虽然有钱，却忽视了社交中的礼仪，在一次山西省某外企的西式周年酒会上，就闹出了笑话。

这天，小张收到山西省某外企周年酒会的邀请，时间是晚上8点。小张收到请柬后，十分激动，因为这是自己第一次接受到这种酒会的邀请。为了配合这次舞会，小张特意到Armani专卖店为自己挑选了一套黑色的西装，在专卖店里，当售货小姐要剪下西服袖口上的商标时，小张吼道："你把它剪掉了，谁能知道我这是高档货。"售货小姐先是一愣，接着笑了起来，放下了手里的剪刀。买完西服，小张又觉得一身黑色的西装配黑色的皮鞋显得太过单调，彰显不出自己的个性，更不能给那些酒会上的人留下深刻的印象，于是挑选了一双白色皮鞋，小张想：参加酒会，这种特殊的场合，女人戴胸针，男人怎么着也得戴个领带夹吧。买好了西服，小张像往常一样，系上象征本命年的红腰带，将自己的手机别在腰上，钥匙往腰上一挂，就开着车出发了。晚上8：05，小张到达了酒会的现场，简单整理了一下自己的衣服，小张推门进到了会场里面，可是令他不解的是当他刚一进门看到他的人都忍俊不禁。小张心里暗想，自己刚进来，什么都没说，什么都没做，不至于闹出笑话吧。小张心里正在犯着嘀咕，突然有个人上前和他交谈起来，小张立即伸出左手与那人握起手来，简单交谈了几句，那人要交换名片，小张心想幸亏自己早有准备，两人换了名片之后，小张直接装到了自己的裤子口袋里。这时，小张觉得肚子饿了，他看到那边有人在排队拿着盘子取东西吃，小张立即冲过去，拿起盘子挤到了最前面，看看这个也好吃，那个也好吃，装了满满一盘子，慢慢地吃了起来。可是从这之后，小张发现再也没人理过他，最后觉得无聊就自己先离开了。

（资料来源：《公关礼仪案例》百度文库）

【思考】
1. 小张的社交礼仪中有那些不妥之处？
2. 请你帮助小张提升他的公关礼仪水准。

现代社会是文明、开放的社会，人们的社会交往越来越频繁，公共关系礼仪无论在社会政治、经济、文化交流活动中，还是在人们的学习、生活和工作中的作用都越来越重要。对于公关人员来说，公关礼仪不仅是与公众交往中的通行证，而且还是公关人员自身修养水平和业务素质高低的体现。

组织成功开展公关工作靠的是训练有素的公关人员。公共关系人员要在交往活动中顺利地开展工作，树立良好的组织形象和个人形象，需要讲究交往礼仪。公共关系礼仪基本上是公共关系人员在与公众交往的交际场合中形成的，并被大多数公众所认同的公共关系社交准则和规范。公共关系礼仪深受历史、风俗、宗教及文化思潮、时尚等因素的影响，既是重要的公共关系的内容形式，也是极其有趣的文化现象。

第一节 公共关系礼仪概述

一、礼仪的概念

中国是礼仪的国度，中华民族是礼仪之邦，中国人素以彬彬有礼而著称于世。中华民族的礼仪文化是几千年灿烂辉煌传统文化的重要组成部分。在中华民族连绵不绝的历史长河中，礼仪文化蕴藏着积淀深厚的文化内涵。中国的礼仪文明作为中国传统文化的重要组成部分，对中国社会的历史发展进程起到了广泛而深远的影响。其内容的博大丰富、其寓意的广博深刻、其所及范围的深入广泛，无不渗透于历代社会形态的方方面面。

在当今提倡社会主义精神文明建设的和谐社会，礼仪在吸收传统民族文化精华，使传统礼仪文明古为今用的同时，与时俱进、兼收并蓄，对于建设具有中国特色的现代化礼仪文明有着极其深远的现实意义。

中华民族是人类文明的发祥地之一，五千年华夏文明源远流长，讲究礼仪可以展示中国人民的面貌，增强中华民族的自尊、自信、自强精神，加强与世界各国人民的友谊与交流，提高我国的国际地位和威望，弘扬我国优秀文化传统。荀子说：人无礼则不生，事无礼则不成，国无礼则不宁。仪则指的是仪容、仪表、仪态、尺度及方式。

礼仪是指人们在公众场合应遵守的行为规范和个人的文化修养，是人们在交际中约定俗成的礼节和仪式。

礼仪具体表现在礼貌、礼节、仪表、仪式等方面。

1. 礼貌

礼貌是指人与人之间和谐相处的意念和行为，是言谈举止对别人尊重与友好的体现。礼貌是处理人与人之间关系的一种规范，是人们在日常交往中应当共同遵守的道德准则。它包含着对他人的尊重、宽容、谦让、与人为善等良好品质，如尊老爱幼、热情待客等。

2. 礼节

礼节是指人们在社会交际过程中相互表示问候、致意、祝愿、慰问等的惯用形式，包括动作形式和语言形式。动作形式如拜会、回访、握手、鞠躬、磕头等；语言形式有问候、道谢、祝颂等。

3. 仪表

仪表是指人的外表，如容貌、服饰、表情、姿态等。

4. 仪式

仪式是一种较为正规、隆重的礼节形式，是指在一定场合举行具有专门程序的活动，以体现对所进行活动的重视，如开幕式、闭幕式、开业典礼、签约仪式、迎送仪式、剪彩仪式等。

二、礼仪的特征

礼仪是人们在漫长的社会实践中逐渐形成、演变和发展来的，是个人也是组织形象的标牌，是"人情味"的最佳表达。现代礼仪具有普遍性、差异性、继承性、时代性等特征。

1. 普遍性

礼仪作为一种文化现象，是全人类的共同财富。古今中外，从个人到国家，礼仪无时不在，无处不在。虽然不同的国家、不同的民族、不同的社会制度所构成的礼仪有一定差异性。

2. 差异性

俗话说"百里不同风，千里不同俗"。不同的文化背景，产生不同的礼仪文化，不同民族、不同地区的文化决定着礼仪的内容和形式。即使同一民族同一地区，由于发展阶段的不同，礼仪也会有差异。

3. 继承性

礼仪的形成和完善是历史发展的产物。礼仪的发展是一个扬弃的过程，一个剔除糟粕、吸取精华的过程。礼仪一旦形成，往往会长期沿袭，经久不衰。因此，礼仪具有历史的继承性。

4. 时代性

礼仪属于文化范畴，必然具有浓厚的时代特色。礼仪文化也不是一成不变的，而是随着时代的发展而不断发展更新的。

三、公关礼仪的概念、意义与原则

1. 公关礼仪的概念

所谓公关礼仪，是社会组织的公关人员或其他人员在公关活动中，为了树立和维护组织的美好形象，构建组织与公众和谐关系所应遵循的尊重公众，讲究礼貌、礼节规范，注重仪表、仪容、仪态规范及仪式程序规定。公共关系礼仪作为一种传播和沟通的技巧，是公共关系工作人员在公共关系活动中必须遵循的礼节和仪式。如果说，在公关工作开展过程中，礼貌、礼节、仪表直接体现了一个社会组织中公关人员待人接物及文明程度等风貌，那么，仪式则是公关主体开展公关活动的具体内容与形式，其策划、实施的结果直接关系到组织的品牌形象与竞争地位。

公共关系礼仪是由人际交往礼仪发展来的，因此公共关系礼仪和一般的社交礼仪有着许多相同的内容、规范、技巧。公关礼仪不仅包括公关人员在公关活动中应当遵循的礼仪要素，而且还包括了其他一些涉及人际交往如尊重其他人、讲究礼节、注意仪表仪式等的规范和程序。同时，公共关系工作人员在公关工作中还经常使用人际传播的方式，这也是人和人交往的沟通方式。

布吉林的 3A 原则

布吉林曾是国际公关协会主席、美国总统顾问、美国乔治城大学外交学系系主任。布吉林认为：要和客人搞好关系，最重要的是要善于向客人表示尊重和友善，交往中要遵循 3A 原则。第一，接受对方（Accept），即待人如己，客户永远是正确的；第二，重视对方（Appreciate），即欣赏的重视，不要挑毛病；第三，赞美对方（Admire），赞美非常重要，但既要实事求是，又要适应对方。

课堂讨论 结合公关礼仪概念，谈谈作为一名公关人员应该怎样学习和运用布吉林的 3A 原则。

2. 公关礼仪内容

公共关系礼仪的主体是社会组织及公关工作人员，客体是各类公众。人际交往的礼貌、礼节、礼仪则是公共关系礼仪的具体构成材料和组成部分。公共关系礼仪是将礼仪的具体要求在公共关系的管理中进行运用，这种运用既表现为对公关从业人员的礼仪规范要求，公关人员个人形象的塑造；同时也表现在公关活动的一些基本工作程序中，也可以说是公共关系管理中的礼仪要求。从目的上看，公共关系礼仪是社会组织的有关人员为了树立和维护组织的良好形象，建构组织与内外公众的和谐关系而遵循的礼仪规范。

公关礼仪包括个人基本礼仪、应酬交际礼仪、文书与通信礼仪、公务与商务礼仪及涉外商务礼仪等。个人基本礼仪包括仪容仪态礼仪、服装礼仪、语言交际礼仪；应酬交际礼仪包括称呼、介绍、握手、名片礼仪，约会、拜访、问候、探望、宴请、舞会、婚丧寿庆礼仪；公务与商务礼仪包括办公礼仪、会议礼仪、谈判礼仪、推销礼仪、签字仪式礼仪、庆典礼仪、剪裁礼仪、新闻发布礼仪、交接仪式礼仪、展览会礼仪、赞助发布会礼仪等。

3. 公共关系礼仪的意义

公关礼仪是公共关系人员的文化素质和文明修养的外在表现。公关礼仪是组织形象一种宣传形式，在社会组织"内求团结，外求发展"的目标体系中占有十分重要的地位。下面从 3 个方面谈谈公关礼仪的意义。

（1）有助于公关人员培养和提高个人素质与修养。社会组织之间的竞争，实质上是员工素质、组织形象的竞争。公关礼仪本身是一种既具有内在道德要求，又具有外在表现形式的思维行为规范；是通过谦恭的态度、文明礼貌的语言、优雅得体的举止等方面表现出来的，是人的内在文化修养、道德品质、精神气质和思想境界等的外在表现。没有内在的修养，外在的形式就失去了根基。

一般来讲，教养体现细节，细节展现素质。在公共场合中遵守和应用公关礼仪，是组织对公关人员的基本要求，是公关工作取得成功的重要因素。公关人员的公共关系礼仪素质高低能表明其个人素质的高低。公关人员无论是在组织内参加会议、各类公关活动仪式，还是个人仪表仪态与服装打扮，都应该注重礼仪，这些文明行为不仅有利于公关人员自身公关形象的提升，而且有利于处理组织与公众的关系，树立良好的组织形象。因此，公关人员要想塑造良好的组织形象，就必须先塑造个人最佳形象，赢得公众的尊重与好感,要做到这些就必须重视和讲究礼仪。

(2) 有助于公关人员建立良好的人际关系。每一个公关人员都代表着组织形象,在公共关系交往中,公关人员的一举一动、一言一行,无声胜有声。在公共关系人际交往中,如果公关工作人员不懂礼貌、不懂规矩,随时会影响到组织形象在公众心目中的地位。比如接电话称谓搞错、拜访没有预约、赴约不准时、宴会时将重要的公众位置排错等都会影响公关人员与公众的关系,严重的会导致组织形象受损。

公关人员在与公众交往中会遇到不同的公关对象,如何针对不同公众进行交往这是要讲究艺术的,比如夸奖人也要讲究艺术,不然的话即使是夸人也会让人感到不舒服。在公关交往中个人代表整体,个人形象代表组织形象,个人的所作所为就是组织的典型活体广告。

公关礼仪在规范人际交往、协调人际关系、增进相互沟通等方面具有非同寻常的意义。

(3) 有助于促进社会物质文明和精神文明建设。注重公关礼仪的组织和公关人员,通过塑造良好的组织形象和个人美好形象,在内部公关方面,起到了礼仪的润滑和催化作用,协调了组织与股东、老板与员工、上级与下级、部门与部门、员工之间的人际关系,强化组织的道德规范,提高了组织内部凝聚力;在对外公关工作上,它向外部公众展示了组织的文明程度、道德水准和组织文化,不仅有利于协调各方面的经济利益与矛盾,而且能够净化和美化社会,在对外开展与国际组织或个人的合作上,能够加快提高我国的国际地位,赢得国际公众的良好口碑。

4. 公共关系礼仪的原则

(1) 彼此平等的原则。从某种意义上讲,现代公共关系是建立在平等的基础上,并以平等作为基本原则而发展起来的。彼此平等是公共关系礼仪的首要原则。

公共关系人员作为社会组织的代表,与公众进行交往是主动的、相互的。人都有友爱和受人尊敬的需要,都希望得到别人的平等相待。人的这种需要,就是平等的需要。

彼此平等原则就是公共关系人员在与公众交往中,不论性别、年龄、民族、职业、文化等,没有高低贵贱之分,一律平等。交往中的平等原则表现为交往的各个方面都要平等相待、谦虚待人、相互尊敬、相互爱护;不能骄狂、以大欺小、以强欺弱;不要我行我素、自以为是;不要厚此薄彼,更不要傲视一切,目中无人;不要以貌取人,或以职业、地位、权势压人。

(2) 相互尊重的原则。相互尊重是指公关人员在与公众交往中,在考虑组织利益的同时,既要自重又要尊重公众的原则。这种尊重在处理公共关系时,体现在多方面,包括利益、权利、责任、人格、观念、情感、意向等。

因为尊重是礼仪的基础,只有互相尊重,才有可能保持和谐愉快的关系。公共关系礼仪必须遵循尊重公众、尊重组织和尊重自己的原则。

(3) 自信沟通原则。自信是公共关系工作人员在各种社交场合中所需要的最基本的心理素质,只有有充分信心的人,才能在交往中落落大方、不卑不亢,遇磨难不气馁,遇强者不自惭,遇侮辱敢挺身,遇弱者会援助。公关人员因为自信才能真正有信心处理好各种公众关系,才能塑造出不卑不亢的形象,包括个人和组织形象。

在处理公众关系时，还要求公关人员必须掌握并娴熟运用人际沟通技能，特别是懂得在不同场合、不同对象面前恰如其分地运用不同的沟通形式，以合乎礼仪规范的言行架起沟通的桥梁，把自己的意图以最佳的方式传递给对方。

（4）诚信自律原则。诚信是公共关系工作人员的基本信条，也是做人最基本的品质。在处理公众关系时，只有时刻真诚地待人处世、客观地传播信息，才能得到公众的信赖与认同，才有可能使自己所代表的社会组织树立起良好的社会形象。

孔子说："民无信不立，与朋友交，言而有信。"在公关社交场合，尤其要讲究诚信。一是要守时，即与人约定时间的约会、会见、会谈、会议等，不应该以任何理由作为迟到的借口。二是要守约，即与人签订的协议、约定和口头答应的事，要说到做到，即所谓：言必信，行必果。正因为如此，在处理公众关系时，如果没有十分的把握就不要轻易许诺他人，若许诺做不到，就会落个不守信的坏名声，就会永远失信于人。

自律是一种严于律己、宽以待人的优秀品质。公共关系工作人员要自律就要约束自己的言谈举止，而这本身也正是礼仪的基本要求。要自律就要忍耐、宽容，这也是一种优雅，是一种处理公众关系应具备的基本思维方式。公关工作就是要创造和谐人际关系，自律、约束、忍耐、容忍能协调好各种公众的情绪。因此，公关人员要经常自我反省、自我控制、自我约束。

（5）宽容适度原则。从人生修养的角度讲，宽容是一种较高的境界。公共关系工作是要处理好各种不同公众的关系，因此宽容原则也是公共关系工作的基本原则。宽容原则要求公关人员在工作中容许公众有行动与见解的自由，对不同于自己和传统观点的见解要耐心及公正地接纳；要求公共关系人员设身处地地对待和处理与公众的关系问题，要站在对方的立场去考虑一切。这也是公关人员争取朋友的最好方法。

公共礼仪说到底就是对自己的约束和对他人的宽容。公关人员要自觉掌握礼仪规范，在心目中自觉树立起公共关系信念和行为准则，并以此来约束自己，在交往中自觉执行礼仪规范。

适度的原则是指在与公众交往中要把握分寸，根据具体情况、具体情景而使用相应的礼仪。如在与公众交往中，既要彬彬有礼，又不能低三下四；既要热情大方，又不能热情泛滥；要自尊不要自负；要信人但不要轻信；要活泼但不能轻浮。最后还要求公关人员在运用每一项公共关系礼仪时，都要注重时间、地点和对象，真正做到恰如其分、适可而止。

第二节　公关工作的基本礼仪

日常交往礼仪是公共关系人员做好公共关系工作的重要组成部分。公共关系人员在公关活动中，要重视基本的日常交往礼仪的学习，并在实践中正确地应用，这样才能有助于工作的开展。

现代社会离不开交际，交际离不开礼节。注重礼节的人在交往场合中是备受他人欢迎和尊敬的。因此，公关人员或组织中的其他人员在和公众的交往活动中一定要注意礼节，以此来维护和宣传组织的形象，赢得公众的信赖和支持。

一、见面礼仪

见面是公关礼仪活动的第一步,公关交往很注重第一印象,因此见面时的礼节也就十分重要。它包括称呼、介绍及握手三个环节。

在任何场合与人见面,遇到的第一个问题就是如何得体地称呼别人。公关人员如果称呼得当,能使公众感到亲切、融洽,乐于与你交往。

(一)称呼

1. 国内称呼礼仪

在国内交往活动中,要正确得体地称呼他人务必要注意:一是称呼要合乎常规;二是称呼要照顾对方的个人习惯;三是入乡随俗;四是合乎场合。

在我们日常交往中,严肃的场合如工作中或会议上,无论对下属还是领导,可以以领导、老陈、小李或者某某等相称,而工作闲暇之余可以称呼亲、靓仔、帅哥、美女、仙女等(多用于对同级或下级称呼),这样更容易建立一个和谐友好的工作氛围,提高工作效率。

在比较重要的场合,公关对象如果是政府官员,公关人员应称其职务,如孙市长、曹副厅长、舒局长等,体现对领导的尊敬。

公关对象如果是经济类组织中的人员,可根据岗位职务称呼,如朱董、严总、吴经理、金部长等。

对于文艺界、教育界、医疗机构的人士,以及有成就、身份者,均可称其为"老师"。另外,如果知晓其职称或职位的也可称其院士、教授、院长、研究员、工程师、医师等。

另外,在公关活动中,公关人员经常在远距离看到相识的人,此时可以举右手向其打招呼,并点头致意。

2. 涉外称呼礼仪

各个国家及民族由于语言和风俗习惯的不同、社会制度的差异,在称呼上也存在很大的差异。常见的涉外称呼主要有以下几种:

(1)常规性称呼。在西方,对男子通称"先生(Mister)";对女子的称呼复杂些,称已婚女子为"夫人(Mrs.)",称未婚女子为"小姐(Ms.)"。称呼一位不清楚是否已婚的女子,用"小姐"比贸然用"太太"要安全得多。即使对方已经结婚,她也会高兴地接受这个称呼。

(2)商务型称呼。在商务活动中,一般应以"先生""小姐""女士(Madam)"来称呼交往对象。

(3)政务性称呼。在政务交往中,常见的称呼除了"先生""小姐""女士"外,还会称其职务或者称地位较高的官员为"阁下"。如"部长阁下""总理先生阁下"等。在君主制国家,通常称国王、王后为"陛下",称王子、公主、亲王为"殿下",其他有爵位的则以其爵位相称。

(二)介绍

介绍就是向公关对象说明情况,使双方相互认识。通过符合礼仪的介绍不仅可以使互不认识的人之间解除陌生与隔阂,建立必要的了解和信任,而且还可以帮助人们扩大社交范围,结识新朋友,为以后相互合作奠定基础。

在社交场合中，使用较多的介绍方法有两种，即自我介绍和为他人作介绍。

1. 自我介绍

自我介绍是公关人员跨入社交圈、结交更多公众朋友的第一步。如何通过介绍自己给对方留下深刻的印象，这与人的气质、修养、思维和口才是分不开的。一个人的魅力或者说吸引力与首次见面的自我介绍是密切相关的。

公关人员进行自我介绍时，须先向对方点头致意，得到回应之后，可根据情况，主动向对方介绍自己的姓名、身份、工作单位，同时递上事先准备好的名片，如"我是×××，是×××公司的公关部经理，很高兴认识您（你们），请多多关照"。

2. 为他人作介绍

为他人作介绍，首先应了解双方是否有结识的意愿，切不可冒昧引见，尤其是在双方职位或地位相差悬殊的情况下。最客气的介绍方法是以询问的口气问，例如，"××，我可以介绍××和您认识吗？"如果对方同意，那么正式介绍时，最好先说诸如"请允许我向您介绍……""让我介绍一下"等礼貌语。另外，引荐他人时应面带微笑，说话要简洁，如"尊敬的××先生，请允许我把刘青山先生介绍给您"等比较随便一些的话，也可以省略去敬语与被介绍人的名字，如"陈小姐，让我来给你介绍下，这位是曹先生"。

介绍的先后顺序应当是先向身份高者介绍身份低者，先向年长者介绍年幼者，先向女士介绍男士等，即受尊重的一方有了解另一方的优先权。在口头表达时，先称呼应特别尊重的一方，再将被介绍者介绍进来。介绍时，应有礼貌地以手示意，不能伸出手指划向他人。被介绍时，除年长者或妇女之外，一般应先起立，但是在宴会、会谈桌上不必起立，而以微笑、点头代替即可。

（三）握手礼仪

握手，是世界上最为普遍的一种礼节。其应用的范围远远超过了鞠躬、拥抱、接吻等。握手的力量、姿势和时间的长短往往能够表达出对握手对象的不同礼遇和态度，显露自己的个性，给人留下不同印象，也可通过握手了解对方的个性，从而赢得交际的主动。

1. 握手的次序

（1）男女之间握手。男士要等女士先伸出手后才握手。如果女士不伸手或无握手之意，男士向对方点头致意或微微鞠躬致意。男女初次见面，女方可以不和男士握手，只是点头致意即可。男女握手时，男士要脱帽和脱右手手套，如果偶遇匆忙，来不及脱手套，要向对方道歉。女士除非对长辈，一般可不必脱手套。

（2）宾客之间握手。主人有向客人先伸出手的义务。在宴会、宾馆或机场接待宾客，当客人抵达时，不论对方是男士还是女士，女主人都应该先主动伸出手。男士因是主人，尽管对方是女宾，也可先伸出手，以表示对客人的热情欢迎。而在客人告辞时，则应由客人首先伸出手来与主人相握，在此表示的是"再见"之意。

（3）长幼之间握手。年幼的一般要等年长的先伸手。和长辈及年长的人握手，不论男女，都要起立趋前握手，并脱下手套，以示尊敬。

（4）上下级之间握手。下级要等上级先伸出手。但涉及主宾关系时，可不考虑上下级关系，做主人的应先伸手。

（5）一个人与多人握手。若是一个人需要与多人握手，则握手时亦应讲究先后次序，由尊而卑，即先年长者后年幼者，先长辈后晚辈，先老师后学生，先女士后男士，先已婚者后未婚者，先上级后下级，先职位、身份高者后职位、身份低者。

2. 握手的方式

（1）神态。与人握手时神态应专注、热情、友好、自然。在通常情况下，与人握手时，应面含微笑，目视对方双眼，并且口道问候。在握手时切勿显得三心二意、敷衍了事、漫不经心、傲慢冷淡，如果此时迟迟不握他人早已伸出的手，或是一边握手，一边东张西望，目中无人，甚至忙于跟其他人打招呼，都是极不礼貌的。

（2）力度。握手时用力应适度，不轻不重，恰到好处。如果手指轻轻一碰，刚刚触及就离开，或是懒懒地、慢慢地相握，缺少应有的力度，会给人勉强应付、不得已而为之的感觉。一般来说，手握得紧是表示热情，男人之间可以握得较紧，甚至另一只手也加上，包括对方的手大幅度上下摆动，或者在手相握时，左手又握住对方胳膊肘、小臂甚至肩膀，以表示热烈。但是注意，握手既不能握得太使劲，使人感到疼痛，也不能显得过于柔弱，不像个男子汉。对女性或陌生人，轻握是很不礼貌的，尤其是男性与女性握手应热情、大方、用力适度。

（3）时间。通常是握紧后打讨招呼即松开。但如亲密朋友意外相遇、敬慕已久而初次见面、至爱亲朋依依惜别、衷心感谢难以表达等场合，握手时间就应长一点，甚至紧握不放。在公共场合，如列队迎接外宾、握手的时间一般较短（握手的时间应根据与对方的亲密程度而定）。

3. 握手的禁忌

（1）不要用左手与他人握手，尤其是在与阿拉伯人、印度人打交道时要牢记此点。

（2）不要在握手时争先恐后，应当遵守秩序、依次而行。特别要记住，与基督教信徒交往时，要避免两人握手时与另外两人相握的手形成交叉状。不要戴着手套握手，但在社交场合，女士的晚礼服手套除外。

（3）不要在握手时戴着墨镜，只有患有眼疾或眼部有缺陷者才能例外。

（4）不要在握手时将另外一只手插在衣袋里。

（5）不要在握手时另外一只手依旧拿着香烟、报刊、公文包、行李等东西不肯放下。

（6）不要在握手时面无表情，不置一词，好似根本无视对方的存在，而纯粹是为了应付。

（7）不要在握手时长篇大论、点头哈腰、滥用热情，显得过分客套，让对方感到不自在、不舒服。

（8）不要在握手时把对方的手拉过来、推过去，或者上下左右抖个没完。

（9）不要在与人握手之后，立即揩拭自己的手掌，好像与对方握一下手就会使自己受到病菌感染似的。

4. 握手的技巧

（1）主动与每个人握手。

（2）有话想让对方出来讲，握手时不要松开。

（四）名片礼仪

1. 递名片礼仪

（1）名片的准备。名片要准备充足，同时，名片的设计要简单大方，切忌花哨。

（2）名片的递送技巧。观察意愿，把握时机，讲究顺序，方法正确。

2. 接名片礼仪

(1) 起身迎接。当别人递名片的时候，要起身，并用双手迎接。

(2) 口头致谢。在接名片的同时，要感谢对方。

(3) 仔细阅读。拿到名片后要仔细阅读，以表示对对方的尊重。

(4) 回敬对方。作为回敬，也要递给对方名片。

(5) 放置到位。对方名片收到并阅读后必须放置好，以表对对方的尊重。

3. 索要名片的方法

索要名片的方法有互换法、暗示法和明示法。

4. 名片使用三不准则

(1) 不随意涂改；

(2) 商务交往不提供私宅电话；

(3) 不印两个以上的头衔。

（六）电话礼仪

电话是人们开展社交活动不可缺少的工具。在日常的生活和工作交往中，常常要利用电话与别人取得联系和交谈。在录像电话还没普及之前，人们通过电话给人的印象完全靠声音和使用电话时的习惯，要想有"带着微笑的声音"或者通过电话赢得信任，就必须掌握使用电话的礼节与技巧。

1. 电话语言要求

(1) 态度礼貌友善。

(2) 传递信息简洁。

(3) 控制语速语调。

(4) 使用礼貌用语。

2. 接电话的基本要求

(1) 迅速接听。接电话首先应做到迅速接，力争在铃响三次之前就拿起话筒，这是避免让打电话的人产生不良印象的一种礼貌。接电话时，也应首先自报单位、姓名，然后确认对方，如果对方没有马上进入正题，可以主动请教。

(2) 积极反馈。作为受话人，通话过程中，要仔细聆听对方的讲话，并及时作答，给对方以积极的反馈。通话听不清楚或意思不明白时，要马上告诉对方。在电话中接到对方邀请或会议通知时，应热情致谢。

(3) 热情代转。如果对方请你代转电话，应弄清楚对方是谁，要找什么人，以便与接电话人联系。此时，请告知对方"稍等片刻"，并迅速找人。

(4) 做好记录。如果接电话的人不在，应为其做好电话记录，记录完毕向对方复述一遍，以免遗漏或记错。可利用电话记录卡片做好电话记录。

3. 打电话的基本要求

(1) 时间适宜。打电话的时间应尽量避开上午 7 时前、晚上 10 时以后的时间，还应避开晚饭时间。有午休习惯的人，也请不要用电话打扰他。电话交谈持续的时间不宜过长，一般以 3~5 分钟为宜。

(2) 有所准备。通话之前应核对对方公司或单位的电话号码、公司或单位的名称及接话人姓名。写出询问要点等，准备好在应答中使用的备忘纸和笔以及必要的资料和文件。估计一下对方情况，决定通话时间。

（3）注意礼节。接通电话后，应主动友好，自报家门并证实对方的身份。打电话要坚持用"您好"开头、"请"字在中，"谢谢"收尾，态度温文尔雅。

4. 使用手机的礼仪

（1）使用手机不能影响别人（必要时关机，而且要当众关机，告诉对方"不好意思，我先把电话关了"）。

（2）要注意安全（比如：驾驶时不能接听电话，飞机上关机，加油站、医院不能用手机）。

（3）不用手机谈涉及国家机密或行业机密的问题，不要随便借用别人的手机。

（4）手机要放置到位（正式场合，手机放在随身携带的手袋里）。

第三节　公共关系语言交谈礼仪

冈察洛夫曾说过，"人与人天天密切地接触，要互相付出代价：要仅仅欣赏对方的优点，而不刺痛对方的缺点，也不被对方刺痛缺点，双方都需要有多方面的生活经验、理智和诚挚的热情。"人与人言语的交谈也有许多礼仪，不同的交谈方式将产生不同的效果。在交谈的过程中应该注意以下几点。

一、讲究语言艺术

（1）准确流畅的语言。第一，要注意讲对方听得懂的语言，如：在国内交流最好讲普通话，全国人民都能听懂。第二，非专业场合不要用过分专业的词汇，让人感到理解困难，没办法交流，不容易互动。

（2）委婉表达自己的意思。避免使用主观武断的词语，如，"只有""一定""唯一""就要"等不带余地的词语，要尽量采用与人商量的口气。讲话时注意先肯定后否定，学会使用"是的……但是……"这个句式。把批评的话语放在表扬之后，就显得委婉一些，同时，也间接地提醒他人的错误或拒绝他人。

（3）把握一定的分寸。谈话要把握好"度"；谈话时不要唱"独角戏"，不要像开记者招待会，搞一言堂，不让别人有说话的机会；注意互动。说话还要察言观色，注意对方情绪，对方不爱听的话少讲。开玩笑要看对象，一般不要随便开女性、长辈、领导的玩笑。

（4）适度表现幽默。交谈者要随机应变，适度幽默可以化解尴尬局面、增强语言的感染力。例如，钢琴家波奇有一次在美国福林特城演奏，发现听众不到一半，他当然很失望也很难堪，但是他走向舞台时却说："福林特这个城市一定很有钱，我看到你们每个人都买了两三个座位的票。"于是，整个大厅充满了欢笑，波奇以寥寥数语化解了尴尬的场面。

二、常见礼貌语

初次见面，要说"久仰"；许久不见，要说"久违"；客人到来，要说"光临"；等待客人，要说"恭候"；探访别人，要说"拜访"；起身作别，要说"告辞"；中途先走，要说"失陪"；请人别送，要说"留步"；请人批评，要说"指教"；请人指点，要说"赐教"；请人帮助，要说"劳驾"；托人办事，要说"拜托"；麻烦别人，要说"打扰"；求人谅解，要说"包涵"。

三、忌谈的话题
（1）倾向性错误的话题。不能非议自己的祖国、党和政府、现存的社会规范。
（2）个人隐私。有关收入、年龄、婚姻、健康、个人经历的话题。
（3）国家、行业、单位机密。
（4）背后议论领导、同行、同事。
（5）低级趣味的话题。

四、适合选择的话题
从某种意义上讲，能否选择好谈话主题往往从根本上决定着一次谈话的格调及其成败。
（1）高雅的话题。选择内容文明、格调高雅的话题。如，文学、艺术、哲学、历史、地理、建筑等，这类话题适合各类交谈，也能够体现自己的见识、阅历、修养和品位。
（2）轻松愉快的话题。允许各抒己见、任意发挥。主要包括文艺演出、流行、时装、美容美发、体育比赛、电影电视、休闲娱乐、旅游观光等。
（3）对方喜欢的话题。公职人员关注的多是时事政治、国家大事，而普通市民则更关注家庭生活、个人收入等；男人多关心事业、个人的专业，而妇女对家庭、物价、孩子、化妆、衣料、编织等更容易津津乐道。
（4）流行、时尚的话题。即以此时此刻正在流行的事物作为谈论的中心，但是这类话题变化较快，不太好把握。

五、非语言交谈
非语言交谈主要是指配合语言表达的表情、动作和体态。人们往往称其为"无声语言"或"态势语言"。作为特殊的交流信号，在人际交往中有非常重要的意义。美国心理学家艾伯特·梅拉比安曾经提出一个公式：信息的全部表达＝7%的语言＋38%的声音＋55%的表情、动作、体态。当然这并不是一个精确的公式，但由此可以看出"无声语言"在信息传递尤其是交谈中有着非常重要的作用。它是人们用以传情达意的一种主要辅助工具。因此，公关人员必须了解并熟练掌握。

1. 表情

人的面部表情包括眼、眉、嘴、面部肌肉的变化等。

"眼睛是心灵的窗户"，眼神是表情中最丰富、最重要的。交谈不是单方面的行为。说者和听者的态度都可以从眼神中反应出来。比如，眼睛长时间平视对方，表示尊敬和重视；眯眼看人可能表示饶有兴趣、高兴，也可能表示轻视；双眼突然睁大，可能表示疑惑或吃惊，等等。

眉毛也会"说话"。如挤眉表示戏谑；横眉表示鄙视；竖眉表示愤怒；低眉表示顺从等。

嘴巴的表现力仅次于眼睛。嘴巴的感情基本通过口型变化来体现，惊愕时张口结舌；忍耐时咬紧下唇；微笑时嘴角微微上翘，等等。

虽然鼻子表情较少，而且大多数用来表示厌恶之情，但用得适当也能使话语生色。愤怒时鼻孔张大，鼻翼翕动，都能使内心的感情表达得更为强烈。

面部肌肉的收缩或舒展也是感情的自然流露。如笑逐颜开是心情愉快的表征；而蹙额锁眉是忧虑不安的反应；板着脸则说明心里不高兴。

总之，面部表情有多种多样的变化，很难规定。不能按照一个刻板的模式去做，一切要自然流露。但决不意味着可以放任。人是有理智的，要学会控制，按照不同的社交需要处理。你的面部表情运用得当，会使你与交谈对象之间的心理距离靠近甚至消失，从而可以更好地进行交流。在这当中，最常用的综合表情是微笑。它是人际交往中的"世界通用语言"，是人们表达愉快感情的心灵外露，是善良、友好、赞美的象征。美学家认为，在大千世界万事万物中，人是最美的；在人的千姿百态的举止中，微笑是最美的。一种有分寸的微笑再配上优雅的举止，甚至比有声语言更有魅力，可以收到"此处无声胜有声"的效果。

2. 动作

动作包括手、腿、头部等的动作。各种不同的动作表达不同的信息。在动作"语言"中，手是传情达意最有力的工具，得体适度的手势可以增强感情的表达，能在交际和服务中起到锦上添花的作用。

下面举一些常见手势及其所传达的信息。

（1）双手紧握在一起，显示的意义是精神紧张。

（2）双手指尖相合，形成"教堂尖塔"型，显示充满自信。

（3）用手敲打桌面或在纸上涂画，显示不耐烦。

（4）搓手，显示的意义是有所期待、跃跃欲试。

（5）摊开双手，显示真诚和坦率；如果摊开双手，耸耸肩，表示无可奈何、无能为力。

（6）不自觉地用手摸脸、摸鼻子、揉眼睛，是说谎的反应。

（7）突然用手把没抽完的烟捻熄，是下定决心的表示。

（8）坐着把手放在大腿上，显示的是镇静。

以上列举的是一些最常见的手势及其所表达的含义，通过手的动作传达的意义还有很多，而且由于习俗不同，手势的含义也各有差异。如拇指与食指合圆，其他三个指头张开，在说英语的国家表示"OK"，即同意、赞成；在日本表示"懂了"；在法国表示"没有"或"零"；在韩国表示"金钱"；在突尼斯表示"无用"或"傻瓜"；在我国和其他一些地方表示"三"或"零"。再如"V"型手势，手掌向外，英国、美国表示"胜利"；在希腊则表示对人不恭；在我国则表示数字"二"。还有伸出大拇指，在我国表示"好""了不起"，是夸奖、称赞之义；在意大利表示数字"一"；在希腊，拇指上伸表示"够了"，向下表示"厌恶""坏"；在英国、美国、澳大利亚等国这种手势有两种含义：一是搭便车；二是"好"。

在人际交往中腿部的动作常常不自觉地表露出人的潜在意识。如小幅度地抖动腿部、频繁地交换架腿的姿势、用脚尖或脚跟拍打地面、脚踝紧紧交叠等，都是紧张不安、焦躁、不耐烦等情绪的反应。

最常用的头部动作是点头和摇头。在大部分地区，点头表示"是"或"肯定"；摇头表示"不"或"否定"。头倾向一边表示有兴趣，低垂着的头表示负面的态度，甚至是责难。

身体的各个部分都有着特定的动作，可以传递一定的信息，只要平时多加观察，便能掌握个中的奥妙。

3. 体态

体态包括人的各种静态的姿态，如站姿、坐姿、睡姿、蹲姿、俯姿等姿态以及仪表。其中，与人际关系比较密切的是坐姿和站姿，不同的坐姿和站姿代表不同的信息。

缺少自信、消极悲观、甘居下位的人站立时往往弯腰驼背；充满自信、乐观豁达、积极向上的人站立时总是背脊挺得笔直，有时还会把双手插在腰间。

关系友好，有共同语言的两个人自然地并肩站在一起；关系亲密的两个人面对面站立的距离会很近；相反的，有隔阂、意见分歧的两个人面对面站立时则会自然地把距离拉大。

挺着腰笔直的坐姿，表示对对方和谈话内容有兴趣，也是一种对人尊敬的举动。弯腰驼背的坐姿是对谈话不感兴趣或感到厌烦的表示。

六、聆听的艺术

在任何谈话中，所有的参与者都同时是发言者和倾听者。有效地沟通始于真诚的倾听。国外有句谚语"用10秒钟的时间讲，用10分钟的时间听"。听，可以从交谈对象那里获得必要的信息，领会谈话者的真实意图。况且，聆听本身也是尊重他人的表现。因此，应充分重视听的功能，讲究听的方式，掌握聆听艺术。

1. 专注有礼

在听对方谈话时，应目视对方，以示专心。这不仅是对他人的尊重，而且也是了解对方意图的需要。因为要真正了解对方，只听还不够，还要注意说话者的神态、表情、动作、姿态以及语调、语气等非语言符号。

2. 专心认真

不轻易打断对方，要尽量让对方多说，耐心认真地听完。不管对方表达能力欠佳、语言寡味，还是听到与自己不一致的观点或自己不感兴趣的话题，或是产生强烈共鸣，都不能贸然打断对方而插话或做出其他举动。如果真有必要打断，也应适时示意并致歉后再插话，插话不宜过长，随后要请对方继续讲下去。

3. 呼应、鼓励

强调注视对方，认真耐心地听，并不是说聆听者完全是被动的、默默地听。对方的见解高人一筹，让自己心悦诚服，与自己不谋而合，或是为了引导、支持、鼓励对方畅所欲言，应以微笑、点头等动作及时地表示对对方的肯定。也可适时插入一句话，如"嗯""对，是这样""真的吗？""请你讲得具体点"等，表明你不但在注意倾听，而且饶有兴趣。

七、公关交谈礼仪及技巧

1. 创造良好的交谈氛围

积极创造和选择谈话环境。环境是交谈氛围的物质基础，如果可能的话，要根据谈话主题和目的，提前布置交谈环境。通过安排灯光、摆设、座位等，创造一个良好的谈活氛围。

2. 距离适中

根据与交谈对象的交往程度以及个人习惯等来调整距离。

3. 态度友好、诚恳

参与者的态度直接影响交谈的氛围和沟通的效果。只有友好、诚恳，才能顺利、深入地交谈。

4. 寒暄热情、大方

"万事开头难",交谈一般从寒暄开始。寒暄不仅是一种必不可少的客套,而且可以为交谈作情绪和感情上的铺垫。成功的寒暄可以迅速缩短双方的心理距离,调节气氛,增进交流。因此寒暄应尽量表现出谦恭、大方、热情、平等。

5. 礼让对方

(1) 不要自说自话。交谈最忌讳一方自以为是,滔滔不绝,借题发挥,以炫耀自己,完全忽视他人。要尽量让对方多说话。

(2) 不要冷场。与自吹自擂相反,有些人因为性格内向或缺乏信心,交谈中沉默寡言,使谈话陷入僵局。

(3) 不要当面否定。如果不是大是大非问题,不要当面否定对方,更无必要伤和气。

6. 音量适中,语调温和

交谈的声音不要过高,以免影响他人;但不宜太低,要让在场的人听清楚;声音柔和。

7. 要借助肢体语言来增强表达的效果

特别是用关注的眼神和微笑的表情来表明自己的友好和尊敬的态度。

第四节 大学生求职礼仪

随着社会的进步,文化教育水平的提高,大学毕业生数量日益增加,企业选择余地增大,用人单位对应聘者要求越来越高,除注重文凭外,更注重通过面试考察应聘者的综合素质。面试是就业求职的重要组成部分,是求职者与招聘者之间第一次面对面的交流,也是求职者展现个人能力、素质、修养、专业水平等方面的最佳机会。然而由于应届毕业生,刚刚踏入社会,缺乏社会和求职经验,在求职面试过程中,往往表现不佳。在求职面试中,仅靠专业知识和工作热情还不够,还应该注重自己的求职面试礼仪,注重自己的行为举止,表现出自己的修养和素质,才能给招聘方留下一个良好的印象,获得成功的第一步。

一、准备充分

大学生在父母的羽翼之下以及象牙塔中生活了二十多年,一旦面临走进社会,即将独自面对工作和生活时心理准备不足,不免感到茫然。对自己所学专业的把握和专业行情的了解都不是很到位,加上有的专业就业面较窄,大学生对自己的职业定位也较模糊,只好抱着看一看的心态来到招聘会上,没有针对性和方向,看见哪个用人单位不错就投一份简历,抱着"见识见识""广种薄收"的态度,普遍撒网。这种求职应聘往往是广种而无收。

1. 认清形势

在应届大学毕业生中,一部分学生还未充分认识到就业形势的严峻性,盲目乐观,给自己的职业前景定位过高,出现了这儿不愿去,那儿看不上的挑剔择业情况,等他们多次碰壁以后,猛然醒悟,却又一时慌了神,变得饥不择食;一部分大学毕业生由于家庭情况,对就业形势的情形认识到位,意识就业形势的严峻性后,也不能冷静地分析自身的优势、从业意愿和就业市场的可能性,成为所谓的"面霸",一听说哪里有招聘会就蜂拥而至，普遍撒网，造成资料、时间、经济、精力的极大浪费，即使偶尔撞上一个回音，也未必能有针对性地获得成功。鉴于此，建议大学毕业生从经济形势、就业市场、所学专业、自身从业愿望和爱好等方面出发，全面考虑就业的可能性，有针对性地制作简历，如有必要可以制作多种版本简历，在对用人单位有一定了解的基础上，有针对性地投递简历，增加求职成功率。鉴于就业形势严峻，建议大学毕业生转变就业观念，先就业后择业，在实践中积累工作经验。因为很多招聘岗位要求有一定从业经验和工作经历，刚毕业的大学生很显然没有这一优势，即使参加过一些社会实践活动，也不能满足用人单位的要求，因此，"曲线救国"，先在一些岗位上得到工作实践的锻炼，掌握一些基本职业技能和了解一些职场人际关系的基本常识，对今后的职业发展也是不无裨益的。

2. 认识自己

在求职应聘前，建议大学毕业生首先与家人一起分析自己的各方面条件和意愿，结合就业市场做好自己的职业意向定位，有针对性地选择一个或几个就业意向，在充分准备后，有针对性地前往应聘，才能获得预期的效果。俗话说："知己知彼，方能百战不殆。"对自己的了解和认识是求职应聘的关键。尽管有经济危机，尽管就业形势基本面不容乐观，但国家和社会总是要发展，任何时候都会提供一定的就业岗位供大学毕业生选择。据统计，全社会已提供的就业岗位中，有的岗位很长时间无人应聘，或招聘不到合适的人选，出现了用人单位一方急需人才而不得，待就业群体急切应聘而未果。产生这种现象的部分原因是用人单位对人才的需求和标准与待就业群体所能提供的能力和素质不对等，出现了错位现象。在了解社会所需的岗位之后，大学毕业生应全面分析自身条件，结合性别、年龄、专业、性格、爱好、特长、已有社会实践经验、家庭经济等方面情况，对自己的优势和劣势有充分的认识，根据自身的能力和各方面情况，作出既符合社会需求又适合自身条件的职业定位，才容易找到用武之地。

3. 心理准备

做好自身职业定位和求职意向的定位，实际上也是对求职应聘的心理准备过程，只有心理状态到位了，才能做好求职应聘工作。凡事讲机遇和缘分，不是做好了求职应聘的准备，就会有一个岗位在等着我们。有可能会出现一次、两次……直至多次求职应聘碰壁的经历，会经受充满希望然后又失望的过程，以平和的心态看待求职应聘过程中的失败，把每一次失败都当作经验的积累、人生的历练，增加对社会的认知，锻炼人际交往能力，不断增加抗挫折能力和心理承受韧性，才能做到"屡败屡战"。礼貌地面对每一个和你打交道的人，感谢他们抽时间和你交谈，给你机会推介自己，逐渐把自己打造成一个成熟的职业人。在求职应聘过程中如果对求职应聘的困难度没有思想和心理准备，最容易出现的心理问题是自暴自弃和怨天尤人，粗暴对待求职可能性不大的用人单位的招聘人员，在知道应聘失败后甚至对招聘人员恶语相向。这种表现不仅坚定了招聘人员不聘用你的决心，让他们对没有招聘这样没有修养和素质的人感到庆幸，同时还有可能在行业内传播应聘人员的不当行为，作为反面案例，影响求职人被其他用人单位的聘用，这对求职应聘人员来说，无异于自掘坟墓。在招聘和应聘活动中，即使失败了也要优雅地告别。

二、资料齐备

有的大学毕业生尚未做好进入社会的准备，招聘会上两手空空，只是前来看看热闹；有的即或是到了招聘会，面对用人单位的询问，也只拿出一份极简陋的简历；有的简历资料不齐备，没有用人单位想看的东西。这些都会严重影响用人单位的选聘。俗话说，不打无准备之仗。在招聘季节开始之前，大学毕业生就应做好各种材料的准备，材料准备分为自身材料和用人单位材料两类。

1. 自身资料准备

自身材料如简历、特长介绍、奖惩情况、成绩单、参加各种社会实践活动的证明、各种技能证、有关从业经历证明等，一切在多年学习生活中所经历的、可以让他人全方位了解的信息资料都应准备齐全，相关证件的复印件附在简历后面，原件备查。如有参加大型社会活动获得较好能力锻炼证明的影音资料也是必不可少的。一些对外形条件要求较高的岗位，拍一些写真照片也是必不可少的，但切忌不可走得太远，卖弄和色情都是要坚决杜绝的。

2. 用人单位资料准备

知己知彼方能百战不殆。对有应聘意向的用人单位情况应在招聘面试前做一些了解，这样在面试应聘时才会有针对性地提出问题和回答相关问题。如果对用人单位一无所知，对招聘人员提出的问题不能有针对性地回答，不能回答"为什么愿意到我单位来"，也不能回答"你在本单位的定位是什么""愿意从事什么岗位的工作""我们为什么要录用你""你的职业规划是什么"等基本问题，是不能令人满意的。

3. 资料的可信性

简历材料中所反映的情况应是真实可信的。招聘和应聘，最后会形成一种契约关系，并会在今后较长的时间内有较密切的接触，这时候，采用欺骗、不诚信手段获得的工作岗位，不仅诚信缺失，而且要用更多的谎言去掩饰一个谎言，成天生活在忐忑不安之中，增加心理负担和负罪内疚感，你的生活也不会轻松和美好。技能可以在工作中习得，证书可以今后再次考取，但人品却是一旦有了污点就不易洗清。弄虚作假也许能骗得了一时，但谎言总有一天会被揭穿。

4. 一式多份

简历应准备一式多份或多式多份。一式多份是便于向多个用人单位投递；多式多份是根据求职意向，如果有意愿应聘外资企业或单位，就需要准备外语简历多份，一是证明外语能力，二是方便外方招聘人员阅读。简历介绍应一式多份。有的应聘人员手拿一份简历材料，仅让用人单位翻阅一下就要收回，这种做法一是不能让招聘人员记住你的情况，二是认为你没有诚意，未做好充分准备，三是认为你斤斤计较，连一份简历的成本都不愿意投入的"铁公鸡"，在今后的人际关系中肯定是难以相处的。如果没有准备好相关资料，用人单位索取时一时半刻拿不出来，会给人一个工作生活无序、应聘无诚意的印象，让人产生有什么信息不愿让用人单位知晓而隐瞒，或者未作好充分应聘准备的诸多猜想而放弃对你的聘用。

5. 熟悉内容

准备好书面、实物材料后，还应进一步熟悉其中的内容，准确流畅地介绍自己的情况，回答用人单位的询问。如果被询问时支支吾吾、答非所问，会让人怀疑其诚意和真实性。

三、妆容规范有品位

心理学家研究，人们初次接触时，最初印象的获得是在刚开始接触的 2~3 秒钟之内形成的,这时也许还没来得及开口说话,就已经在思想意识上被人归类,打上了某种类型的印记。如果第一印象是良性的、积极的当然好,如果第一印象不幸是消极的,就会影响以后的言语交流。第一印象是从着装、体姿、表情、妆容、行为举止上获得的。在招聘现场,常常看到着装欠妥的应聘者。应聘面试是大学毕业生的人生大事之一,它有可能改变你的人生轨迹,要引起高度重视,慎重对待。规范着装既是展示自己的精神风貌,提振士气,也是对自身和他人的尊重。一个连自己都不尊重的人,会尊重他的职业岗位和工作吗?

1. 发型

发型的选择应与脸型、年龄、职业、性格、气质、爱好相符。职场男士发型相对简单,主要是十二个字,前不过眉,侧不掩耳,后不覆领。头发不能过厚,最好不要染发、烫发。应时刻保持头发的整洁和干净。男士不要留胡须,在面试前,要剃须修面保持面部清洁。女士的职场发型比较多样,一般来说,职场不建议过长的披肩发,头发如果长度超过肩,应该梳起来,因为过长的披肩发,不容易保持整洁,还会给人轻浮、随意、不稳重的印象。染发烫发也切忌夸张,过于张扬。

2. 化妆

美容对于人的仪容有画龙点睛的作用。男士只要保持面部的清洁,口气的清新就可以。女士的妆容应以淡妆为宜,自然为度,清洁健康为旨。清新、自然、幽雅的妆容不但可以振奋精神、增强求职信心,也可以达到尊重对方的效果。使用化妆品味道不要过浓,香水味道不要刺鼻。

3. 着装

面试服装要与年龄、体形、求职岗位、求职行业特点相吻合。服装不是一种没有生命的遮羞布。它不仅是布料、花色和款式的组合,更是一种社会工具,反映了一个人文化素质的高低,审美情趣的雅俗。服装主要遵循自然得体、协调大方的原则。当然,由于招聘单位的不同,对仪表服饰的要求也会有所变化:国家机关招录,应体现稳健踏实;公司企业(尤其是外企),应体现干练精神。服饰方面不要标新立异,追求个性。一位人事总监说过:我不可能因为一条领带录取你,但可能会因为你戴错领带而放弃你。

(1) 男士服装:一般情况男士的职场服装就是西服。深色西服,浅色衬衫,与西装相协调的领带,皮鞋,是最标准的配置。西服和衬衣都要保证整洁,因此在面试头一天要把西服熨烫平整。年轻人领带不要带领带夹。皮鞋同样要保持整洁。不要选择白色、彩色袜子,袜子的长度以坐下不露肌肤为宜。夏天也不一定要穿西装,可以衬衣、西裤配皮鞋。

(2) 女士服装:女士可以选择裤装和裙装。女士裤装与男士西装的要求一致。裙装忌短露透,服饰搭配不要超过三种,否则给人以轻浮、杂乱的感觉。

4. 饰品

以少为佳,同质同色,符合身份,符合传统习俗。面试时,尽量不佩戴饰品男士饰品仅限制于结婚戒指。手表是不错的选择,既能起到装饰作用,又给他人以遵时守信的印象。手部无论男女都不要留长指甲,不要使用有色的指甲油。总之,饰品要避免引起面试官的注意力,否则会影响面试效果。

四、举止得体重细节

常言说：细节决定成败。一个人的举手投足是其内在修养的无意识自然流露，优雅的气质风度总是在一些不为人注意的细节上表现出来，昭示你的素质和内心修养。求职应聘时，人们常常从应聘者的称呼、问候、握手等初识礼仪来对其进行判断。

1. 称呼

应聘大学生和用人单位招聘人员见面交流首先是如何称呼对方，这常常令应聘学生头疼，也有因称呼不当给用人单位的招聘人员留下不好印象的。通常的称呼方式有日常生活称呼，如阿姨、大姐等，但在求职应聘时采用日常生活称呼显得不严肃，不推荐使用。在了解到招聘人员的职务时，采用职务性称呼是较好的选择，这让对方感到应聘学生已经有所准备并尊重自己，留下较好的印象，职务性称呼是姓加上职务，如赵经理；职称性称呼是姓加上对方职称的称呼方式，如"王教授""张工程师"等；学衔性称呼是称呼对方的学历学衔，如"张博士"；行业性称呼是指对方从事的工作岗位和专业，如"李会计"。这些称呼都需要应聘者事先了解招聘人员的身份与背景，有一定的难度，如果没有事先做足功课，也可以遵从学校的习惯，称对方为"老师"。与招聘人员见面时切忌用"哎、喂"等不礼貌的言辞称呼对方。

2. 问候

有时候为了避免称呼，在和招聘人员有了视线交流之后，省去称呼直接问候"你好"或"您好"，并同时配合微笑和微微鞠躬的体姿语，这就是所谓的问候式招呼。除了问候式招呼之外，通常还有称呼性招呼、寒暄式招呼（较熟悉的人之间）、致意式招呼（使用体姿语）、告别式招呼等。与招聘人员初次见面的应聘学生最好保持基本的礼仪规范，只需问候"你好"即可，如果与招聘人员有了多次接触，大家相互有了初步的了解后，可采用寒暄式招呼问候，多聊几句，增进相互之间的了解。如果是多人参加的招聘活动，招呼的顺序也有讲究。如果招聘单位是国内的企事业，通常是尊者优先，也就是以招聘人员中职位的高低来确定招呼问候的顺序；如果应聘的是国际性企业，通常是女士优先、尊者优先。

3. 握手

握手是初识的人们相互间表示善意的初步身体接触，这会给对方留下较深刻的印象。求职应聘的大学生就是接受社会的挑选，是进入社会的一个标志，学会握手礼仪至关重要。握手首先讲究顺序，国际惯例是女士优先、尊者优先；我国的规范是尊者优先。握手时的方式也是有讲究的。握手的时间通常3~5秒钟即可，时间太短显得不热情，久握不放显得过分热心；握手时要有一定的力度，不能伸直手指让别人握住而不回握，这种"死鱼"手极不礼仪貌，当然，初次见面时握手也不能过分用力，让对方心生不快；握手时与对方的距离最好保持在1米左右，不可太近，否则会闯入对方的个人界域，也不可离得太远，弯腰弓背仪态不雅在其次，重要的是显得不够有诚意；握手时应是面含微笑，双目对视，通过目光传递友好的信息。握手时坚决要避免的是：用左手与人握手，因为绝大多数人为右利手；握手时目光游移，这会显得心不在焉、敷衍了事；戴着手套、墨镜与人握手（对人不坦诚、不尊重）；多人握手时争先恐后，造成交叉握手；贸然伸手（遇到上级、贵宾、长者、女士时，不能抢先伸手）；握手后马上揩拭自己的手掌；以肮脏或患有传染性疾病的手与人握手；该先伸手时不伸手；握手时长篇大论，久握不放；握手时把另一只手放在衣袋或裤袋里（显得傲慢无礼）。

4. 递送物品

求职应聘时需要为招聘人员呈上自己的资料和相关物品，递送物品与资料时应双手递送。有文字的资料字体的正面朝向接受方，便于接受人第一时间认读，同时配合目光的交流与体姿的前倾。如果距离较远不能双手送达，也可采用右手单手递送，左手扶着右手手肘，同样能表达尊重对方的意思。

5. 表情

人类的表情主要有三种方式：面部表情、有声语言表情和身体姿态表情。面部是最有效的表情器官，人类面部表情的丰富性来源于人类价值关系的多样性和复杂性。人的面部表情主要表现为眼、眉、嘴、鼻、面部肌肉的变化。人们常说眼睛是心灵的窗户，直接反映出人的内心感受，也反映出一个人的修养。眼部目光的礼仪要求包括目光注视时间的长短、注视的区域和目光的运动等几个方面。通常情况下和他人交流时，目光注视对方的时间不应低于60%，但也不应高于90%，2/3的时间和对方进行目光的交流较符合礼仪规范；求职应聘交流时，目光应注视对方的眼部及其以上部位，即所谓的商务区域，营造一种正式、郑重的氛围，如果对方较放松和幽默，也不妨注视对方脸部的区域，即所谓的社交区域，使气氛轻松而融洽；和招聘人员交流时，忌讳目光游移不定、左顾右盼、不正视对方或上下打量对方，这些目光的运动都是不礼仪的行为方式。和用人单位招聘人员接触交流，要想获得对方的好感，首先要传递的是乐意与之交流的善意，而全世界通行的传递善意的最佳表情就是微笑。发自内心的微笑是人际交流的最佳"投名状"，面部肌肉的柔和、协调运动，配合善意的目光，会使对方感受到友善的信息。

6. 站姿

俗话说："站有站姿，坐有坐相。"大学生正是早上八九点钟的太阳，要体现出青春气，站姿要求必不可少。在招聘人员面前的站立应身姿挺拔，收腹挺胸，不弯腰凸肚，不重心歪斜、不稳。男生脚位可略略分开或八字步，女生脚位可并步或丁字步，切记张脚叉腿；男女生均可手位自然下垂，放在身体两侧，女生可两手相握，自然轻松地放在身体的前面，切不可手舞足蹈。

7. 坐姿

如果招聘现场应招聘人员要求可以坐下的话，坐姿礼仪也是必不可少的。坐姿礼仪包括落座、坐姿、脚位和手位要求。落座时先站在椅子前适当位置，重心垂直下降，落座在椅子的前2/3，不要弯腰弓背一屁股陷在椅子里；落座后上身挺直，微微前倾，男生双腿微微分开，双手放在膝盖或大腿上，女生双腿、膝盖并拢，双手相握放在膝盖或大腿上。如果女生穿短裙，则可以采用礼仪架腿，即一条腿架在另一条腿上，两小腿靠拢相贴。坐下后切忌伸直两腿、不停抖腿。

8. 行姿

求职应聘人员不可避免会在招聘场所走动，行姿礼仪也必不可少。行走时脚尖朝前，既不外八字也不内八字；腰部控制，既不过分僵硬也不扭腰摆臀；头颈挺直，正视前方；手臂持物或在身体两侧自然摆动。忌讳走路时摇头晃肩，扭腰摆臀。

9. 蹲姿

如果求职应聘时物品不慎掉落地上，拾捡东西时应注意蹲姿礼仪。男女生都不要弯腰撅屁股去拾取物品,而应先走到掉落物品的侧面,上身挺直,双腿弯曲伴重心逐渐下降,采用蹲姿侧身拾取。

10. 界域礼仪

求职应聘时难免不与招聘人员近距离接触,如何保持恰当距离也是有礼仪规范的。通常把人与人之间的距离分为亲密距离(0.5米之内)、社交距离(0.5~1.0米)和公共距离三种。在求职应聘场合,如果是较随意的交谈,保持社交距离较符合礼仪;如果是正式的面试,保持公共场所距离较符合规范;面试时切忌贴身挨近面试招聘人员,这会侵犯到他人的个人"安全"范围,令人心生反感。

五、自信风采

经过多年的学习,做好充分准备以后,求职应聘的大学生应该充满自信地走向招聘会场,接受用人单位的检验和挑选。自信是人们对自身力量的一种确信,是在自我评价上的积极态度,是发自内心的自我肯定与相信。只有满怀在充分准备基础上的自信,才能由内而外地散发出光彩,才会用这种风采去感染他人、影响他人,达到预期目标。用人单位反馈信息表示,不少大学毕业生在求职应聘时表现得不够自信,过分紧张,回答问题时支支吾吾,表现不出自己的实力。更有一些求职者面试时弄虚作假,企图欺骗蒙混过关,谁知很快就被有经验的招聘人员拆穿,不得不再次承受面试失败的惨痛教训。久而久之,用人单位也会觉得大学生不诚信而丧失信心。

1. 目光的接触

目光是人类很重要的交流手段和方式。心理学家研究指出,目光是较少不受意志控制的表情之一,主要体现在瞳孔的扩大和缩小上,对感兴趣的事物会放大瞳孔以获取更多的信息,对排斥的事物会缩小瞳孔以减少信息的接受。同时,目光正视交流对象还会给人无所隐瞒、坦荡、开放的良好印象。因此,求职应聘时如果低头看着自己的脚尖说话,回避对方的目光交流,会传递出不坦诚、不自信的信息,是应该避免的。

2. 充分展示自己

一旦做好前期资料的准备,求职应聘时,不要羞于拿出自己的各种材料,在出示各种材料时辅以言简意赅的解释说明,帮助对方在短时间内迅速了解材料,也是充分展示大学生良好的有声语言表达能力的机会。在条件允许的情况下,甚至可以做好现场"秀"一下的准备,给用人单位留下较深刻的印象。

3. 镇定自若

人们与不熟悉的对象交流时都会产生紧张感,这是正常的心理反应。只要做好充分的准备,你只需要随机应用即可,因此,不要得失心太重,不要把这次面试看成生死攸关的大事,不妨告诫自己:对方也是人,也是可以沟通和交流的对象。抱着平常心态,把他当做你熟悉的人,就会容易应对了。如果实在紧张以至于无法控制,不妨先深呼吸几次,然后转移注意力到别的地方,想一些轻松愉快的事情和场面,以缓解紧张情绪。在求职应聘时,不需要侃侃而谈,挥洒自如,只需要完成好对方的"命题作文"即可。也就是说对方问什么如实地回答什么,只要回答的是真实的信息,自然不会产生紧张和害怕的心理压力,也就容易面对了。有时候问一答十、夸夸其谈反而会给用人单位留下浮夸的不良印象。

4. 沉着应对意外情况

求职面试时可能会出现一些不可控的意外事件，如材料坠地、碰翻杯子、撞到他人等尴尬的情况。如果出现这些现象，不要慌张，事情已经这样了，慌张、紧张、后悔都不能解决问题，能解决问题的只有一是道歉，说声"对不起"，二是及时修正和弥补。总之，求职应聘尽管是大学毕业生要面临的一件大事，但不要得失心太重，只要做好充分准备，把握好细节，关注他人的需求，注意交流中的礼仪规范，就会是一次成功的面试。

【实训设计】
大学生求职面试模拟

一、实训目的

通过模拟面试活动提升大学生应聘面试能力。帮助参与者提前了解面试流程和面试礼仪要求，以及面试过程中会遇到的困难及潜在危机，提升求职竞争力。

二、实训组织

（1）通过网络和设点开展宣传活动，收集广大同学的要求信息，接受报名。

（2）分析整理报名会员的简历等资料，分小组安排参与面试活动。

（3）通知会员参加活动的具体时间地点，确认参加人数（包括参与活动者与观摩者）。

（4）模拟面试环节。

（5）专家老师就学生礼仪形象、面试技巧（学员表现的优缺点）等方面进行点评。

（6）面试者和观摩者提问、谈感受体会。

参考文献

[1] 倪东辉. 公共关系学 [M]. 合肥：中国科学技术大学出版社，2008.
[2] 李强. 市场营销学教程 [M]. 大连：东北财经大学出版社，2003.
[3] 方宪千. 公共关系学教程 [M]. 杭州：浙江大学出版社，2002.
[4] 郝树人. 公共关系学 [M]. 大连：东北财经大学出版社，2003.
[5] 胡锐，奕德泉. 现代公共关系实务 [M]. 杭州：浙江大学出版社，2003.
[6] 黄番娇. 公共关系学 [M]. 北京：高等教育出版社，2004.
[7] 李兴国. 公共关系实用教程 [M]. 北京：高等教育出版社，2001.
[8] 吴建勋，于建华，丁华. 公共关系案例与分析教程 [M]. 北京：中国物资出版社，2002.
[9] 熊源伟. 公共关系学 [M]. 合肥：安徽人民出版社，1997.
[10] 梁敬贤. 公共关系 [M]. 北京：机械工业出版社，2005.
[11] 张岩松. 实用公共关系 [M]. 大连：大连理工大学出版社，2016.
[12] 赵娇，黄艳丽. 新编公共关系实务 [M]. 大连：大连理工大学出版社，2016.
[13] 唐雁凌，姜国刚，王挺. 公共关系学 [M]. 北京：清华大学出版社，2016.
[14] 陈头喜，韩书艳. 实用公共关系 [M]. 北京：北京邮电大学出版社，2016.
[15] 齐杏发. 网络公关实务 [M]. 上海：华东师范大学出版社，2014.
[16] 陈一收. 网络公关 [M]. 北京：北京大学出版社，2013.
[17] 黑马程序员. 新媒体营销教程 [M]. 北京：人民邮电出版社，2017.
[18] 杜一凡，胡一波. 新媒体营销 [M]. 北京：人民邮电出版社，2017.
[19] 张耀珍. 公共关系学 [M]. 北京：人民邮电出版社，2018.
[20] 刘春斌. 公共关系实务与礼仪 [M]. 大连：大连理工大学出版社，2018.
[21] 赵晓明，杨晓梅. 公共关系与公关礼仪 [M]. 北京：科学出版社，2018.
[22] 邢志勤，王淑娟. 公关礼仪与口才 [M]. 北京：清华大学出版社，2017.
[23] 朱权. 公共关系基础与实务 [M]. 北京：机械工业出版社，2017.
[24] 李朝霞. 公共关系实务 [M]. 北京：中国医药科技出版社，2017.
[25] 周华. 公共关系学实用教程 [M]. 北京：北京大学出版社，2015.
[26] 谭昆智. 公关原理与案例剖析 [M]. 北京：清华大学出版社，2015.
[27] 周朝霞. 公共关系理论与实务 [M]. 北京：高等教育出版社，2005.
[28] 张岩松. 公共关系案例精选精析 [M]. 北京：中国社会科学出版社，2006.
[29] 杨丽敏. 公共关系理论与实务 [M]. 北京：科学出版社，2008.
[30] 马纯，张祎. 公共关系学 [M]. 合肥：合肥工业大学出版社，2009.
[31] 王培才. 公共关系理论与实务 [M]. 2版. 北京：电子工业出版社，2009.

[32] 谢忠辉. 消费心理学与实务 [M]. 北京：机械工业出版社，2010.

[33] 张金成. 公共关系原理与实务 [M]. 北京：人民邮电出版社，2012.

[34] 刘丹，王军，卢显旺. 公共关系实务 [M]. 北京：清华大学出版社，2016.

[35] 崔景茂. 新编公共关系教程 [M]. 北京：高等教育出版社，2010.

[36] 李希光，孙静惟. 发言人教程 [M]. 北京：清华大学出版社，2007.

[37] 束亚弟，张敏. 公共关系学 [M]. 北京：机械工业出版社，2016.